华北电力大学马克思主义理论学科"双一流"建设经费资助

中央基本科研业务费支持项目:
"中国共产党文化建设特色理路与经验启示研究"
(2021MS057)

吴宁宁 / 著

中华优秀传统伦理文化

融入高校思政课教学创新研究

TEACHING INNOVATION THINKING ON CHINESE
EXCELLENT TRADITIONAL ETHICAL CULTURE
INTO THE IDEOLOGICAL AND POLITICAL THEORY COURSES

社会科学文献出版社
SOCIAL SCIENCES ACADEMIC PRESS (CHINA)

目 录

导 论 ………………………………………………………… 1

第一章 中华优秀传统伦理文化及其时代价值 ………………… 5
  第一节 中华优秀传统伦理文化的内涵及主要价值取向 ……… 5
    一 何谓中华优秀传统伦理文化 ……………………………… 5
    二 中华优秀传统伦理文化的主要价值取向 ………………… 6
  第二节 中华优秀传统伦理文化的时代价值 …………………… 13
    一 为实现中华民族伟大复兴提供价值支撑 ………………… 14
    二 为树立文化自信提供精神沃土 …………………………… 16
    三 为马克思主义中国化夯实文化底蕴 ……………………… 20
    四 为个人立德修身提供精神给养 …………………………… 22
    五 为构建新型国际关系提供中国智慧 ……………………… 25

第二章 中华优秀传统伦理文化融入高校思政课的基本问题 …… 28
  第一节 中华优秀传统伦理文化融入高校思政课的可行性 …… 28
    一 中华优秀传统伦理文化融入高校思政课的时代际遇 …… 29
    二 推动思政课创新发展的内在动力 ………………………… 31
    三 新时代思政课建设发展的文化支撑 ……………………… 33
  第二节 中华优秀传统伦理文化融入高校思政课的必要性 …… 36
    一 思想政治教育的文化属性及其与文化内在相融互通 …… 36
    二 有助于维护意识形态高地，加强社会主义核心价值观教育
      ………………………………………………………………… 42

三　有利于坚定文化自信，推动文化传承创新 …………… 48
　　四　新时代立德树人、培育时代新人的重要方式 ………… 51

第三章　中华优秀传统伦理文化融入高校思政课的原则和要义 ……… 56
第一节　中华优秀传统伦理文化融入高校思政课的基本原则 ……… 57
　　一　科学处理马克思主义与中华优秀传统伦理文化的关系 ……57
　　二　注重推进中华优秀传统伦理文化创造性转化和创新性发展
　　　　……………………………………………………………… 62
　　三　把握中华优秀传统伦理文化在思政课教学中的深度和广度 … 65
　　四　基于需求推动中华优秀传统伦理文化融入思政课教学 …… 70
第二节　中华优秀传统伦理文化融入高校思政课的基本要义 ……… 73
　　一　中华优秀传统伦理文化融入高校思政课的主要思路 …… 73
　　二　以案例为依托将中华优秀传统伦理文化融入高校思政课的
　　　　核心要求 ………………………………………………… 88

第四章　中华优秀传统伦理文化融入高校思政课教学案例探索 ……… 104
第一节　中华优秀传统伦理文化与社会主义核心价值观培育教学
　　　　案例 ………………………………………………………… 105
　　一　社会主义核心价值观中的中华优秀传统伦理文化因子 …… 105
　　二　中华优秀传统伦理文化与新时代社会主义核心价值观培育
　　　　……………………………………………………………… 115
第二节　中华优秀传统伦理文化与以文化人教学案例 ……………… 124
　　一　中华优秀传统伦理文化与重德修身 ……………………… 125
　　二　中华优秀传统伦理文化与人生观培育 …………………… 137
　　三　中华优秀传统伦理文化与公共道德、家庭美德 ………… 145
第三节　中华优秀传统伦理文化与中国之治教学案例 ……………… 160
　　一　传统德治文化与以德治国 ………………………………… 161
　　二　传统伦理文化中的国之治理理念 ………………………… 172
第四节　中华优秀传统伦理文化与和谐社会建构教学案例 ………… 187
　　一　中华优秀传统伦理文化与和谐社会发展 ………………… 187

二　中华优秀传统伦理文化与人类命运共同体 …………… 199

第五章　中华优秀传统伦理文化融入高校思政课教学创新 ………… 211
　第一节　"五维协同联动"：中华优秀传统伦理文化融入高校思政课
　　　　　教学模式创新 ………………………………………………… 212
　　一　教学内容创新：课程教学内容进行系统重构，打造高阶
　　　　课堂 …………………………………………………………… 212
　　二　教学方式革新：立足于案例教学，综合多种教学方式 …… 215
　　三　教学环境出新：探索课前、课中、课后全程发力的高效
　　　　课堂 …………………………………………………………… 226
　　四　教学评价立新：以动态化、个性化为引导，主以过程化的
　　　　评价方式 ……………………………………………………… 229
　　五　思政课程和课程思政渠道融合出新：以同向同行产生协同
　　　　效应 …………………………………………………………… 233
　第二节　中华优秀传统伦理文化融入高校思政课的教师期待 ……… 237
　　一　以思政课教师"六个要"为遵循，主动修身修为 ………… 238
　　二　以教学创新为主旨，丰富课堂维度，实现永续发展 ……… 244

参考文献 ……………………………………………………………………… 253

后　记 ………………………………………………………………………… 274

导　论

2017年年初，中共中央办公厅、国务院办公厅印发的《关于实施中华优秀传统文化传承发展工程的意见》指出，"中华文化源远流长、灿烂辉煌。在5000多年文明发展中孕育的中华优秀传统文化，积淀着中华民族最深沉的精神追求，代表着中华民族独特的精神标识，是中华民族生生不息、发展壮大的丰厚滋养，是中国特色社会主义植根的文化沃土，是当代中国发展的突出优势，对延续和发展中华文明、促进人类文明进步，发挥着重要作用"，充分表明了中华优秀传统文化所具有的重要价值和地位。党的十八大以来，党和国家多次重审新时代传承和弘扬中华优秀传统文化的重要意义，习近平总书记也在多个场合多次表明要大力弘扬和传承好中华优秀传统文化。他指出："中国优秀传统文化的丰富哲学思想、人文精神、教化思想、道德理念等，可以为人们认识和改造世界提供有益启迪，可以为治国理政提供有益启示，也可以为道德建设提供有益启发。对传统文化中适合于调理社会关系和鼓励人们向上向善的内容，我们要结合时代条件加以继承和发扬，赋予其新的涵义。"[①]"当代中国是历史中国的延续和发展，当代中国思想文化也是中国传统思想文化的传承和升华，要认识今天的中国、今天的中国人，就要深入了解中国的文化血脉，准确把握滋养中国人的文化土壤。"[②] 可以说，"我们开辟了中国特色社会主义道路不是偶然的，是我国历史传承和文化

[①] 习近平：《在纪念孔子诞辰2565周年国际学术研讨会暨国际儒学联合会第五届会员大会开幕会上的讲话》，《人民日报》2014年9月25日。

[②] 习近平：《在纪念孔子诞辰2565周年国际学术研讨会暨国际儒学联合会第五届会员大会开幕会上的讲话》，《人民日报》2014年9月25日。

传统决定的"①。而与此同时，在今天，更好地坚持和发展马克思主义，也必须同中华优秀传统文化相结合。只有植根本国、本民族历史文化沃土，马克思主义真理之树才能根深叶茂。习近平总书记在党的二十大报告中鲜明地指出："中华优秀传统文化源远流长、博大精深，是中华文明的智慧结晶，其中蕴含的天下为公、民为邦本、为政以德、革故鼎新、任人唯贤、天人合一、自强不息、厚德载物、讲信修睦、亲仁善邻等，是中国人民在长期生产生活中积累的宇宙观、天下观、社会观、道德观的重要体现，同科学社会主义价值观主张具有高度契合性。我们必须坚定历史自信、文化自信，坚持古为今用、推陈出新，把马克思主义思想精髓同中华优秀传统文化精华贯通起来、同人民群众日用而不觉的共同价值观念融通起来，不断赋予科学理论鲜明的中国特色，不断夯实马克思主义中国化时代化的历史基础和群众基础，让马克思主义在中国牢牢扎根。"② 这些足以说明传承和弘扬中华优秀传统文化的重要意义。

在中华优秀传统文化中，有着与西方倡导科学与理性的智识主义文化截然不同的文化特质，其以儒家思想为主体，以墨家、道家、法家等其他各派为补充，形成了富有丰富思想内涵的中华优秀传统伦理文化。从本质上说，中华文化即为具有人文性、道德性的"德性"主义文化，这一文化的特征主要表现为注重人本的、道德视域的思考。韦政通先生在其《中国文化概论》一书中就曾指出："在中国文化中，有'一本万殊'的理念，于是坚信一切文化都有一个共同的基础，这基础就是道德。中国传统中讲道德，不像西方人讲道德只限制在人生的范围内，而是弥漫在文化的一切领域。因此，中国的政治理想是'德治'，文学理想是'文以载道'，经济的理想是'不患寡而患不均'，他如教育、法律，也莫不以道德为基础。"③由此可见中华传统文化中的"伦理"文化特质。从西周"以德配天"的思

---

① 《习近平在中共中央政治局第十八次集体学习时强调 牢记历史经验历史教训历史警示 为国家治理能力现代化提供有益借鉴》，《人民日报》2014年10月14日。
② 《高举中国特色社会主义伟大旗帜 为全面建设社会主义现代化国家而团结奋斗——在中国共产党第二十次全国代表大会上的报告》，人民出版社，2022，第18页。
③ 韦政通：《中国文化概论》，岳麓书社，2003，第58页。

想取代殷商时期的祭祀文化开始，中国文化转向了一种具有丰富人文色彩和人道关怀的伦理文化，这一文化大体上经历了先秦诸子百家争鸣、两汉经学兴盛、魏晋南北朝玄学流行、隋唐儒释道并立、宋明理学发展等几个历史时期，围绕着道德与利益的关系问题、理想人格问题、人性善恶问题、道德修养问题、人生的价值和意义问题、道德规范问题以及德治与法治问题等方面展开了人伦日用、修身治世以及治国理政的思考，体现出了丰富而又充沛的伦理精神特质，成为中华文化的核心与灵魂，也正是因为此，我们称其为中华优秀传统伦理文化。

中华优秀传统伦理文化之所以"优秀"，在于其所具有的强大生命力价值。不能否认的是，"讲仁爱、重民本、守诚信、崇正义、尚和合、求大同"的价值理念，有着超越时空、超越民族、超越历史的普遍适用性，能够成为全人类所共同遵循的价值，用以与世界不同国家和民族进行文化沟通与思想交流，而中华优秀传统伦理文化本身作为中华民族长期发展积淀而成的文化宝库，一直以来就是形成具有中华民族特色的文化底蕴，至今仍旧为中国人所传承和弘扬，特别是在解决现实中的困惑和问题时，具有重大的现实意义。可以说，经历了几千年的淬炼，中华优秀传统伦理文化的价值理念已深深镌刻在中国人的性情心理之中，内化为中华民族的民族品质，成为中国人永不磨灭的文化信仰。

思政课作为高校立德树人的主渠道课程，充分运用好中华优秀传统伦理文化的资源展开教学具有非常重要的意义，不仅能够推动新时代中华优秀传统伦理文化的创造性转化和创新性发展，同时也有利于提升高校思政课立德树人的教育效果，为实现思政课铸魂育人的目标提供思想文化支撑。高校思政课要植根于中华优秀传统伦理文化的沃土做好教学的探索与实践，不断汲取中华优秀传统伦理文化的思想精华，运用中华优秀传统伦理文化中的思想观念、价值内涵、人文精神、道德规范等对大学生开展思想政治教育，以文化人，充分解决好当前思政课培养什么人、怎样培养人、为谁培养人的根本问题，从而充分发挥出高校思政课培育时代新人的关键作用。而同时，在思政课教学中用好中华优秀传统伦理文化的资源，可以更进一步推动新时代马克思主义中国化的发展，实现马克思主义在中国传统文化语境中本土化表达的跃升，在上好思政课的过程中大力推进马克思主义基本原理同中华优秀传统伦理文化的有机结合，进而厚植大学生对中华优秀传统伦理文化的认同，不断增强青年大学生的文化自信，自觉做中华优秀传统伦理文化的忠实继承者、弘扬者和建设者。

第一章 中华优秀传统伦理文化及其时代价值

在中华民族深厚、悠久的历史文化积淀中,有着虽经历史变迁但仍具有弥新的优秀价值且与时代发展相融相合的文化,这就是我们的优秀传统文化。这些优秀传统文化蕴含着丰富的伦理思想和道德观念,是塑造理想人格、协调社会人际关系、建设社会主义精神文明和化解世界矛盾与冲突的重要道德支撑,构成了中华优秀传统伦理文化的主要内涵。伴随着时代的发展,中华优秀传统伦理文化在新时代仍散发着熠熠光芒,成为实现中华民族伟大复兴的精神源头、树立文化自信的精神沃土、推动马克思主义中国化的文化底蕴以及提高个人修养的精神给养。

第一节 中华优秀传统伦理文化的内涵及主要价值取向

从根本上说,中华优秀传统伦理文化是中华优秀传统文化的重要组成部分,从文化的价值意义看,中华优秀传统伦理文化蕴含着丰富的价值取向,对中华民族的长期发展一直产生着精神视域中的积极意义,是中华优秀传统文化的精华所在、灵魂所在、精神所在。

一 何谓中华优秀传统伦理文化

"文化"通常是指人类在生产劳动基础上创造的物质财富和精神财富的总和,特指精神财富,如教育、科学、文艺等。在中国,"文"有文字、文采、规则、制度等含义,"化"是"教化"之义。对于"传统文化",《辞海》第七版解释为"指某种文明演化而汇聚成的反映民族特质和风貌的民族文化。是民族历史上各种思想文化、观念形态的总体表征。包括一个民族历代相传的价值观、认识论、方法体系、生活方式、思维习惯。是结构较为完整的精神体系"。中华优秀传统文化是中华民族固有的文化积淀中的精华，是几千年来中国人思维方式、价值取向、信仰追求、道德规范、生活方式和审美情趣的集中表达和经典提炼，是中华民族传承的文化根脉、文化基因。

中华优秀传统文化博大而精深，蕴含特定的精神内涵，其中一个重要的特点即是重伦理道德，从某种意义上说，中华优秀传统文化即是一种伦理型的文化。在整个中华文化传统中，伦理思想占据了重要地位，无论是古代的政治、哲学、社会还是历史、文学、教育思想，颂扬真善美、讲求为善去恶的价值取向贯穿其中，经由长期的历史发展积淀为一种特定的民族特质，可以说，在中华优秀传统文化中，伦理道德成为中华文化精神的核心。正如梁漱溟先生所说："融国家于社会人伦之中，纳政治于礼俗教化之中，而以道德统括文化，或至少是在全部文化中道德气氛特重，确为中国的实事。"[1] 有鉴于此，我们可以得出，所谓中华优秀传统伦理文化，是中华优秀传统文化的精华所在，是在中华民族长期的发展过程中形成的，有着积极的道德精神内涵，体现伦理思想意蕴，至今具有重要价值的伦理思想文化。

二 中华优秀传统伦理文化的主要价值取向

中华优秀传统伦理义化具有丰富的道德内涵和独特而又深刻的价值理念，凝结成了与时代发展需要相一致的主要价值取向和基本精神，是中华民族几千年来对于人本身、人与人之间关系以及人类社会命运的探索与思考，体现出了中华民族卓越的思想智慧，其所具有的价值取向主要体现在以下几个方面。

第一，强调群体利益，坚持义以为上。自古以来，中华民族就形成了以家族为本位，坚持群体高于个人的价值取向。中国人对于群意义的开发识见很早，至少可以推至战国末年。《荀子·王制》篇有云："水火有气而

---

[1] 梁漱溟：《中国文化要义》，上海人民出版社，2005，第27页。

无生,草木有生而无知,禽兽有知而无义,人有气,有生亦有义,故最为天下贵也。力不若牛,走不若马,而牛马为用,何也?曰:人能群,彼不能群也。"这段话表明,人与禽兽、草木之分的关键在于人的独特气质——"能群"。同样在《吕氏春秋·恃君览》中也曾清楚地讨论过"群"字的意义:"凡人之性,爪牙不足以自守卫,肌肤不足以捍寒暑,筋骨不足以从利辟害,勇敢不足以却猛禁悍,然且犹裁万物、制禽兽、服狡虫,寒暑燥湿弗能害,不唯先有其备,而以群聚邪。群之可聚也,相与利之也,利之出于群也,君道立也。故君道立,则利出于群,而人备可完矣。"这说明人类在各种天然条件上都不如禽兽,但却能裁万物制禽兽,其中关键即在于"群"。可以说,中国对"群"意义的重视,远至古代就已经开始。这种群体意识反映在伦理道德上,则形成了"以天下为己任""国而忘家,公而忘私"的观念,强调民族和国家的利益高于个人的利益。特别是当个人利益与民族和国家利益产生矛盾时,一个有道德的人应做到"杀身成仁""舍生取义""先公后私"。在这种为国家和民族献身精神的影响下,涌现出了"先天下之忧而忧,后天下之乐而乐""天下兴亡,匹夫有责""苟利国家生死以,岂因祸福避趋之""位卑未敢忘忧国"等崇高的道德理想和人生追求,成为中华民族强大凝聚力的精神动力和爱国主义思想的重要思想基石,影响了一代又一代的爱国志士为了民族和国家的利益鞠躬尽瘁,死而后已。

而在处理利益问题的价值取向上,中华传统伦理文化一直存有"义"与"利"的关系思考。一般而言,"义"指公利,主要是指社会、国家的整体利益,而"利"则指代个人利益。在现实中,"义"和"利"常常形成对立,相互矛盾,其如孟子所言:"鱼,我所欲也;熊掌,亦我所欲也。二者不可得兼,舍鱼而取熊掌者也。生,亦我所欲也;义,亦我所欲也。二者不可得兼,舍生而取义者也。"[①] 既然不可兼得,在中华传统伦理文化中,对如何看待"义"和"利"的关系问题形成了不同的思考,其中,占据主流的当属儒家学派。儒家认为,与"利"相比,"义"更为重要,因此要"见利思义""见得思义""义以为上",反对"见利忘义""唯利是

---

① 《孟子·告子上》。

图"。孔子说,"君子喻于义,小人喻于利"①"不义且富贵,于我如浮云"②。孟子甚至提出可以"舍生取义",将"义"的价值提到了一个至高无上的地位。儒家的这一观点成为中华传统文化中处理"义""利"关系的主流思想,使得"义以为上"成为中华传统价值观念和伦理文化的思想精华。

第二,推崇仁爱原则,注重和谐共生。"仁"是中华优秀传统伦理文化的主流道德条目,其主旨在于"爱人"二字,即主张从自己的切身感受出发,以一种爱人之心去关心自己的同类,心中有他人。作为儒家思想的核心价值,仁爱是一切德行的根本,"仁者,心之德、爱之理"③。在儒家看来,一切德行都是出于仁心这一道德本心,其以"爱人"为根本,所依据的原则即为"己所不欲,勿施于人"④"己欲立而立人,己欲达而达人"⑤,以"仁"引导个人行为,行仁者必须有一种广济天下的情怀,有同情、怜悯的慈爱之心。"仁"在中华优秀传统文化中有着众多的表现形式,"在伦理上是博爱、慈惠、厚道、能恕,在感情上是恻隐、不忍、同情,在价值上是关怀、宽容、和谐、和平、万物一体,在行为上是互助、共生、扶弱、爱护生命等"⑥。正是因为仁爱思想具有如此多的面向,从而使其成为个人道德行为之方、社会道德普遍准则。

从仁爱思想出发,中华优秀传统伦理文化特别注重人际关系的和谐,在人和人的关系上强调"人和""有礼",追求一种"和合"的社会关系。在传统社会,人与人的和谐关系主要以"礼"为调节手段,"礼之用,和为贵。先王之道,斯为美。小大由之,有所不行。知和而和,不以礼节之,亦不可行也"⑦,礼是对他人的恭敬、辞让,它一方面体现为道德态度,同时也体现为行为上的利益让渡,如果人人皆把礼作为调节个人行为的规范,社会和谐便会成为一种可能。可以说,中华优秀传统伦理文化中

---

① 《论语·里仁》。
② 《论语·述而》。
③ 朱熹:《孟子集注》。
④ 《论语·颜渊》。
⑤ 《论语·雍也》。
⑥ 陈来:《仁学本体论》,生活·读书·新知三联书店,2014,第421页。
⑦ 《论语·学而》。

"仁爱""重礼"的思想在协调人际关系、维护社会和谐方面发挥了巨大作用，从而形成了中华优秀传统伦理文化中"天时不如地利，地利不如人和"的价值追求。除此之外，"和合"思想也是中华优秀传统伦理文化的内在精神特质，"和合"强调将"合"与"和"作为处理所有关系的基本宗旨，主张在尊重差异性和多样性的前提下，达成统一和谐的状态，通过各美其美、美人之美实现美美与共、天下大同的理想境界，体现出中华民族"和为贵"的精神取向。"和合"思想涵养了中华民族兼爱非攻、亲仁善邻、以和为贵、和而不同的处世哲学，成为协和万邦、和衷共济、和平发展、和谐相处、合作共赢等理念和原则的思想文化渊源。

第三，提倡人伦价值，义务先于权利。与西方世界的国家不同，中国是在血缘纽带解体不充分的情况下步入文明社会的。在由原始社会向阶级社会的跨时代变革中，古希腊打破了氏族血缘关系而代之以地域政治关系，城邦与家族彻底分离开来。中国则是氏族血缘关系在新形势下以新的形式延续下来，由于古代中国的经济基础一直处于商品经济不发达的小农经济占主导地位的状况，与这种生产方式相联系的家族制度也深深地植根于数千年的中国社会之中，使国家打上了家族的烙印，家族保留在国家中，成为国家赖以建立的基础。由于中国人的情感纽带以家为基础，家是一个最根本的伦理实体，进而具备了伦理的特点，使得中国的伦理表现为以血缘亲情为根基，具有浓厚人情机制的特点。社会的伦理纲常主要表现为以"亲亲"为基点的扩大，就是所谓的"人道亲亲"，在《论语》中就有记载孔子论"君君、臣臣、父父、子子"之道，《礼记·中庸》则把现实社会中的人际关系归纳为五大类，即"君臣也，父子也，夫妇也，昆弟也，朋友之交也。五者，天下之达道也"，从而确立了早期社会人伦关系的基本雏形。之后，孟子通过对人伦关系的进一步思考，对"五伦"应遵循的道德进行了概括，指出"父子有亲，君臣有义，夫妇有别，长幼有序，朋友有信"[①]，用以维系和引导当时社会中人与人之间的关系。进一步的，由"五伦"的道德规范为标准，演化成将家庭内部作为起点，倡导家庭成员亲爱、和谐为旨归的伦理要求，其中，"父慈子孝"被视作家庭伦

---

① 《孟子·滕文公上》。

理的根本,夫妇亲爱被视作维系家庭和谐的主线,兄弟同胞之间则相互关心、相互支持、相互帮助,由此构造出以"爱"为主旨的"家道和顺"的家庭关系,再将夫妇、父子、兄弟姐妹之爱不断向外扩充,逐渐形成爱同胞、爱社会、爱国家的伦理诉求。就是在这样的文化背景下,中国社会形成了以慈、孝、贞、敬、悌为核心范畴的丰富的家庭伦理道德。

在重人伦观念的引导下,与之相一致演化出义务先于权利的思想。权利和义务的关系问题是中华传统伦理文化讨论的重要问题,以义务为本,在处理社会基本五伦关系时,要求每一方都有自己的义务和责任,"各人尽自己义务为先,权利则待对方赋予,莫自己主张。这是中国伦理社会所推据之理念。而就在彼此各尽义务时,彼此权利自在其中"①。从本质而言,义务观念的形成主要是由于中国社会以血缘亲情为纽带的家族社会,在家庭中,父母子女、夫妻之间形成义务观念是最为自然的,以此向外扩推,则形成忠于君、信于友的人伦义务,而君本身也被赋予了以天下为己任、关怀民众疾苦、兴"国家百姓之利"的社会义务,甚至是只言义,不言权。以此为前提,义务本位的思想逐渐形成了强调个人应把为他人、社会、国家作出贡献当作人生价值的一种实现,成为人生的重要追求,从而使得"先天下之忧而忧,后天下之乐而乐"的高尚精神成为一直被人所颂扬的伦理思想。

第四,看重道德修为,追求知行合一。中华优秀传统伦理文化特别看重"为仁由己"的道德修养,孔子说"我欲仁,斯仁至矣"②,孟子说"人皆可以为尧舜"③,强调一个人只要为善向善,都可以成为一个道德高尚的人。在实现君子仁人的道德目标上,修身是必不可少的一个重要环节,《大学》将修身视作齐家、治国、平天下的出发点,指出并强调"自天子以至于庶人,壹是皆以修身为本",修身的根本正在于"诚其意、正其心"。在传统伦理文化中,有许许多多强调修身的格言,如"学思结合""省察克治""存心、养气、寡欲"的修养功夫,"吾日三省吾身""见贤思齐,见不贤而内自省也""见善,修然必以自存也;见不善,愀然必以

---

① 梁漱溟:《中国文化要义》,上海人民出版社,2005,第108页。
② 《论语·述而》。
③ 《孟子·告子下》。

自省也"的自省自律,"过,则勿惮改""业精于勤荒于嬉,行成于思毁于随"的修养之道等,不无体现了传统伦理文化中对道德修养的重视。而其中,当属"慎独"思想为最,其是指在一个人独居、独处之时,在其行为不为他人所见之处,也要做到谨慎有德,保持道德的操守,独善其身。"慎独"学说的提出是同君子的修身养性联系在一起的,它要求人们以君子的言行为目标,向着君子修养的行为方向努力。中国传统哲学一直很注重主体内向思维方式,在这样的思维方式框架内,思维主体面向自身,以自我修为、自我超越、自我实现为目的,进行内在的自我体验和反思,并以此为最大的幸福,是一种"反求诸己"的道德修养之方。可以说,从"反求诸己"的角度去寻求个人价值的最大实现是中华优秀传统伦理文化的一大思维方向。"慎独"思想在一定程度上反映了这一精神,其精神实质在于反省内求的内向型思维,重视自身人格的自律,通过"反求诸己"的自我修为,不断完善自身,完成人格的美化,进而实现自身的最大价值。

在道德修养的基础上,中华优秀传统伦理文化尤其注重"知"和"行"的统一,认为判断一个人是否具有道德,要通过身体力行得以体现出来,强调道德践履。其中,"知"是一种道德认知,是明是非、辨善恶,是对仁、义、礼各德目规范进行反思认识;行则是践行,是一种道德实践,二者合一,自然可获悉道德的根本。例如,在孔子看来,君子应注重言行一致,言出必行,"言必信,行必果"[1]。荀子则说,"不闻不若闻之,闻之不若见之,见之不若知之,知之不若行之。学至于行而止矣"[2],他告诫人们"道虽迩,不行不至;事虽小,不为不成"[3],只有将"知"落到"行",才能够实现"知"的真正目的。而在知行合一思想中,影响最大的当属王阳明的知行合一思想,王阳明指出:"知是行的主意,行是知的功夫。知是行之始,行是知之成。若会得时,只说一个知,已自有行在,只说一个行,已自有知在。"[4] 在王阳明看来,道德认识与道德实践是不可以

---

[1] 《论语·子路》。
[2] 《荀子·儒效》。
[3] 《荀子·修身》。
[4] 《传习录·徐爱录》。

截然分开的，只有做到"知行合一"才能成为真正有德之人。可以肯定地说，中华传统伦理文化中，"知行合一"的思想有着深远影响，成为一种道德智慧，将道德之智内化为人们的精神追求，外化为人们的自觉行动。

第五，重视精神境界，树立理想人格。重精神是传统伦理文化的重要特点，在漫长的历史发展进程中，中华民族不仅创造了享誉世界的中华文明，而且也形成了崇尚精神的优秀传统。一方面，中华优秀传统伦理文化从人的视角出发，认为对于人而言不在于物质生活的满足，而在于精神生活的追求。孟子特别指出："人之所以异于禽兽者几希，庶民去之，君子存之。"[①] 人之所以异于禽兽，在于人有道德、有精神追求，只有有了"仁义礼智信""恭宽信敏惠"这些道德，人才可以说与动物有了本质区别。在古代思想家看来，每个人都应有一种"富贵不能淫，贫贱不能移，威武不能屈"[②] 的大丈夫品格，强调"道德当身，故不以物惑"[③]，崇尚"一箪食，一瓢饮，在陋巷，人不堪其忧，回也不改其乐"[④] 的乐观主义精神追求。而在理欲观上，中华优秀传统伦理文化主张导欲、节欲，强调用道德精神对欲望进行引导和调节，时刻对私欲、贪欲保持警惕。孟子提出"养心莫善于寡欲"[⑤]，荀子提出"以道制欲"，并说"君子乐得其道，小人乐得其欲。以道制欲，则乐而不乱；以欲忘道，则惑而不乐"[⑥]。道家则主张见素抱朴，少私寡欲。另一方面，这种重精神的传统也表现在看重人格的精神力量，强调"三军可夺帅也，匹夫不可夺志也"[⑦] "不义而富且贵，于我如浮云"[⑧]。在中华优秀传统伦理文化中，精神是人格力量的支撑，是道德品质的重要彰显，《礼记·儒行》有云，"儒有可亲而不可劫也，可近而不可迫也，可杀而不可辱也。其居处不淫，其饮食不溽，其过失可微辨而不可面数也，其刚毅有如此者"，表现出不受屈辱、独立、高尚的人格精

---

① 《孟子·离娄下》。
② 《孟子·滕文公下》。
③ 《管子·戒》。
④ 《论语·雍也》。
⑤ 《孟子·尽心下》。
⑥ 《荀子·乐论》。
⑦ 《论语·子罕》。
⑧ 《论语·述而》。

神，体现出了人之为人的伟大之处。

传统伦理文化重精神的价值取向同样表现在对理想人格的追求上。理想人格是人们塑造出来的心中所向往的理想人格典范，是期望人格所达到的最高境界。儒家把"君子""圣人"作为自己的理想人格，这种理想人格"与天地合其德"，是"仁"的道德理想的体现者。墨家以"兼士"为自身的理想人格，以"兴天下之利，除天下之害"[①] 为目标，讲求"摩顶放踵利天下"。道家老子推崇"圣人"的理想人格，认为圣人"既以为人，己愈有；既以与人，己愈多。天之道，利而不害；圣人之道，为而不争"[②]，而庄子则向往"至人无己，神人无功，圣人无名"[③] 的理想人格。近代以来，以梁启超为代表的有识之士提出"合神格与兽格二者而成"的"新民"理想人格，将近代关于理想人格的探索上升到了一个新的高度。可以认为，理想人格作为中华传统伦理文化的一个重要组成部分，具有广泛、深入的影响，是中华优秀传统伦理文化精神的集中体现和升华。

第二节　中华优秀传统伦理文化的时代价值

习近平总书记指出："中华优秀传统文化是中华民族的文化根脉，其蕴含的思想观念、人文精神、道德规范，不仅是我们中国人思想和精神的内核，对解决人类问题也有重要价值。要把优秀传统文化的精神标识提炼出来、展示出来，把优秀传统文化中具有当代价值、世界意义的文化精髓提炼出来、展示出来。"[④] 作为中华优秀传统文化的重要组成部分，中华优秀传统伦理文化具有深邃的时代价值，对实现中华民族伟大复兴的中国梦、树立文化自信、推动马克思主义中国化发展以及新时代个体道德的培育和解决当今人类面临的共同问题都蕴含着重要的精神文化力量。

[①] 《墨子·尚同》。
[②] 《道德经·第八十一章》。
[③] 《庄子·逍遥游》。
[④] 《习近平在全国宣传思想工作会议上强调举旗帜聚民心育新人兴文化展形象 更好完成新形势下宣传思想工作使命任务》，《人民日报》2018年8月22日。

一 为实现中华民族伟大复兴提供价值支撑

2012年11月29日,习近平总书记在参观《复兴之路》展览时指出,中华民族的昨天,可以说是"雄关漫道真如铁";中华民族的今天,正可谓"人间正道是沧桑";中华民族的明天,可以说是"长风破浪会有时"。"实现中华民族伟大复兴,就是中华民族近代以来最伟大的梦想。这个梦想,凝聚了几代中国人的夙愿,体现了中华民族和中国人民的整体利益,是每一个中华儿女的共同期盼。"① 如今,我们比历史上任何时期都更接近中华民族伟大复兴的目标,同时也比历史上任何时期都更有信心、有能力实现这个目标。

"实现中华民族伟大复兴的中国梦,就是要实现国家富强、民族复兴、人民幸福,既深深体现了今天中国人的理想,也深深反映了中国人自古以来不懈追求进步的光荣传统。"② 而实现这一中国梦有着深深的中华文化的优秀因子。我国传统社会一直以来即有着"大同社会"的理想追求,包含着全体中华儿女对美好社会的期许和愿景,可以说,大同社会与实现中华民族伟大复兴的中国梦是一脉相承的,在向着"大同社会"理想奋斗的过程中,形成了一以贯之的文化精神,这些文化精神经由历史的检验和不断积淀,成为国家富强、民族振兴、人民幸福的深沉力量,也正是由于此,民族复兴的中国梦必然要将中华传统文化中所形成的优秀文化内容作为精神底蕴。而这其中,中华优秀传统伦理文化锻造了民族复兴的牢固精神纽带,在维护国家统一、民族富强、人民幸福方面凝聚起了强大的精神力量和道德支撑。

中华优秀传统伦理文化形成了民族复兴独特的道德标识。精神的力量是无穷的,道德的力量也是无穷的。中华民族的伟大复兴意味着经济富足,科技、军事力量不断增强,而这一切的实现不仅需要人民群众体力和脑力智识的提高,更需要一种精神力量,一种道德魂。这种道德魂关涉着人民群众的积极性能否充分发挥,关涉着向着民族伟大复兴奋勇前进的道

---

① 《十八大以来重要文献选编》(上),中央文献出版社,2014,第84页。
② 习近平:《出席第三届核安全峰会并访问欧洲四国和联合国教科文组织总部、欧盟总部时的演讲》,人民出版社,2014,第16页。

路是否可以持之以恒,也关涉着民族复兴之精神动力的方向。一方面,中华优秀传统伦理文化蕴含着丰富的国民道德素质内涵,例如讲仁爱、守诚信、崇正义等理念和修身智慧、慎独意识以及"知其不可为而为之"的精神勇气,这些都成为推动中华民族伟大复兴的内在精神之源。本质而言,只有有高素质道德品质的国民,一个国家的复兴才能成为可能。中华优秀传统伦理文化以道德为核心议题,为人们的幸福生活提供精神指引,是维系和不断提升国民道德素质的内在依托,正是在中华优秀传统伦理道德的不断熏染之下,我们的人民群众创造出了彪炳史册的千秋伟业,汇聚起一个又一个精神高地,因此说,中华优秀传统伦理文化是推动实现中华民族伟大复兴的强大精神动力。另一方面,中华优秀传统伦理文化蕴含着丰富的现代社会公序良俗的道德因子。实现中华民族的伟大复兴离不开全体人民勤勤恳恳的努力奋斗,同时也需要营造良好的社会发展环境。中华优秀传统伦理文化中对于处理个人与社会、与国家的关系,夫妻关系、朋友关系、人与自然的关系等均含有富有价值意义的理念和道德观念。在现代社会,人际关系的和谐主要在于个人道德素质的提升,心存敬意,尊重彼此人格的传统伦理文化是现代社会人际交往的前提,礼让则是社会交往的润滑剂,可以使现代社会交流和活动减少冲突和对立。在中华优秀传统伦理文化的熏染下,中国社会形成的社会和谐的道德传统,为中华民族伟大复兴提供了良好的发展环境,而与此同时,中华优秀传统伦理文化中重追求、重超越、重奋斗的激励精神和身心和谐、安之若素、居仁由义的精神诉求成为一种积极成分,使人民群众在向着中华民族伟大复兴奋斗的历程中,不断进行自我调节和自我化解,产生"德福一致"的道德信仰,并伴随着这样的信仰不断地克服着现代社会发展中的种种弊端,从而持续地迈向实现中华民族伟大复兴的"中国梦",这正如习近平总书记所说:"中华文明历来把人的精神生活纳入人生和社会理想之中。所以,实现中国梦,是物质文明和精神文明比翼双飞的发展过程。"①

中华优秀传统伦理文化为民族复兴过程中的"中国之治"提供了丰富的思想源泉。习近平总书记指出:"中国优秀传统文化的丰富哲学思想、

---

① 习近平:《在联合国教科文组织总部的演讲》,《人民日报》2014年3月27日。

人文精神、教化思想、道德理念等,可以为人们认识和改造世界提供有益启迪,可以为治国理政提供有益启示,也可以为道德建设提供有益启发。"[1] 在中国发展的历史长河中,中华优秀传统伦理文化是中国之治得以长久发展并不断完善的重要文化滋养,为中国之治提供了许多政治智慧。例如,在治理方略上,中华优秀传统伦理文化中所秉持的德治与法治相结合的治国之道,对中国之治方略中将依法治国与以德治国统一起来的实践方式产生了深刻影响。早在西周时期,西周统治者即提出了"明德慎罚"的思想,包含了崇尚德政和刑法适中的两层含义。随后,儒家以"仁""礼"为根本,将德治放在政治思想的核心位置,法以次之,后经由历朝历代不断完善和补充,慢慢形成了"德主刑辅"的政治思想。这一思想观念在今天作为中国之治的重要政治智慧,成为推动中华民族伟大复兴的重要思想参照。此外,中华优秀传统伦理文化中"以民为本"的价值理念也成为长久以来引导民族复兴进程中国之治的根本观点。民本思想可看作我国固有的政治文化,从《尚书》开始,一以贯之的民本观构成了中国社会政治稳定的思想根基。中国的民本思想坚持将民本与养民、用民联系在一起,既主张"节用裕民""制民恒产",同时也宣扬"安民""爱民",政得其民,从而使民本思想具有了丰富的实用意义。如今,这一思想经由时代转换深深融入实现中国梦的治国理政实践中,化作"以人民为中心"的治国理念,是民族复兴中民本情怀的重要精神沃土。可以认为,中华优秀传统伦理文化承载着中国之治的优秀基因,是民族复兴得以焕发出生机和活力的思想密匙和智慧之源。

二 为树立文化自信提供精神沃土

习近平总书记曾指出:"文化自信,是更基础、更广泛、更深厚的自信,是更基本、更深沉、更持久的力量。坚定文化自信,是事关国运兴衰、事关文化安全、事关民族精神独立性的大问题。"[2] "文化是一个国家、一个民族的灵魂。文化兴国运兴,文化强民族强。没有高度的文化自信,

---

[1] 《习近平关于社会主义文化建设论述摘编》,中央文献出版社,2017,第143页。
[2] 《习近平关于社会主义文化建设论述摘编》,中央文献出版社,2017,第16页。

没有文化的繁荣兴盛，就没有中华民族伟大复兴。"① 中国今天取得如此之大的发展成就，其所坚持走的发展道路、所获得的理论成果以及不断取得的制度创新，所有这些都扎根于数千年的深厚文化积淀之中，并且持续不断地汲取着悠久传统文化成果的丰盈养分。因此，"独特的文化传统、独特的历史命运、独特的历史国情，注定了我们必然要走适合自己特点的发展道路，并在前进道路的探索实践中发展出相应的理论指引和制度保障。可以说，没有对中华民族文化上的自信，也不可能树立起真正的道路自信、理论自信和制度自信。"② 中华优秀传统文化是树立文化自信的重要基础，在今天改革开放和建设有中国特色社会主义现代化国家的历史进程中，我们如果要秉承毛泽东曾提出过的"道德哲学在开放之时代尤要"的论断，不断从中华优秀传统伦理文化中挖掘既体现中国特色又具有社会主义特征，且能为现代化建设提供德性和心性保障的伦理道德，显然中华优秀传统伦理文化是根本、是基础、是前提。

中华优秀传统伦理文化是文化自信的重要来源。中华优秀传统伦理文化是中华优秀传统文化的重要组成部分，含有中国文化特有的突出优势，从本质上而言，文化自信是内在地包含着中华优秀传统伦理文化的自信，这种文化自信使我们的民族发扬了传统伦理文化中的优秀基因，成为中华民族最为重要的文化特色，打造了中华民族独特的精神世界。虽然自近代以来中华文化曾经一度跌入低谷，但作为有几千年发展历史的中华文化由于其所蕴含人文精神、道德理念的伦理内容从而使其一直保持了高度的精神价值，进而推动着中华文化持续保持着强大的生命力。在中华优秀传统伦理文化中，例如像"天下兴亡，匹夫有责"的爱国情怀、"刚健有为，自强不息"的奋斗精神、"民胞物与，民贵君轻"的民本思想、"以和为贵，和而不同"的处世哲学、"上善若水，厚德载物"的道德境界、"天下为公，世界大同"的理想追求、"正心诚意，修齐治平"的心性修养、"天人合一，民胞物与"的至高境界、"知行合一，躬行实践"的实践精神等，

---

① 习近平：《决胜全面建成小康社会 夺取新时代中国特色社会主义伟大胜利——在中国共产党第十九次全国代表大会上的报告》，人民出版社，2017，第40~41页。
② 沈壮海等：《文化何以自信》，中国人民大学出版社，2020，第22~23页。

即使历经千年，在今天仍闪耀着思想光芒，通过不断进行创造性转化和创新性发展使其能够"与社会主义先进文化相适应，与中国特色社会主义相协调，与改革开放的新时代相契合，焕发出强大的文化生命力"①，从而成为中国特色社会主义的独特标识，成为树立文化自信的重要来源。

中华优秀传统伦理文化是支撑文化自信的重要软实力。20 世纪 80 年代，美国哈佛大学肯尼迪政治学院院长约瑟夫·奈首次提出了"软实力"概念，其是指在国际关系中，一个国家所具有的除经济及军事、外交的第三方面实力，主要是文化、价值观、意识形态及民意等方面的影响力。文化可看作国家重要的软实力，代表了一个国家最核心的价值理念。不同于经济渗透和军事胁迫的硬实力，文化软实力根植于一国历史，能产生文化价值认同的文化魅力，具有很强的外设文化感召的影响。正是因为此，"文化越来越成为民族凝聚力和创造力的重要源泉、越来越成为综合国力竞争的重要因素、越来越成为经济社会发展的重要支撑，谁占据了文化发展的制高点，谁拥有强大的文化软实力，谁就能够在激烈的国际竞争中赢得主动、占得先机"②。

毋庸置疑，中华优秀传统伦理文化是我们最深厚的文化软实力，也是中国特色社会主义植根的文化沃土。几千年前形成的中华优秀传统文化是我们在世界文化激荡中站稳脚跟的坚实根基，习近平总书记曾指出："中华民族在长期实践中培育和形成了独特的思想理念和道德规范，有崇仁爱、重民本、守诚信、讲辩证、尚和合、求大同等思想，有自强不息、敬业乐群、扶正扬善、扶危济困、见义勇为、孝老爱亲等传统美德。中华优秀传统文化中很多思想理念和道德规范，不论过去还是现在，都有其永不褪色的价值。"③ 这些永不褪色的道德理念和价值即是我们的中华优秀传统伦理文化。中华优秀传统伦理文化有着深厚的伦理精神和价值观念，诸如尚仁重德、知礼好学、诚信守正、宽厚孝义、扶危济困的道德情操深深镌刻在了中华儿女的血脉和精神世界之中，熔铸成鲜明的民族性格、品格和精神、气质。同时，中华优秀传统伦理文化也承载了以文化人、思想育人

---

① 陈曙光：《中华优秀传统文化是涵养文化自信的沃土》，《求是》2017 年第 4 期。
② 《坚定文化自信 提高国家文化软实力》，《中国青年报》2019 年 7 月 4 日。
③ 《习近平关于社会主义文化建设论述摘编》，中央文献出版社，2017，第 144 页。

第一章 中华优秀传统伦理文化及其时代价值

的文化使命，构成了中华民族的脊梁、血脉和灵魂，成为凝聚起中华儿女精神的强大力量，从而使中华民族能够战胜一个又一个困难，"成为维系中华民族繁衍生息、历经磨难不断强盛的精神家园和精神支柱，是当代中国文化软实力的力量根基"[①]。而这一文化精神内核还能够跨越国界，为世界各国及其民族提供精神的有益启迪，也能够为当前应对世界发展过程中出现的诸多问题提供精神文化的参考，成为价值引领，正是由于此，我们可以说，中华优秀传统伦理文化是支撑文化自信的重要文化软实力。

中华优秀传统伦理文化具有意识形态力量赋予普遍性与特殊性的文化自信。文化自其产生起，就具有一种意识形态价值，作为"一种实践的意识、社会的意识，更应当界定为一种文化的意识"[②]。文化的意识形态功能主要表现在以统治阶级的统治需要为目标，以社会观念共识的达成为主要方向，通过微观力量渗透社会生活各个领域，对经济建设、政治建设、社会建设、生态建设产生重要影响；同时，赋予主流思想以普遍的形式，形成社会全体成员广泛的思想认同，汇聚为核心价值和精神道德，引发社会全体成员产生情感共鸣，形成价值信仰，最终外化为实践践履。中华优秀传统伦理文化作为中国传统文化的重要组成部分一直以来即承载着意识形态的普遍价值功能，通过对中华优秀传统伦理文化的弘扬，以文化话语的方式深入社会领域并浸入全体社会成员的生活及心理世界之中，从而促进全体社会成员产生同心同德、积极向上、团结一致的文化自信。同时，文化作为意识形态又是社会存在的反映，是社会物质关系在观念上的表现。任何文化都会与其特定的社会现实相联系，不可能脱离其赖以产生和存在的物质生活基础，因此，不同国家的文化必然是不同的，具有各异的文化特色。中华优秀传统伦理文化在中国几千年社会土壤中孕育而成，特殊的"国情底色"使中华优秀传统伦理文化彰显出独到的底色，既是推动树立中国自信的精神源泉，同时也是国家发展得以和谐稳定的意识之根，是滋润文化自信的精神基础，引导向着更加具有"中国特色"的文化自信迈步

---

① 王志东：《中华优秀传统文化是当代中国最深厚的文化软实力》，《光明日报》2019年1月16日。
② 梅景辉：《"文化意识"与"话语权力"——马克思主义意识形态理论研究》，《世界哲学》2021年第3期。

前进，可以说，独特的文化传统、独特的基本国情必然会引申出我们形成文化自信。

三 为马克思主义中国化夯实文化底蕴

马克思曾经说过："理论在一个国家的实现程度，决定于理论满足这个国家的需要的程度。"[①] 马克思主义在中国成功的传播和实践并实现马克思主义中国化，深层次原因在于其与中华优秀传统伦理文化之间所具有的高度契合性，或者说，马克思主义中国化与中华优秀传统伦理文化在价值契合点和学理上具有一致性，二者之间具有很大程度的相容和相通，中华优秀传统伦理文化为马克思主义在中国的发展提供思想土壤和价值条件。

中华优秀传统伦理文化为马克思主义在中国的落地生根提供文化认同基础。一方面，中国人民选择接受马克思主义很大程度上是由于推翻三座大山、解放全中国、建立新中国的现实需求。毛泽东曾说："马克思列宁主义来到中国之所以发生这样大的作用，是因为中国的社会条件有了这种需要，是因为同中国人民革命的实践发生了联系，是因为被中国人民所掌握了。"[②] 马克思主义的辩证唯物主义和历史唯物主义哲学、劳动价值论以及以阶级斗争和无产阶级专政为核心的科学社会主义学说作为一个完整严密的思想理论体系，能为解决中国问题、挽救民族于危亡之中提供科学的理论指导。实践证明，马克思主义作为科学的理论、人民的理论、不断发展的理论，成为我们认识世界和改造世界的强大思想武器，中国革命、建设和改革的实际已表明，马克思主义是适合中国的，经由马克思主义中国化的不断发展，社会主义事业已取得了伟大成就。另一方面，中国人民选择接受马克思主义还在于中华优秀传统伦理文化中蕴含着许多与马克思主义思想相一致的观点，"儒家的大同思想、以天下国家为己任的追求、讲求群体的观念以及道家无为而治的理想等，都从不同的层面折射出社会主义的因素，尽管这些因素是空想的、主观的，乃至宗教性的。这些思想观念，在一定程度上削弱了中国先进知识分子接受科学社会主义的认知障

---

① 《马克思恩格斯全集》（第1卷），人民出版社，1956，第462页。
② 《毛泽东选集》（第4卷），人民出版社，1991，第1515页。

碍，奠定了他们接受科学社会主义的心理基础。"① 中华优秀传统伦理思想是马克思主义在中国落地生根的文化土壤，经由一定的中华民族文化形式的表达，使其融入中国发展的实际之中，变成了中国人民所能理解和接受的东西，从而使马克思主义能够植根于中国的现实之中，不断生根、生长直至繁荣发展起来。这正如习近平总书记所说："马克思主义传入中国后，科学社会主义的主张受到中国人民热烈欢迎，并最终扎根中国大地、开花结果，决不是偶然的，而是同我国传承了几千年的优秀历史文化和广大人民日用而不觉的价值观念融通的。"②

继承和弘扬中华优秀传统伦理文化可以不断提升马克思主义中国化的新境界。毛泽东曾在《中国共产党在民族战争中的地位》一文中，就如何看待中国传统文化与马克思主义的关系作过如下表述："学习我们的历史遗产，用马克思主义的方法给以批判的总结，是我们学习的另一任务。我们这个民族有数千年的历史，有它的特点，有它的许多珍贵品。对于这些，我们还是小学生。今天的中国是历史的中国的一个发展；我们是马克思主义的历史主义者，我们不应当割断历史。从孔夫子到孙中山，我们应当给以总结，承继这一份珍贵的遗产。这对于指导当前的伟大的运动，是有重要的帮助的。共产党员是国际主义的马克思主义者，但是马克思主义必须和我国的具体特点相结合并通过一定的民族形式才能实现。马克思列宁主义的伟大力量，就在于它是和各个国家具体的革命实践相联系的。对于中国共产党说来，就是要学会把马克思列宁主义的理论应用于中国的具体的环境。成为伟大中华民族的一部分而和这个民族血肉相联的共产党员，离开中国特点来谈马克思主义，只是抽象的空洞的马克思主义。因此，使马克思主义在中国具体化，使之在其每一表现中带着必须有的中国的特性，即是说，按照中国的特点去应用它，成为全党亟待了解并亟须解决的问题。"③ 这一段话，真切地表明做好马克思主义在中国的实践和发展，必须要同我国的具体特点相结合，使其带有"中国的特性"，而这一

---

① 吴雁南等：《中国近代社会思潮》（第2卷），湖南教育出版社，2011，第471页。
② 《习近平著作选读》（第2卷），人民出版社，2023，第278页。
③ 《毛泽东选集》（第2卷），人民出版社，1991，第533~534页。

"特性"即是要让其与中国历史和传统文化相结合,特别是要与中国优秀的传统伦理文化相结合。建设中国特色社会主义、发展中国化的马克思主义显然需要根植在具有几千年历史传统和文化传统的中国,而不是其他国家、其他民族。中华优秀传统伦理文化对中国的社会结构、对中国的民族性格、对中国人的思想和价值观念形成了几千年的深刻影响,因此,实现马克思主义的中国化就必须要与中国的传统伦理文化相结合。一方面,我们充分挖掘与运用了中华优秀传统伦理文化进行人文素质培养、道德教化、社会治理,使其更好地为不断推进马克思主义的中国化提供伦理道德支撑,使全社会树立道德理想信念,促进社会和谐,从而使马克思主义中国化历程一贯地得到精神补给,得到思想资源、智慧和启发;另一方面,中国共产党作为马克思主义的坚定信仰者和践行者以及中华优秀传统伦理文化的传承者和弘扬者,将中华优秀传统伦理文化中的立德化民的为政之道运用到治国理政的实践中,使中华优秀传统伦理文化中的精神内核持续丰富到马克思主义创新发展中来,重视挖掘中华优秀传统伦理文化中的思想精华,使其同马克思主义立场、观点、方法相结合,推动形成了具有中国特色、中国风格、中国气派的马克思主义,不断开辟马克思主义中国化的新境界。

四 为个人立德修身提供精神给养

德国学者兰德曼在其所著的《哲学人类学》中,提出了四个著名的论断,即"人是社会的存在""人是文化的存在""人是历史的存在""人是传统的存在"。[①] 兰德曼这一论断告诉我们,社会、文化、历史、传统并不是独立于人之外,相反,人无法脱离社会,无法割断历史,无法与文化和传统相告别。既然无法与历史和文化传统相告别,便意味着文化传统是人之成长发展的精神给养,是成就人之为人的精神内涵。

对于个人而言,中华优秀传统伦理文化蕴含着个人立德修身的重要精神养分,是人之不断自我完善的文化基因密码。文化从本质上看,"具有整体上育人的功能,其总是潜移默化地对人认识世界、社会、他人和自我

---

① 〔德〕兰德曼:《哲学人类学》,闫嘉译,贵州人民出版社,1990,第9~11页。

的基本观点发生影响,致使个体精神世界特别是其中的核心部分在文化熏染中不断确立"①。中华优秀传统伦理文化特别看重人之修身的重要性,《大学》首章即说:"物格而后知至,知至而后意诚,意诚而后心正,心正而后身修,身修而后家齐,家齐而后国治,国治而后天下平。一是皆以修身为本。其本乱而末治者,否矣。"《中庸》也提到:"为政在人,取人以身,修身以道,修道以仁。"孔子则说:"德之不修,学之不讲,闻义不能徙,不善不能改,是吾忧也。"② 孟子则提出:"存其心,养其性,所以事天也。夭寿不二,修身以俟之,所以立命也。"③ 这些思想均表明,修身是安身立命的方式,所谓"安身立命",就是要对自己有个人道德上的要求,唯有如此,才能使人达到身心和谐、内外调适,进而言行符合"人之为人"的本质。

中华优秀传统伦理文化中有着丰富的关于提高个人修养的思想和价值,是个人自我发展和自我完善不可或缺的重要元素和养分,具有支撑人之为善的重要道德理念。在中华优秀传统伦理文化中,把仁、义、礼、智、信这五种道德行为作为人生修养的准则,把孝、悌、忠、信、礼、义、廉、耻作为调节人伦关系的基本规范,提出了像学思结合、省察克治、慎独自律、知行合一、积善成德的道德修养之方,这些崇德重德、重视修身的道德传统对加强人们的道德修养,开展国民道德建设产生了重要影响,使人们"通过对自己内心世界及其言行的反省、反思,督促个体自我改造、自我陶冶、自我剖析,及时地克服缺点、改正错误,将道德准则内化为个体的道德品质,有意识、有目标地培养自己的道德品质"④,进而不断地调节个人与他人、个人与社会乃至个人身心之间的关系,实现高度和谐。

同时,中华优秀传统伦理文化中对于人文精神的宣扬也是后工业社会应对社会冷漠、心灵孤寂以及精神失落的文化良药。"人文"一词最早出现在《易经》,《周易·贲卦·象传》写道:"刚柔交错,天文也;文明以

---

① 张利明:《立德树人与中华优秀传统文化关系述论》,《社会科学研究》2016年第6期。
② 《论语·述而》。
③ 《孟子·尽心上》。
④ 肖群忠、王苏、杨建强:《中华传统美德的时代价值》,人民出版社,2020,第283页。

止，人文也。观乎天文，以察时变；观乎人文，以化成天下。"通过与"天文"相对，以此表明"人文"主要指代人们对于人本身生活的认识和思考，是指与自然规律相对应的关于人类社会的关系与运行法则。人文精神是中华优秀传统伦理文化较为突出的一个特征，主要强调人的道德情操升华和道德观念的培育，并将其视作人之为人的本质体现和"立人"的重要标志。荀子就曾指出，"水火有气而无生，草木有生而无知，禽兽有知而无义，人有气有生有知，亦且有义，故最为天下贵也"[①]，以此表明对人自身价值和道德品质的关注。除此之外，儒家强烈的仁爱意识、"先义后利"的价值取向、"天人合一"的和谐思想以及道家对人的生命的重视等，都表现了中华优秀传统伦理文化中人文精神的特质，体现着对人、对人生的探求与思索，显示出对人的关注与关怀。可以说，中华优秀传统伦理文化中的人文精神植根于中华民族漫长的历史生活和人丰富而生动的心灵活动之中，是中国源远流长的伦理文化的主要精神形态。当前，随着社会的发展，人们在感受着现代生活极大丰富的同时，由此也带来了精神困境，人逐渐变成了一个异己的人、一个单向度的人。现代社会中的人缺少了精神寄托，人的心灵发生扭曲，外在形体的人和内在精神的人造成对立紧张，在没有精神自我、物欲横流和功利膨胀的社会生活中，人变得失落，精神生命逐渐沉沦。虽然现代社会中的人实现了对自己的占有，但却是一种无精神的占有，一切都是工具化、技术化的，缺少一种人对其同一性认同的情感，造成个人主义泛滥，社会中人与人的交往没了温情，呈现出赤裸裸的利益交易。中华优秀传统伦理文化中的人文精神无疑在这方面具有重要的现实意义，其所具有的人文精神将价值追求作为生活的最终目标和全部意义，对人自身的精神生活状态进行观照，肯定人合理的物质需求，反对物欲膨胀，强调崇高精神的价值目标，摒弃以工具理性为核心的理性主义。通过提倡人与人之间的相互关爱，逐渐消弭了人与人之间的情感淡化的异化状态，从而实现相互关爱的现代社会，而人本身在人文精神的引导下，变成更加有意义的人，实现真正幸福的有价值的人生。

---

① 《荀子·王制》。

五 为构建新型国际关系提供中国智慧

当前，面对世界百年未有之大变局，全球治理体系和国际秩序不断发生变革，整个世界已进入极不平静的动荡调整期，为全球国际秩序的建构造成了许多不确定因素。可以看到，以美国为首的西方大国逆历史潮流而动，实行大国霸权主义和意识形态的沙文主义，在整个世界散播"中国威胁论""中国称霸论"，并对与其政治制度和价值观念不同的国家肆意打压，插手他国事务，干涉他国内政，造成整个世界变得愈发不安宁，甚至是面临着新的世界大战的威胁。面对当前这一世界局势，该如何处理国与国之间的关系，又该建构怎样的新型国际关系，中华优秀传统伦理文化可以为我们提供中国智慧和中国方案。

美国学者亨廷顿在其著《文明的冲突》中曾指出，各个国家本身就建立在不同的价值性认识基础之上，不同国家的文明个性及观察视角往往因不具有可比较性而缺乏相互的融合性，以致出现了所谓的"文明的冲突"。[①] 文明的冲突在某种程度上加剧了不同国家之间在解决国际事务时的矛盾和分歧，因而也造成了国际关系的不稳定性。但是，国与国之间的矛盾关系可以由一种内化的文明而产生，也可以由一种内在的思想而消弭，中华优秀传统伦理文化所蕴含的和合思想基因对处理国家与国家之间、地区与地区之间的纷争、矛盾与冲突，使世界各国和睦相处、互相扶持、共同发展，是有着极大的思想意义和世界价值的。正因为此，习近平总书记指出，"优秀传统文化思考和表达的是人类生存的根本问题，它的智慧和价值可以跨越时空，是人类共同的精神财富"[②]。

综观中华优秀传统伦理文化的深邃内涵，包含着"以和为贵""和而不同""贵和慎兵"等崇尚和平、追求和谐的理念，可成为当今构建新型国际关系的文化启迪。中华优秀传统伦理文化中，对"和"的肯定和重视使中华民族与生俱来地具有处理异己关系的包容性与平和性，决定了中华民族在与外族交往时和善待人、遵循公理并追求和平，可以说，"有着

[①] 〔美〕塞缪尔·亨廷顿：《文明的冲突》，周琪等译，新华出版社，2013，第4页。
[②] 《习近平党校十九讲》，中共中央党校出版社，2015，第124页。

5000多年历史的中华文明，始终崇尚和平，和平、和睦、和谐的追求深深植根于中华民族的精神世界之中，深深溶化在中国人民的血脉之中"①。而这种贵和的思想也由此引申出了中华优秀传统伦理文化中慎兵反战的战争观。老子曾指出："夫唯兵者，不祥之器，物或恶之，故有道者不处。君子居则贵左，用兵则贵右。兵者，不祥之器，非君子之器，不得已而用之，恬淡为上。胜而不美而美之者，是乐杀人。"② 在老子看来，兵器是不吉祥的器物，战争也是一种迫不得已才使用的方式，君子不应该崇尚战争而应该追求"恬淡"的和合状态，不得已而使用了，最好应持淡漠的态度，以追求武力得天下的只会以失败告终。同样的，墨子对战争也持有非常明确的反对态度，他指出："今且天下之王公大人士君子，中诚将欲求兴天下之利、除天下之害，当若繁为攻伐，此实天下之巨害也。今欲为仁义，求为上士，尚欲中圣王之道，下欲中国家百姓之利，故当若'非攻'之为说，而将不可不察者，此也！"③ 在墨子看来，战争乃"天下之害"的体现，通过战争恃强凌弱、以众劫寡、以富侮贫等，都是与"兼相爱"宗旨相违背的，因此都是一种不道德的行为。从老子和墨子的战争观可以看出，中华民族早在几千年前在对待战争的问题上便持有非常明确的慎战反战的观念，而近代鸦片战争、中日甲午战争、抗日战争等更是给中国人民带来了不堪回首的苦难，也正是因为此，中华民族能够深刻体会出战争的不义、不德、不利，也更知战争的残酷与和平的珍贵，由此才会更加明确地主张走和平发展的道路，主张相互尊重、平等相处、和平发展、共同繁荣的人间正道。此外，在国与国交往的理念上，中华优秀传统伦理文化还主张"和而不同""协和万邦"的求同存异和谐观。"一个国家的文明观决定了一个国家的未来。一个好战的国家必然会妄图对外扩张、不断挑起战争，最终也将在无尽的战争中毁灭；而讲信修睦、乐于交往的国家则以海纳百川的胸襟与其他国家、其他文明互相尊重、互相借鉴。"④《礼记·中庸》指出"万物并育而不相害，道并行而不相悖"，体现出的是包含、

---

① 《习近平谈治国理政》，外文出版社，2014，第265页。
② 《道德经·第三十一章》。
③ 《墨子·非攻》。
④ 王琨、王玉鹏：《论中华民族的和平基因》，《重庆社会科学》2022年第2期。

包容的中华文化特有的思维方式，而"亲仁善邻""协和万邦"的思想更是融入中国人民血脉之中的文化基因，《论语》中的"礼之用，和为贵"、《孟子》中的"天时不如地利，地利不如人和"、《墨子》中的"天下兼相爱则治，交相恶则乱"，不无蕴含了"以和为贵，与人为善"的价值理念，这些思想不仅彰显出中华民族讲求诚信、爱好和平、求同存异的处世之道，同时也传递出中国人民求和平、同发展、共命运的美好愿景。

可以说，建设更加美好的世界是全世界人民的共同心愿，中华优秀传统伦理文化所蕴含的思想可以为构建新型国际关系提供中国文化的智慧，我们应该认识到，"文明的繁盛、人类的进步，离不开求同存异、开放包容，离不开文明交流、互学互鉴。历史呼唤着人类文明同放异彩，不同文明应该和谐共生、相得益彰，共同为人类发展提供精神力量"[①]。中华优秀传统伦理文化中的思想智慧具有强大的生命力和感染力，时至今日仍旧焕发出熠熠光芒，能够在顺应时代主题不断发展的实际中，为构建国际新秩序提供启迪，我们应该在"和羹之美，在于合异"以及"和合与共"的理念下，推进构建开放、包容、普惠、平衡、共赢的国际关系，共同推动世界各国发展繁荣，营造"美美与共"的世界发展美丽图景。

[①] 《十九大以来重要文献选编》（上），中央文献出版社，2019，第111页。

第二章　中华优秀传统伦理文化融入高校思政课的基本问题

中华优秀传统伦理文化有着丰富的思政课"立德树人"价值，特别是先人传承下来的价值理念和道德规范，是新时代高校思政课开展有效教学的重要思想源泉。为此，深入挖掘中华优秀传统伦理文化所具有的育人价值，对其进行创造性转化和创新性发展，进而使其更好地与思政课相融合，是提升新时代思政课教学有效性和针对性，实现用中华民族创造的一切精神财富以文化人、以文育人的重要举措。

具体而言，中华优秀传统伦理文化在思想储备、文化价值方面具有突出优势，将其融入思政课教学是回应时代发展际遇，顺应思想政治教育发展传统，推动思政课创新发展的内在动力和文化支撑，同时也是维护意识形态高地，推动中华文化守正创新以及新时代立德树人、培育时代新人的必然选择，且与高校思政课教学具有高度契合性，为此将中华优秀传统伦理文化融入高校思政课既具有可行性，同时也具必要性。

第一节　中华优秀传统伦理文化融入高校思政课的可行性

"办好思政课既要以中华优秀传统文化为建设源泉，使其成为铸魂育人、立德树人、思政教学的深厚力量；又要以铸就中华文化新辉煌为建设目标，让思政课成为文化教育的重要渠道，引导学生不断增强文化自信，积极投身中华民族伟大复兴的历史进程。"[1] 党的十八大以来，党和国家多

---

[1] 于凯：《中华优秀传统文化融入思政课的理论逻辑》，《求知》2020年第9期。

第二章 中华优秀传统伦理文化融入高校思政课的基本问题

次在顶层设计层面强调中华优秀传统文化的重要价值,习近平总书记也高度重视中华优秀传统文化的传承和发展,这些思想遵循为将中华优秀传统伦理文化融入思政课教学提供了宏观的现实可能,而思政课本身的建设发展也需要从中华优秀传统伦理文化中获取丰富资源,提振思政课在新时代的吸引力和课程底蕴。

一 中华优秀传统伦理文化融入高校思政课的时代际遇

党的十八大以来,以习近平同志为核心的党中央高度关注文化的传承与发展问题,就传统文化的重要价值和意义进行了数次表述。习近平总书记指出:"中华民族在几千年历史中创造和延续的中华优秀传统文化,是中华民族的根和魂。"[1] "如果抛弃传统、丢掉根本,就等于割断了自己的精神命脉。博大精深的中华优秀传统文化是我们在世界文化激荡中站稳脚跟的根基。"[2] "中国传统文化博大精深,学习和掌握其中的各种思想精华,对树立正确的世界观、人生观、价值观很有益处。古人所说的'先天下之忧而忧,后天下之乐而乐'的政治抱负,'位卑未敢忘忧国'、'苟利国家生死以,岂因祸福避趋之'的报国情怀,'富贵不能淫,贫贱不能移,威武不能屈'的浩然正气,'人生自古谁无死,留取丹心照汗青'、'鞠躬尽瘁,死而后已'的献身精神等,都体现了中华民族的优秀传统文化和民族精神,我们都应该继承和发扬。"[3] "用优秀文化产品振奋人心、鼓舞士气,用中华优秀传统文化为人民提供丰润的道德滋养,提高精神文明建设水平。"[4] 党和国家相继制定并实施了一系列针对传统文化教育的纲要和意见,如 2013 年中共中央办公厅印发的《关于培育和践行社会主义核心价值观的意见》指出,要加强对优秀传统文化思想价值的挖掘,梳理和萃取中华文化中的思想精华,作出通俗易懂的当代表达,赋予其新的时代内

---

[1] 习近平:《在庆祝澳门回归祖国 15 周年大会暨澳门特别行政区第四届政府就职典礼上的讲话》,《人民日报》2014 年 12 月 21 日。
[2] 中共中央宣传部:《习近平总书记系列重要讲话读本》,学习出版社、人民出版社,2014,第 100 页。
[3] 习近平:《在中央党校建校 80 周年庆祝大会暨 2013 年春季学期开学典礼上的讲话》,《人民日报》2013 年 3 月 1 日。
[4] 《习近平关于社会主义文化建设论述摘编》,中央文献出版社,2017,第 12 页。

涵，使之与中国特色社会主义相适应，让优秀传统文化在新的时代条件下不断发扬光大。要增加国民教育中优秀传统文化课程内容，分阶段有序推进学校优秀传统文化教育。2014年教育部印发的《完善中华优秀传统文化教育指导纲要》强调，加强中华优秀传统文化教育，是深化中国特色社会主义教育和中国梦宣传教育的重要组成部分，是构建中华优秀传统文化传承体系，推动文化传承创新的重要途径，同时也是培育和践行社会主义核心价值观，落实立德树人根本任务的重要基础。为此，要分学段有序推进中华优秀传统文化教育，把中华优秀传统文化教育系统融入课程和教材体系，充分发挥中小学德育课和高校思政课的重要作用。2017年中共中央办公厅、国务院办公厅印发的《关于实施中华优秀传统文化传承发展工程的意见》更是明确提出，要围绕立德树人根本任务，遵循学生认知规律和教育教学规律，按照一体化、分学段、有序推进的原则，把中华优秀传统文化全方位融入思想道德教育、文化知识教育、艺术体育教育、社会实践教育各环节，贯穿于启蒙教育、基础教育、职业教育、高等教育、继续教育各领域。这些政策纲领为用中华民族创造的一切精神财富来以文化人、以文育人，开展中华优秀传统文化教育，让中华优秀传统文化在广大青少年心中生根发芽，并在新时代不断传承和弘扬中华优秀传统文化指明了方向，同时也为中华优秀传统伦理文化融入思政课教学提供了时代际遇。

习近平总书记指出："我国有独特的历史、独特的文化、独特的国情，决定了我国必须走自己的高等教育发展道路，扎实办好中国特色社会主义高校。"[①] 思政课是高等教育中教育思想、教育目标和教育内容的重要载体，集中体现了党和国家的意志和政治诉求，是高校进行思想政治教育的主渠道，关涉高校人才培养的素质和质量。党的十八大以来，以习近平同志为核心的党中央高举中国特色社会主义伟大旗帜，引领中国特色社会主义社会进入了新时代，伴随着实现中华民族伟大复兴中国梦的历史进程，高校思政课也迎来了新的发展，展现出不同于以往的新面貌。作为高等教育课程中的关键课程，思政课主要承担着对青年大学

---

① 《习近平在全国高校思想政治工作会议上强调 把思想政治工作贯穿教育教学全过程 开创我国高等教育事业发展新局面》，《人民日报》2016年12月9日。

生进行世界观、人生观、价值观教育,促进青年学生德智体美劳全面发展的重要使命。因此,思政课要将立德树人作为中心环节,使其在大学生建构合理的知识结构、创造丰富的精神体验、塑造完善的人格精神方面发挥出独特的价值,彰显出特殊的意义。这不仅明晰了思政课的课程价值作用,同时也从时代和高校人才培养角度要求高校思政课需要从中华优秀传统伦理文化中汲取文化养分,增强思政课文化育人的力量。因此说,时代和课程的发展为中华优秀传统伦理文化融入高校思政课教学提出了现实之需。

总之,充分发挥中华优秀传统伦理文化的价值优势,将中华优秀传统伦理文化的思想精华融入高校思政课教学,实现以文化人、以文育人,是引导青年学生正确认识中国特有的文化底蕴、独特的文化精神,进而坚定文化自信,不断提升其思想政治素质、丰富其精神生活、拓展其文化视野、提升其精神境界等方面的重要渠道,从而使青年学生逐步成长为德才兼备、堪当民族复兴伟大历史重任的时代新人。

二 推动思政课创新发展的内在动力

思政课的发展一直备受党和国家的重视,特别是党的十八大以来,围绕着如何充分发挥好思政课的主渠道作用,习近平总书记提出了许多新思想、新观念,做出了深刻论述。

2015年1月,中共中央办公厅、国务院办公厅印发的《关于进一步加强和改进新形势下高校宣传思想工作的意见》强调:"要建设学生真心喜爱、终身受益的高校思想政治理论课,实施高校思想政治理论课建设体系创新计划,全面深化课程建设综合改革,编好教材,建好队伍,抓好教学,切实办好思想政治理论课。"2016年12月,习近平总书记在全国高校思想政治工作会议上提出:"要用好课堂教学这个主渠道,思想政治理论课要坚持在改进中加强,提升思想政治教育亲和力和针对性,满足学生成长发展需求和期待。"[①] 2019年3月,为了进一步巩固马克思主义在高校意

---

① 《习近平在全国高校思想政治工作会议上强调 把思想政治工作贯穿教育教学全过程 开创我国高等教育事业发展新局面》,《人民日报》2016年12月9日。

识形态领域的指导地位，加强新时代高校思政课建设，习近平总书记主持召开了学校思政课教师座谈会，他强调指出，思政课是落实立德树人根本任务的关键课程。青少年阶段是人生的"拔节孕穗期"，最需要精心引导和栽培，"我们办中国特色社会主义教育，就是要理直气壮开好思政课，用新时代中国特色社会主义思想铸魂育人，引导学生增强中国特色社会主义道路自信、理论自信、制度自信、文化自信，厚植爱国主义情怀，把爱国情、强国志、报国行自觉融入坚持和发展中国特色社会主义事业、建设社会主义现代化强国、实现中华民族伟大复兴的奋斗之中"①。2022年4月25日，习近平总书记在中国人民大学考察时再一次强调："思想政治理论课能否在立德树人中发挥应有作用，关键看重视不重视、适应不适应、做得好不好。"② 这些思想已然成为新时代高校思政课建设发展的基本遵循和重要原则，为高校思政课的创新发展指明了方向。

推动新时代思政课改革创新，要不断增强思政课的思想性、理论性和亲和力、针对性。要坚持政治性和学理性相统一，坚持价值性和知识性相统一，坚持建设性和批判性相统一，坚持理论性和实践性相统一，坚持统一性和多样性相统一，坚持主导性和主体性相统一，坚持灌输性和启发性相统一，坚持显性教育和隐性教育相统一。其中，坚持价值性和知识性相统一就是要求既要充分挖掘出思政课所具有的学理性，不断探寻思政课所独有的内容客观性和真理性，同时也要不断探求思政课所含有的思想启迪和价值引导功能，不断开拓思政课所蕴含的丰富育人价值，进而培养出德智体美劳全面发展的社会主义建设者和接班人，使青年学生形成正确的理想信念和道德情操。思政课所具有的这一价值性特征必然要求对中华优秀传统伦理文化进行深度探寻与回归，将中华优秀传统伦理文化作为提升思政课课程价值与实效的内在动力，使中华优秀传统伦理文化所蕴含的丰富哲学思想、人文精神、价值理念、道德规范等成为推动思政课不断提升价值引领力的思想养分，获得课程教学的思想启迪，从而使思政课成为延续

---

① 习近平：《思政课是落实立德树人根本任务的关键课程》，《求是》2020年第17期。
② 《习近平在中国人民大学考察时强调 坚持党的领导传承红色基因扎根中国大地 走出一条建设中国特色世界一流大学新路》，新华网，http://www.news.cn/2022-04/25/c_1128595417.htm。

中华民族文化基因与精神血脉的重要课程，以不断提高新时代高校思想政治教育亲和力、实效性、针对性。总而言之，中华优秀传统伦理文化与思政课相融合，是推动思政课在价值引领方面不断创新的内在要求和必然选择。

三　新时代思政课建设发展的文化支撑

从本质上而言，思政课是"寓价值观引导于知识传授和能力培养之中，帮助学生塑造正确的世界观、人生观、价值观"的重要课程，新时代思政课的建设发展从根本上需要从教学内容入手，从内到外进行匠心设计，不断赋予思政课教学以厚度、深度和广度，激发思政课在"立德树人"方面的重要价值。

将中华优秀传统伦理文化融入思政课教学是新时代思政课建设发展的必然之需，一方面在于思政课教学内容本身就蕴含了中华优秀传统伦理文化的重要内容，具有固本铸魂、传承创新中华优秀传统文化的职责和使命；另一方面则在于中华优秀传统伦理文化具有丰富的思政课教学资源和教学方法，可以充分挖掘其深厚的育人力量，实现以文化人。正如习近平总书记所指出："中华民族几千年来形成了博大精深的优秀传统文化，我们党带领人民在革命、建设、改革过程中锻造的革命文化和社会主义先进文化，为思政课建设提供了深厚力量。"[①] 可以说，思政课教学内容与中华优秀传统伦理文化具有一定的契合性，蕴含了中华优秀传统伦理文化的重要内容，而中华优秀传统伦理文化本身也可以成为支撑高校思政课教学的重要文化资源。

自《〈中共中央宣传部 教育部关于进一步加强和改进高等学校思想政治理论课的意见〉实施方案》（简称"05方案"）的课程改革以来，高校思政课不断在改进中加强、在创新中发展，课程内容和课程体系日益深化和完善，本科思政课形成了"4+2"的课程体系，即"思想道德修养与法律基础"、"中国近现代史纲要"、"马克思主义基本原理概论"、"毛泽东思想、邓小平理论和'三个代表'重要思想概论"和"形势与政策"、

---

① 习近平：《思政课是落实立德树人根本任务的关键课程》，《求是》2020年第17期。

"习近平新时代中国特色社会主义思想概论"课,至此,高校思政课趋于稳定和更加规范化。同时,为落实党的十七大提出的中国特色社会主义理论体系的科学命题,将"毛泽东思想、邓小平理论和'三个代表'重要思想概论"课调整为"毛泽东思想和中国特色社会主义理论体系概论"课。党的十八大以来,中宣部、教育部先后对高校思政课教材进行了数次修订,形成了2013版、2015版、2018版以及2021版、2023版教材,进一步加强了对高校思政课的顶层设计,从而使思政课铸魂育人的功能不断加强,不断发挥其政治和价值引领作用。就当前思政课课程内容看,显然在一些教学内容上与中华优秀传统伦理文化是具有高度一致性的。

具体来看,主要4门思政课中"思想道德修养与法律基础"(最新文件中称为"思想道德与法治")课主要包括思想道德和社会主义法治两部分内容。课程的教学目标主要是帮助学生树立正确的世界观、人生观和价值观,筑牢理想信念之基,培育和践行社会主义核心价值观,传承中华传统美德,弘扬中国精神,尊重和维护宪法法律权威,提升思想道德素质和法治素养。这些内容本身即是要以中华优秀传统伦理文化为根基,通过思政课的教学对数千年传扬下来的中华优秀传统伦理文化所具有的育人价值予以现代性转化,如社会主义核心价值观的教学内容、锤炼道德品格的教学内容、培养爱国主义情感的教学内容等,从而使中华优秀传统伦理文化成为塑造新时代青年大学生的重要文化资源。"中国近代史纲要"课主要讲授中国近代以来争取民族独立、人民解放和实现国家富强、人民幸福的历史,帮助学生了解党史、国史、国情,深刻领会历史和人民选择马克思主义、选择中国共产党、选择社会主义道路、选择改革开放的必然性。在这一段历史过程中,中华优秀传统伦理文化中的爱国主义精神、筚路蓝缕的奋斗精神以及"志当存高远"的理想观、"虽九死其犹未悔"的信念观等,都成为中国历史发展的重要精神资源。显然,中华优秀传统伦理文化是一以贯之地贯彻其中的,成为中国共产党带领广大人民群众在革命、建设、改革时期攻坚克难,使中国从半殖民地半封建社会旧中国发展为今天繁荣富强新中国的重要精神资源。"马克思主义基本原理概论"课主要帮助学生深刻领会、准确把握马克思主义的根本性质和整体特征,学习掌握贯穿其中的马克思主义立场观点方法,提升运用马克思主义基本原理分析

第二章 中华优秀传统伦理文化融入高校思政课的基本问题

世界的能力，增强对人类社会发展规律，特别是中国特色社会主义发展规律的认识和把握，树立共产主义远大理想和中国特色社会主义共同理想。在对马克思主义基本原理教学内容的分析中可以发现，马克思主义的基本原理与中华优秀传统文化在某些思想方面具有思想契合，张岱年、程宜山对此曾指出："中国文化中本有悠久的唯物论、无神论、辩证法的传统，有民主主义、人道主义思想的传统，有许多历史唯物主义的思想因素，有大同的社会理想，如此等等，因而马克思主义很容易在中国的土壤里生根。"[1] 其中，传统文化中的某些伦理思想诸如追求"大道之行，天下为公"的天下大同思想与马克思所追求的共产主义理想、注重"践履"和"习行"的"格物致知""知行合一"观念与马克思主义的实践唯物主义等体现出了很强的一致性，由此可以认为，中华优秀传统伦理思想不仅可以帮助青年学生深刻理解"马克思主义基本原理概论"课程所具有的深邃哲学思想，同时还能在"思想道德与法治""中国近代史纲要"课程的基础上，进一步引导青年大学生做好传承和弘扬中华优秀传统伦理文化的历史使命。"毛泽东思想和中国特色社会主义理论体系概论"课主要讲授中国共产党把马克思主义基本原理同中国具体实际相结合产生的马克思主义中国化的两大理论成果，帮助学生理解毛泽东思想、邓小平理论、"三个代表"重要思想、科学发展观、习近平新时代中国特色社会主义思想是一脉相承又与时俱进的科学体系，引导学生深刻理解中国共产党为什么能、马克思主义为什么行、中国特色社会主义为什么好，坚定"四个自信"。其中的教学内容与中华优秀传统伦理文化有着不可分割的内在联系，马克思主义中国化的中国特色社会主义理论体系所展现的思想内容、价值观念和精神内涵，如"以德治国"、以人民为中心的治国理政思想，人与自然和谐共生的生态文明观念，文化自信的文化建设主张等，都能从中华优秀传统伦理文化中找到思想源泉。因此可以认为，中华优秀传统伦理文化可以为"毛泽东思想和中国特色社会主义理论体系概论"课程如何更好地认识和理解马克思主义中国化的理论价值、明晰中国之治的文化根源提供文

---

[1] 张岱年、程宜山：《中国文化与文化论争》，中国人民大学出版社，1990，第190页。

化滋养和文化智慧。①

第二节 中华优秀传统伦理文化融入高校思政课的必要性

新时代伴随着国家文化软实力的发展需求，加强中华优秀传统文化教育成为提高高校思想政治教育立德树人的实效性，提升育人效果，打造时代新人的必然选择，同时也是坚定文化自信，牢牢掌握意识形态主导权的必然之举，而这其中思政课是重要的主渠道。为此，必须要充分挖掘中华优秀传统伦理文化对于思政课的文化价值，将中华优秀传统伦理思想融入思政课的教学中。

一 思想政治教育的文化属性及其与文化内在相融互通

思想政治教育是"社会或社会群体用一定的思想观念、政治观点、道德规范对其成员施加有目的、有计划、有组织的影响，并促使其自主地接受这种影响，从而形成符合一定社会、一定阶级所需要的思想品德的社会实践活动"②。可以认为，思想政治教育具有鲜明的文化属性，它既是文化思想传递和传播的方式，同时反过来又需要通过文化作为载体和支撑。从某种意义上说，思想政治教育与文化之间在价值观传递和目标指向、育人功能方面是具有共通性的。

（一）思想政治教育的文化属性

思想政治教育作为一种思想意识的教育活动，最为重要的在于对受教育者进行思想观念、价值取向和道德品质等方面的教育引导，进而使受教育者潜移默化地接受并内化于心、外化于行。

思想政治教育蕴含着传递文化精神、实现以文化人的追求。思想政治

---

① 本书关于中华优秀传统伦理文化融入高校思政课教学思考仅以此四门思政课为主，"形势与政策"课、"习近平新时代中国特色社会主义思想概论"课除外。
② 陈万柏、张耀灿：《思想政治教育学原理》，高等教育出版社，2015，第4页。

第二章　中华优秀传统伦理文化融入高校思政课的基本问题

教育从来都不仅仅是一种政治的教育，也是含有核心价值理念的教育，是"使青年一代树立正确的世界观、人生观、价值观，构建有意义的价值世界和精神世界，促进其思想道德素质的提高，实现全面发展"的教育。[①] 显然，思想政治教育是有着深厚的道德诉求和文化意义的，其内在地要求将青年学生的精神文化素养培育作为教育目标之一，凝聚精神共识，实现对人思想道德的培养，构建人的精神家园，以文化人。作为高校思想政治教育中的主渠道，思政课必然要求在教学中含有文化诉求，需要在课程教学中传递人文精神、道德意涵以及核心价值理念，使青年学生形成美好的人格。因此说，将中华优秀传统伦理文化融入思政课教学既是必要的也是必然的。

思想政治教育蕴含着鲜明的中华优秀传统文化的标识。思想政治教育的内容是思想政治教育目标的具体化，主要包含马克思列宁主义、毛泽东思想和中国特色社会主义理论体系教育，社会主义核心价值体系教育，党的基本路线、基本纲领、基本经验教育，中国革命、建设和改革开放的历史教育，中华民族优良传统和中国革命传统教育，公民道德和民主法治教育，基本国情和形势政策教育以及生态文明教育等八个方面。[②] 从思想政治教育的内容可以看出，其中很多内容是在中华优秀传统伦理文化精神的滋养和历史演进中形成的，特别是中华优秀传统伦理文化本身就构成了思想政治教育的内容之一，成为其重要组成部分，使思想政治教育打上了具有中国文化精神特质的独特标识。高校思政课作为思想政治教育的主渠道，意在通过课堂教育，实现对青年大学生在政治认同、家国情怀、道德修养、法治意识、文化修养等方面的培育，引导学生坚定"四个自信"，做德智体美劳全面发展的社会主义建设者和接班人，这其中必然需要将中华优秀传统伦理文化的思想作为教育内容，实现教育目的。因此，这也构成了将中华优秀传统伦理文化融入思政课教学的必然之因。

思想政治教育蕴含着文化传承、创新的价值。文化传承主要是指在前

[①] 秦冰馥：《中华优秀传统文化融入高校思想政治教育研究》，博士学位论文，东北师范大学，2021。

[②] 参见《思想政治教育学原理》编写组编《思想政治教育学原理》，高等教育出版社，2016，第181~189页。

人文化成果积累的基础上，扬弃旧义，创立新知，使其在民族共同体中作接力棒似的纵向交替过程。文化传承既是一个积淀传播的过程，同时也是开放、借鉴、吸收、革新的过程，进而不断延续文化的内在灵魂，使其保持持久的生命力。文化的传承主要依赖于人的主观作用的发挥，"学校教育的诞生，加快了人类文化积累的进程，因为它不仅通过语言传达清晰明白的意义，交流思想和感情，传授系统化了的知识和经验，使文化在一代代绵续中保存下来，而且还可借助于文字，将文字刻之于书简，印之于丝帛、纸张，使文化跨时代地积累和保存"①。高校思想政治教育具有文化传承的重要功能，通过思想政治教育的实践活动将文化的内容、文化的形态通过某种方式进行传承和创新，进而不断促进人的全面和谐发展。可以说"高等教育是优秀文化传承的重要载体和思想文化创新的重要源泉"②，与此同时，思想政治教育在以文化人的过程中，势必要根据教育内容和教育对象的不同进行创新，使传承的文化能够不断适应时代的变化发展，不断赋予文化以新的内涵，提升文化的再生能力，从而使其更好地适合思想政治教育的根本目标。正是因为此，思想政治教育的有效开展离不开对中华优秀传统伦理文化的弘扬创新，将其所蕴含的丰富政治理念、哲学思想、人文精神、道德规范、社会理想等作为思想政治教育的有益启迪，不断对其进行创造性转化和创新性发展：既按照时代特点和要求，对仍具有思想政治教育借鉴价值的文化思想给予积极改造，赋予其新时代思想政治教育话语的生命力，使其与青年文化精神发展的诉求相协调；同时也回应新时代思想政治教育新发展的需要，"有鉴别地对待"和"有扬弃地继承"传统伦理文化中的人文价值，增强其道德引领力和感召力，从而使中华优秀传统伦理文化中的精神思想更富育人时代意义和更具育人时代价值。

高校思政课作为思想政治教育的主渠道在课程内容和课程体系方面具有文化传承和创新的重要内涵，要求其在教学过程中不断总结传统伦理文化中丰富的思想道德资源，对其中蕴含的德目、观点进行新的诠释和激

---

① 郑金洲：《教育文化学》，人民教育出版社，2000，第15页。
② 胡锦涛：《在庆祝清华大学建校100周年大会上的讲话》，《人民日报》2011年4月25日。

活，结合现代生活赋予其新时代的内涵，进而推动中国传统美德的创造性转化和创新性发展。例如，在"思想道德与法治"课程第五章教学内容中就包含着文化传承创新的内容，明确指出青年大学生锤炼自己的道德品格，就要吸收借鉴优秀道德成果，传承中华传统美德，这些传统美德蕴藏的中国智慧，可以为我们的道德建设提供有益的启发，同时也为解决当代人类面临的道德难题提供了重要启迪，为当代大学生的个人成长提供了宝贵的精神营养。这在一定程度上表明了思政课本身所蕴含的文化传承和文化创新的重要价值，进而为中华优秀传统伦理文化融入思政课教学提供了又一必然之因。

（二）思想政治教育与文化相融互通

从词源意义上看，中国人对于文化的理解，表达的是与自然有别、超越自然，并对人施以文治教化的意思。张岱年、程宜山指出："文化不仅是一种在人本身自然和身外自然的基础上不断创造的过程，而且是一种对人本身的自然和身外自然不断加以改造，使人不断从动物状态中提升出来的过程。"[①] 从一定意义上说，人造就了文化，同样的，文化也改造了人，决定了人的思维、行为和情感方式。显然，文化的这一内在属性使其与思想政治教育具有内在的相融互通性。

首先，在价值功能指向上，二者具有一致性。积极地看，文化对于人们的思想、道德、心理具有很强的正面影响，特别是中华优秀传统伦理文化中崇尚道德、重视人文精神、强调个人修养、注重道德素质培养等思想观念与高校思想政治教育具有高度的契合性。而高校思想政治教育本身即是对人的素质的一种教育，作为一种教育人的学科，其教育的价值功能即是提高青年学生的思想素质、强化政治修养、优化道德品格、完善心理结构，其中，培育学生具有高尚的道德品质和良善的个人品质是思想政治教育的重要导向。因此说，"中华优秀传统文化与高校思想政治教育在实践维度上都指向德学兼备理想人格的塑造，尤其将对人的思想素养、道德品

[①] 张岱年、程宜山：《中国文化精神》，北京大学出版社，2020，第3页。

质的培养提升作为育人的首要核心问题,这体现了二者本质的契合点"[①]。

无论是中华优秀传统伦理文化还是思想政治教育,二者均具有丰富青年学生精神文化生活、引领正向价值取向并巩固青年学生文化信仰,解决思想困惑,形成共同价值追求的旨归,成为构建精神家园的重要方式。中华优秀传统伦理文化博大精神,是中华民族的重要精神家园,其中所蕴含的积极进取、刚健自强的人生观念,推崇仁爱、以和为贵的处世态度,提高精神境界、向往理想人格的精神追求,强调道德修养、注重道德践履的实践目标等,都能够成为新时代帮助青年大学生构建精神家园的文化基础,成为青年学生立德树人的思想宝库。而从思想政治教育来看,作为做人的一项工作,思想政治教育本质上就是要从精神上不断地改造青年学生,丰富青年学生的精神世界。对于人而言,在满足自身物质需求的基础上,必然会产生精神层面的更高追求,这种不断向着更高层次提升的自我发展追求"构成了现实中的人接受思想政治教育的精神原动力,构成了思想政治教育最直接、最重要的人性基础"[②]。一方面,思想政治教育可以通过中华优秀传统伦理文化开展文化教育,使青年学生的精神生活不断充实;另一方面,思想政治教育可以通过开展丰富多彩的文化实践活动使青年学生感受和体验中华优秀传统伦理文化的思想魅力,从中得到感悟和启迪。与此同时,思想政治教育还具有引领价值取向的重要作用,如今,伴随着经济全球化和世界一体化的发展,社会观念的转变带来了青年学生价值的迷茫和精神的失落,道德失范、知行脱节的现象比比皆是。在此情况下,思想政治教育通过社会主义核心价值观教育可以在某种程度上引导青年学生树立正确的世界观、人生观和价值观,学会用正确的观念来看待和解决现实生活中的各种问题,走出精神困扰,并身体力行做社会主义核心价值观的积极践行者。

其次,在根本目标上,二者具有一致性。人的全面发展包括人体力和智力的充分发展,是人的才能的多方面发展,促进人的全面发展始终是与

[①] 秦冰馥:《中华优秀传统文化融入高校思想政治教育研究》,博士学位论文,东北师范大学,2021。

[②] 杨鑫铨:《思想政治教育人性指向》,光明日报出版社,2017,第118页。

思想政治教育密不可分的。从目标任务上看，思想政治教育以人为根本立足点和出发点，其目的是更好地教育人、培养人，促进人的全面发展。早在20世纪50年代，毛泽东就提出了德、智、体全面发展的思想，指出"我们的教育方针，应该使受教育者在德育、智育、体育几方面都得到发展"①。邓小平在毛泽东等人全面发展思想的基础上，提出要把人们教育成为"有理想、有道德、有文化、有纪律"的社会主义"四有"新人。其后，江泽民在庆祝中国共产党成立八十周年大会上的讲话中指出，建设有中国特色社会主义的各项事业，"既要着眼于人民现实的物质文化生活需要，同时又要着眼于促进人民素质的提高，也就是要努力促进人的全面发展"②。这之后，在促进学生全面发展方面有了更为明确的指示，2004年《关于进一步加强和改进大学生思想政治教育的意见》中明确指出："以大学生全面发展为目标，解放思想、实事求是、与时俱进，坚持以人为本，贴近实际、贴近生活、贴近学生，努力提高思想政治教育的针对性、实效性和吸引力、感染力，培养德智体美全面发展的社会主义合格建设者和可靠接班人。"2005年，胡锦涛在全国加强和改进大学生思想政治教育工作会议上的讲话中指出，要"充分发挥大学生思想政治教育主阵地、主课堂、主渠道的作用，全方位推进大学生思想政治教育，多方面促进大学生全面发展"③。2016年，在全国高校思想政治工作会议上，习近平总书记就人的培育问题作出了重要指示："思想政治工作从根本上说是做人的工作，必须围绕学生、关照学生、服务学生，不断提高学生思想水平、政治觉悟、道德品质、文化素养，让学生成为德才兼备、全面发展的人才。"④其后，2018年9月，习近平总书记在全国教育大会上又指出："在党的坚强领导下，全面贯彻党的教育方针，坚持马克思主义指导地位，坚持中国特色社会主义教育发展道路，坚持社会主义办学方向，立足基本国情，遵循教育规律，坚持改革创新，以凝聚人心、完善人格、开发人力、培育人才、造福人民为工作目标，培养德智体美劳全面发展的社会主义建设者和

---

① 《建国以来重要文献选编》（第18册），中央文献出版社，1998，第534页。
② 《江泽民文选》（第3卷），人民出版社，2006，第294页。
③ 《十六大以来重要文献选编》（中），中央文献出版社，2006，第640页。
④ 《习近平著作选读》（第1卷），人民出版社，2023，第540页。

接班人,加快推进教育现代化、建设教育强国、办好人民满意的教育。"①

思想政治教育本身即是要对人进行全面发展的教育,它可以为人的全面发展提供价值导向和精神动力,帮助人们找到发展的内在根据,激发个人更好地认识自己和改造自己的积极性,同时,思想政治教育可以提高人的思想道德素质,"通过对个体实施有效的思想政治教育,可以使个体形成良好的职业道德、家庭美德、社会公德和个人品德,自觉践行爱国守法、明礼诚信、团结友善、勤俭自强、敬业奉献的基本道德规范,提高个人的道德素养,为个人的全面发展创造条件"②。而这本身即需要将中华优秀传统伦理文化作为教育源泉,抑或说,中华优秀传统伦理文化在教育功能上,即是为了更好地促进人的素质的提升,为了提升人的精神境界,做一个"真正的人"。

思政课作为高校思想政治教育的主渠道与中华优秀传统伦理文化必然也是相容相通的。立足于当前高校立德树人的使命,以及培育堪当民族复兴大任的社会主义建设者和接班人的教育重任,中华优秀传统伦理文化是高校思政课开展大学生人文素质教育的重要支撑,没有中华优秀传统伦理文化,思政课的教学就成为无源之水、无本之木;而高校思政课则是发挥中华优秀传统伦理文化思想人伦日用化育功能,使中华优秀传统伦理文化与青年大学生日常学习、生活水乳交融的重要途径,只有通过思政课课堂教育和不断弘扬传承,才可使中华优秀传统伦理文化的精神点点滴滴地融入青年学生的心中,生根发芽,进而不断丰富他们的精神世界,赋予他们成长成才的精神力量。正是从这个视域看,中华优秀传统伦理文化融入高校思政课是可能的、必需的,也是必然的。

二 有助于维护意识形态高地,加强社会主义核心价值观教育

作为上层建筑的重要组成部分,中华优秀传统伦理文化与高校意识形态工作具有高度的契合性,中华优秀传统伦理文化可以为高校意识形态工

---

① 《习近平在全国教育大会上强调 坚持中国特色社会主义教育发展道路 培养德智体美劳全面发展的社会主义建设者和接班人》,《人民日报》2018年9月11日。
② 《思想政治教育学原理》编写组编《思想政治教育学原理》,高等教育出版社,2016,第128页。

作提供丰富的文化给养,成为高校青年学生社会主义核心价值观教育的重要文化底蕴,同时也是当前教育学生抵制西方错误思潮、提升文化软实力的重要文化保障。高校思政课作为宣传和教育主流意识形态的重要渠道,必须要将中华优秀传统伦理文化融入思政课的教学之中,充分发挥中华优秀传统伦理文化与思政课相互融合的比较优势。

(一) 中华优秀传统伦理文化融入高校思政课有助于维护意识形态高地

从本质而言,意识形态是社会经济关系在观念上的表现,意识在任何时候都只能是存在的意识,而存在就是人们的现实生活基础,是人们的物质来源。因此,"不是意识决定生活,而是生活决定意识"[1]。但同时社会意识形态作为社会上层建筑,又是社会经济基础的反映和体现,意识形态具有相对的独立性,这种相对的独立性使其能发挥对社会及政党的指导作用,以思想引领行动。中国共产党以马克思主义政党的政治立场为原则,特别注重将意识形态工作摆在最突出、最重要的位置,坚持反映最广大人民群众的利益诉求,将体现党的执政意识和执政观念作为意识形态的核心价值。党的十八大以来,习近平总书记多次发表重要讲话,集中阐释新形势下党的意识形态工作的重要性,指出"意识形态关乎旗帜,关乎道路,关乎国家政治安全"[2],意识形态工作事关"举什么样的旗帜、确立什么样的制度、坚持什么样的理论、走什么样的道路等"[3],充分表明做好新时代意识形态工作已经成为当前我们做好各项工作的基本遵循。高校是对大学生开展意识形态教育的重镇,在高校众多课程中,思政课承担着对大学生进行全面系统的意识形态教育的任务,为此党中央高度重视思政课的意识形态属性功能,教育部印发的《新时代高校思想政治理论课教学工作基本要求》明确提出:"思想政治理论课承担着对大学生进行系统的马克思主义理论教育的任务,是巩固马克思主义在高校意识形态领域指导地位、坚

---

[1]《马克思恩格斯选集》(第1卷),人民出版社,2012,第420页。
[2]《十八大以来重要文献选编》(中),中央文献出版社,2016,第301页。
[3] 中共中央宣传部:《习近平总书记系列重要讲话读本》,学习出版社、人民出版社,2016,第192~193页。

持社会主义办学方向的重要阵地,是全面贯彻党的教育方针、落实立德树人根本任务的主干渠道和核心课程,是加强和改进高校思想政治工作、实现高等教育内涵式发展的灵魂课程。"习近平总书记也曾明确指出:"当前形势下,办好思政课,要放在世界百年未有之大变局、党和国家事业发展全局中来看待,要从坚持和发展中国特色社会主义、建设社会主义现代化强国、实现中华民族伟大复兴的高度来对待。"① 显然,高校思政课在对大学生进行意识形态教育中责任重大。

我国的高校坚持的是社会主义办学方向,旨在培养德智体美劳全面发展的社会主义建设者和接班人,其中以马克思主义的意识形态塑造青年学生,是高校思想政治工作的重要责任。马克思主义既是我们立党立国的根本指导思想,也是我国大学最鲜亮的底色。目前,思政课具有引导大学生正确认识马克思主义的理论本质,深化对马克思主义历史必然性和科学真理性的认识以及理解其理论意义和现实意义,坚定马克思主义的信仰,树立科学的世界观、人生观和价值观的重要作用。但应该看到的是,在对当前高校大学生进行意识形态教育的过程中,必须要依附于一定的载体,与民族、国家的历史文化密切相关。中华优秀传统伦理文化可以为思政课进行意识形态教育提供丰厚的育人载体,是对大学生进行意识形态教育的文化资源和文化支撑,中华优秀传统伦理文化蕴含着"引导我国人民树立和坚持正确的历史观、民族观、国家观、文化观,增强做中国人的骨气和底气"②的精神力量,这种精神力量在思政课教学过程中可以丰富意识形态教育的话语体系,创新意识形态教育的方式,为意识形态教育提供亲和力、感染力、凝聚力,从而提升意识形态教育的实效性,掌握意识形态教育的主导权。

(二)中华优秀传统伦理文化融入高校思政课有助于青年学生抵制西方错误思潮的不良影响

伴随着经济全球化的发展,多元化的西方文化和价值观不断对当前高校青年大学生产生影响,以社会思潮的方式消解和冲击着我国文化的主导

---

① 习近平:《思政课是落实立德树人根本任务的关键课程》,《求是》2020年第17期。
② 《习近平在中共中央政治局第十二次集体学习时强调 建设社会主义文化强国 着力提高国家文化软实力》,《人民日报》2014年1月1日。

地位，对国家主流意识形态和价值观造成了严峻挑战。诸如历史虚无主义、文化虚无主义等思潮借由否定中华民族悠久的历史传统和文化价值，从文化层面否定中国共产党领导权的合理性、否定中国特色社会主义道路，是怀疑主义、自由主义、解构主义的综合体，致使从源头上否定中国文化，歪曲我们的文化归属和文化尊严，使文化传承出现断裂，文化传统不断消解，造成文化价值无序、文化信仰危机、文化认同破坏，道德滑坡，主流价值合理性丧失，以致最终达到西化和分化中华文明的图谋。面对此类思潮的侵蚀，青年大学生由于思想尚未成熟且缺少一定的辨识力，对错误社会思潮背后的原因和本质认识不足，加之对西方话语方式的好奇与向往以及其隐蔽性的手段，极其容易被此类错误社会思潮所误导、迷惑，甚至产生迷信。

面对这些"非主流意识形态"社会思潮的侵扰，特别需要发挥思政课意识形态引导功能，使当代大学生准确辨识，找准方向，形成正确的政治认知。中华优秀传统伦理文化深厚的历史文化底蕴和丰富的道德精神积淀是驳斥西方多种错误思潮的有力武器，对于历史虚无主义、文化虚无主义，有着5000年悠久历史的中华优秀传统伦理文化是帮助青年大学生树立文化自信，正确看待文化的传承和发展，维护社会主义核心价值观的重要支撑，高校思政课要充分发挥中华优秀传统伦理文化在抵御历史虚无主义与文化虚无主义等错误思潮侵蚀方面的作用，充分展现出中华优秀传统伦理文化的独特魅力，提升中国文化的吸引力和感染力，有力回击西方错误思潮对青年大学生的不良影响，做好青年大学生的引导，回应青年大学生的疑问和困惑。

（三）中华优秀传统伦理文化融入高校思政课有助于加强社会主义核心价值观教育

当今世界，文化越来越成为综合国力竞争的重要因素，成为经济社会发展的重要支撑，换言之，文化软实力已成为国与国之间相互竞争的发展制高点和道义制高点。文化软实力集中体现了一个国家基于文化而具有的凝聚力和生命力，以及由此产生的吸引力和影响力，因此毋庸置疑，提高我国的文化软实力必须要基于我国的文化根基，淬炼我国具有悠久历史的文化精华，不断提升我国固有文化的感召力和影响力。可以说"中华文化是我们提高国家文化软实力最深厚的源泉，是我们提高国家文化软实力的重要途径。要使中华民族最基本的文化基因与当代文化相适应、与现代社会相协调，以人们喜闻乐见、具有广泛参与性的方式推广开来，把跨越时空、超越国度、富有永恒魅力、具有当代价值的文化精神弘扬起来，把继承传统优秀文化又弘扬时代精神、立足本国又面向世界的当代中国文化创新成果传播出去"①。中华优秀传统伦理文化是中国文化的灵魂，是中华民族所形成的独特精神之源，更是我们在世界文化激荡中站稳脚跟的根基。一直以来，中华优秀传统伦理文化即是中华民族的突出优势，是我们最深厚的文化软实力，从某种意义上说，提高中国文化的软实力，就是要不断扩大中华优秀传统伦理文化精神的文化价值，让能够代表中国智慧、中国理念、中国精神的思想文化传播出去，展现中华优秀传统伦理文化的精神实质，以德服人、以礼服人、以文服人。

不断增强青年大学生对当前我国文化软实力的重要认知是高校思政课教学的重要内容，这是树立文化自信，增强民族自豪感和爱国主义情感的重要内容。文化软实力何以重要，为什么要不断增强我国的文化软实力，我国文化软实力体现在哪里，如此等等问题都是高校思政课所必须解答和讲清的重要内容。而在这过程中，将中华优秀传统伦理文化与课堂教学内容进行融合是讲深、讲活、讲透中国文化软实力的重要教学方式，为此，必须要将中华优秀传统伦理文化融入高校思政课教学之中，提升思政课教学的深度和广度。

此外，文化软实力的竞争从某种意义上来说是核心价值观的竞争，核心价值观是文化软实力的灵魂，是决定文化性质和方向的最深层次的要素，一个国家的文化软实力从根本上往往取决于其核心价值观的生命力、凝聚力和感召力。核心价值观从本质上看，是一种德，既是一种大德，即国家的德、社会的德，同时也是一种个人的德。我们常说国无德不兴，人无德不立，如果一个民族、一个国家没有共同的核心价值观，这个国家就注定无法前行。而对于个人而言，没有了道德引导，这个人从根本上就不

---

① 《习近平关于社会主义文化建设论述摘编》，中央文献出版社，2017，第201页。

能成为一个真正的人。党的十八大提出了倡导富强、民主、文明、和谐，倡导自由、平等、公正、法治，倡导爱国、敬业、诚信、友善的24字社会主义核心价值观。社会主义核心价值观的提出有效整合了全社会的共同思想，不断扩大了主流价值观的影响力，凝聚起了全社会的价值共识。从本质上看，社会主义核心价值观与中华优秀传统伦理文化密切相关。一方面，中华文明延绵数千年，形成了博大精深、具有独特性的优秀传统伦理文化，这一文化蕴含着丰富的价值理念，成为中华民族的内在基因，植根于中国人的内心，渗透在中国人的思想道德中，潜移默化影响着中国人的思维方式和行为方式，成为社会主义核心价值观的重要思想来源。比如，中华优秀传统伦理文化强调"民惟邦本""天人合一""和而不同"，强调"天行健，君子以自强不息""大道之行也，天下为公"；强调"天下兴亡，匹夫有责"，主张以德治国、以文化人；强调"君子喻于义""君子坦荡荡"，强调"言必信，行必果""人而无信，不知其可也"，强调"德不孤，必有邻""仁者爱人""与人为善""己所不欲，勿施于人""出入相友，守望相助""老吾老以及人之老，幼吾幼以及人之幼""不患寡而患不均"，等等。培育和弘扬社会主义核心价值观必须从中华优秀传统伦理文化中汲取丰富营养，获取宝贵的精神财富，否则，就是抛弃传统、丢掉根本，就是割断了自己的精神命脉，社会主义核心价值观便难以焕发出其强大的生命力。另一方面，社会主义核心价值观是对中华优秀传统伦理文化在新时代的有力彰显，是对中华优秀传统伦理文化的凝练与升华、创新与发展。它不仅在个人层面提炼出了融合传统与现代社会价值追求的崇德向善的个人道德，而且在社会和国家层面确立了符合社会主义现代化建设发展需要的、充分借鉴人类先进文化成果并融于中华优秀传统伦理文化的基本价值遵循，实现了对中华优秀传统伦理文化在现代社会的诠释与发展。

培育和践行社会主义核心价值观是当前高校思想政治教育落实立德树人根本任务的重要内容，这是因为青年的价值取向决定了未来整个社会的价值取向，而青年又处在价值观形成和确立的关键时期，在青年大学生群体中，加强社会主义核心价值观教育，事关我国社会主义事业接班人的培养和高等教育的发展建设。高校思政课是培育青年大学生社会主义核心价值观的主渠道，特别是"思想道德与法治"课程，将社会主义核心价值观作为独立的章节对大学生开展系统的社会主义核心价值观教育,让大学生深刻领会社会主义核心价值观的重要意义和科学内涵,扣好人生的第一颗扣子,从日常点滴做起,从细微之处做起,成为社会主义核心价值观的坚定信仰者、积极传播者、模范践行者。因此,面向新时代,将中华优秀传统伦理文化融入高校思政课教学,从中汲取开展社会主义核心价值观教育的智慧与思想,是不断提升课堂教学吸引力的重要思路,将中华优秀传统伦理文化强大的思想引领力和凝聚力融入思政课关于社会主义核心价值观的教学中,有助于青年大学生将社会主义核心价值观更好地内化于心、外化于行。

三 有利于坚定文化自信,推动文化传承创新

中华优秀传统伦理文化延绵数千年经由历史不断扬弃而传承下来,这一有着重要精神特质的古老文脉是国家和民族的文化基因,承载着最深沉的精神追求,积淀为整个民族自我认同的核心价值,是中华民族生生不息、发展壮大的深厚滋养,是中华民族伟大复兴的精神动力与精神源泉,更是坚定文化自信的底气和底蕴。

青年一代既是国家富强、民族复兴的见证者和受益者,同时也是民族伟大复兴进程的建设者和参与者,是社会主义事业的生力军,还是文化创新发展的推动者。如今世界正处于百年未有之大变局,立足于世界发展潮流,中国发展的道路必然不会平坦,最大限度地抵御"文化虚无主义""普世价值论""新自由主义"等社会思潮对青年大学生的冲击,防范西方颜色革命的渗透,是依靠广大青年学生推动中国建设发展行稳致远的关键。伴随着中国建设发展时代主题向着强国目标的转化,亟须在文化领域对青年学生进行思想引导,达成思想共识诉求,促进青年大学生在价值观念上汇聚起共同的理想信念、价值理念、道德观念,形成"最大公约数",进一步树立文化自信。

文化自信具有重要的意义,习近平总书记曾指出:"文化自信,是更基础、更广泛、更深厚的自信,是更基本、更深沉、更持久的力量。坚定文化

| 第二章　中华优秀传统伦理文化融入高校思政课的基本问题 |

自信，是事关国运兴衰、事关文化安全、事关民族精神独立性的大问题。"①青年一代树立文化自信意味着从内容看，中国文化包含着具有5000多年文明历史的中华优秀传统文化，在革命、建设、改革时期创造的革命文化和社会主义先进文化，可以成为涵养青年学生的精神宝库；意味着从时代看，中国文化具有对时代主要矛盾、重大历史任务、伟大复兴使命、世界发展变局科学回答和有力回应的精神因子，能够成为解决青年一代思想困惑的精神密匙；意味着从价值看，中国文化蕴藏着凝结价值追求、形成共同理想、推动奋进前行的价值寓意，应然成为广大青年学生砥砺奋进的灵魂共识。

为什么新时代文化自信尤为不可或缺，是高校思政课的课堂必须要回答的问题，也是必须向青年大学生讲清楚的问题。从历史上看，中国文化曾存在着发展的高势位和文明成就的显优势，但直至近代时期逐步演变成由盛至衰的迟暮期，文化心态产生了巨大变化，虽后经人们不断努力，力图摆脱文化上发展的"自卑"心理，但从客观看直至今天，仍不乏一些人在与西方文化的交流碰撞中产生出诸多的文化不自信情绪。步入新时代的发展阶段，经过几十年的探索，中国发展迈向新阶段，在坚持走中国特色社会主义道路，形成了中国特色社会主义理论，建立了中国特色社会主义制度之下的中国，必然要建立起与之发展相适应的文化自信，这种文化自信既包括我们历史悠久、博大精深的优秀传统文化，也包括近代以来民族救亡过程中形成的革命文化，同时还包括几十年来繁荣发展的中国特色社会主义文化，而其中，基于中华优秀传统文化而生的文化自信具有基础性意义，是中国特色社会主义鲜明的"特色"之一，它恰如有源之水，不断滋养着新时代中国新发展、新进步，为我们当下的文化自信奠定了最为深厚的文化基础。可以说，"无论文明开化之早、声明文物之盛，还是文脉承传之久、文德惠泽之远，中华文化都卓然于史，推动了人类文明进程，这就赋予了我们高度的文化自觉和骄傲的文化自视"②，同时也应然演变成高度的文化自信。而中华优秀传统伦理文化作为中华优秀传统文化的重要

---

① 《习近平关于社会主义文化建设论述摘编》，中央文献出版社，2017，第16页。
② 沈壮海等：《文化何以自信》，中国人民大学出版社，2020，第6页。

组成部分,具有独特的精神基因和精神气质,是新时代坚定青年学生文化自信最深厚的力量,其所蕴含的传统美德、道德规范、精神气质等无不成为滋养新时代大学生确立文化自信的思想沃土。因此,要在思政课教学中充分挖掘中华优秀传统伦理文化的有效教学资源,使其成为教育青年大学生树立文化自信的智慧之树。

与此同时,文化发展是一个传承和创新相统一的过程,文化永续发展,既需要薪火相传,更需要顺应时势,推陈出新。"从中华优秀传统文化流动于历史进程的视角看,对其进行与时俱进的转化与创新需要坚持一定的原则,通过进行辨别挖掘、意义阐发、话语转换等一系列创新实践,才能较好地融入当代文化实现民族思想文化精华的延续。这其中必不可少地要依托当前的文化主体、载体、传播形式等,以完成跨越其原生历史时空的转化与发展。"[①] 高校思想政治教育本身所具有的文化传承和创新属性及其所具有的马克思主义意识形态性使其必然能够成为当前我国优秀传统文化传承创新发展的重要属地,而高校思政课则是推动文化传承创新发展的重要渠道。一方面,以马克思主义基本原理教学为基础,将马克思主义的立场、观点和方法融入中华优秀传统文化的传承创新中,坚持培元固本和守正创新相统一,使青年学生认识到中华优秀传统文化所开辟出的新的发展境界;另一方面,回应时代之需和时代课题,向青年学生充分展示中华优秀传统文化为新时代中国社会发展的服务旨向,不断彰显中华优秀传统文化所具有的现代价值,使中华优秀传统文化焕发出时代生机和时代活力,进而通过多方面的教学探索,使青年学生不断树立文化自信,并化为中华优秀传统文化创造性转化和创新性发展的行动自觉。而这其中,中华优秀传统伦理文化是进行文化传承创新发展的重要内容,其所蕴含的传统美德和道德规范对青年大学生树立文化自信具有重要意义。为此,"要理直气壮继承和弘扬中华民族传统美德。对先人传承下来的文化和道德规范,要在去粗取精、去伪存真的基础上,采取兼收并蓄的态度,坚持古为今用、推陈出新的方法,有鉴别地加以对待,有扬弃地予以继承"[②]。高校

[①] 秦冰馥:《中华优秀传统文化融入高校思想政治教育研究》,博士学位论文,东北师范大学,2021。

[②] 《习近平关于社会主义文化建设论述摘编》,中央文献出版社,2017,第139页。

思政课要基于培养青年大学生树立文化自信的教育主旨,用中华优秀传统伦理文化所含有的精神财富来以文化人、以文育人。青年是推动中华优秀传统伦理文化创造性转化和创新性发展的生力军,要使青年大学生始终以高度的自觉和自信传承中华优秀传统伦理文化的血脉,涵养性情、提升气质,不断增强做中国人的骨气和底气,同时要积极主动地对外展示、宣传中华优秀传统伦理文化的时代价值和世界意义,善于捕捉时代脉动,勇于创新创造,不断提高中华优秀传统伦理文化的创新本领。可以说,将中华优秀传统伦理文化融入高校思政课的教学,无论对于中国文化传承创新发展还是坚定青年大学生的文化自信都是应有之义。

四 新时代立德树人、培育时代新人的重要方式

教育是国之大计、党之大计。新中国成立后,我们党以使受教育者在德育、智育、体育方面得到发展为目标,将不断提升受教育者的社会主义觉悟作为教育方向;改革开放以后,党明确提出培育有理想、有道德、有文化、有纪律的"四有"新人;党的十八大以来,以习近平同志为核心的党中央高度重视培养社会主义建设者和接班人,坚持把立德树人作为教育的根本任务。习近平总书记指出:"高校立身之本在于立德树人。只有培养出一流人才的高校,才能够成为世界一流大学。"[1] 这之后,党的十九大报告指出:"建设教育强国是中华民族伟大复兴的基础工程……要全面贯彻党的教育方针,落实立德树人根本任务,发展素质教育,推进教育公平,培养德智体美全面发展的社会主义建设者和接班人。"[2] 党的二十大报告进一步指出:"培养什么人、怎样培养人、为谁培养人是教育的根本问题。育人的根本在于立德。全面贯彻党的教育方针,落实立德树人根本任务,培养德智体美劳全面发展的社会主义建设者和接班人。"[3]

习近平总书记高度重视高校对立德树人、培养社会主义建设者和接班

---

[1] 《习近平在全国高校思想政治工作会议上强调 把思想政治工作贯穿教育教学全过程 开创我国高等教育事业发展新局面》,《人民日报》2016年12月9日。
[2] 习近平:《决胜全面建成小康社会 夺取新时代中国特色社会主义伟大胜利——在中国共产党第十九次全国代表大会上的报告》,人民出版社,2017,第45页。
[3] 习近平:《高举中国特色社会主义伟大旗帜 为全面建设社会主义现代化国家而团结奋斗——在中国共产党第二十次全国代表大会上的报告》,人民出版社,2022,第34页。

人的贯彻落实，在讲话中多次明确立德树人的重要性。例如，在北京大学师生座谈会上，习近平总书记指出："要把立德树人的成效作为检验学校一切工作的根本标准，真正做到以文化人、以德育人，不断提高学生思想水平、政治觉悟、道德品质、文化素养，做到明大德、守公德、严私德。要把立德树人内化到大学建设和管理各领域、各方面、各环节，做到以树人为核心，以立德为根本。"① 在致厦门大学建校100周年的贺信中，习近平总书记指出："希望厦门大学全面贯彻党的教育方针，切实落实立德树人根本任务，为党育人、为国育才，与时俱进建设世界一流大学，全面提升服务区域发展和国家战略能力，为增强中华民族凝聚力和向心力，为全面建设社会主义现代化国家、实现中华民族伟大复兴的中国梦作出新的更大贡献。"② 在陕西榆林考察时，习近平总书记强调，"要全面贯彻党的教育方针，落实立德树人根本任务，厚植爱党、爱国、爱人民、爱社会主义的情感，努力培养德智体美劳全面发展的社会主义建设者和接班人。"③ 从培育"又红又专接班人"、培养"四有"新人，到全面发展的社会主义合格建设者和可靠接班人，再到德智体美劳全面发展的社会主义建设者和接班人，党领导下的教育方针不断凸显着"立德树人"这一根本要求的发展转变，可以说"立德树人"关系党的事业后继有人，关系国家发展的前途命运，我国是党领导下的社会主义国家，坚持的是社会主义办学宗旨，这就从根本上决定了我们的教育必须坚持立德树人。

以"立德树人"作为高等教育发展的重要目标，指明了社会主义大学"培养什么人，怎样培养人"的根本问题，"才者，德之资也；德者，才之帅也"。其中，立德树人"立"的是"政治觉悟、道德品质、文化素养"，使大学生学以有德、行以立德，"德"既包含个人品德，也指代社会公德，更有报效祖国、服务人民的大德；"树"的则是德智体美劳全面发展的社会主义建设者和接班人，让大学生成为德才兼备、全面发展的人。可以说，"人无德不立，育人的根本在于立德"，只有德以"立"，才能人以

---

① 习近平：《在北京大学师生座谈会上的讲话》，《人民日报》2018年5月3日。
② 《习近平致厦门大学建校100周年的贺信》，新华社北京4月6日电。
③ 《习近平在陕西榆林考察时强调 解放思想改革创新再接再厉 谱写陕西高质量发展新篇章》，新华社榆林9月15日电。

"树",才能使我们培养的青年学生成为对国家、对社会有用的人才。习近平总书记强调:"我们的教育绝不能培养社会主义破坏者和掘墓人,绝不能培养出一些'长着中国脸,不是中国心,没有中国情,缺少中国味'的人!"[①] 立足于"立德树人"这一德育发展目标,高校必须要把学生放在首位,探索符合学生成长发展规律的教育方式,使高校培养出来的学生既有高尚的道德素养,又具有建设社会主义的才识本领。可以肯定地说,"立德树人"关系着党的事业后继有人,关系着国家前途命运的发展,无论什么时候为党育人的初心不能忘,为国育才的立场不能改,这是高等教育发展的重要旨归。

思政课是高校"立德树人"的主渠道,肩负着培养德智体美劳全面发展的社会主义建设者和接班人的光荣使命。2015年7月,中共中央宣传部、教育部联合印发《普通高校思想政治理论课建设体系创新计划》,明确指出"思想政治理论课是巩固马克思主义在高校意识形态领域指导地位、坚持社会主义办学方向的重要阵地,是全面贯彻落实党的教育方针,培养中国特色社会主义事业合格建设者和可靠接班人,落实立德树人根本任务的主干渠道,是进行社会主义核心价值观教育、帮助大学生树立正确世界观人生观价值观的核心课程",明确指出了思政课作为立德树人核心课程的重要地位。习近平总书记更是明确强调:"思想政治理论课是落实立德树人根本任务的关键课程。"[②] 作为"关键课程",思政课意在筑牢青年学生的信仰基石,夯实青年学生的价值认知,凝聚青年学生的磅礴力量,激扬青年学生的复兴使命,这本身即需要挖掘好、结合好、运用好中华优秀传统伦理文化丰富的思想政治教育资源,将中华优秀传统伦理文化有效融入思政课的教学中,从而以深厚的历史文化底蕴引导学生、滋养学生、启发学生。

中华优秀传统伦理文化蕴含着丰富的立德树人的思想道德资源。比如,在坚守道德底线方面,强调"己所不欲,勿施于人""与人为善""以己度人""推己及人""君子忧道不忧贫",要恪守"良知",做到"俯

---

① 《习近平著作选读》(第2卷),人民出版社,2023,第195页。
② 习近平:《思政课是落实立德树人根本任务的关键课程》,《求是》2020年第17期。

仰无愧"。又如，在树立道德理想方面，强调"大道之行也，天下为公"，人要"止于至善"，有社会责任感，追求崇高理想和完美人格，倡导"兼善天下""利济苍生""修身齐家治国平天下""见贤思齐焉，见不贤而内自省也"，做君子、成圣贤。可以说，从追求个人道德完善的理想人格，到家庭伦理规范，再到社会公共道德和"德润天下"的以德治国，中华优秀传统伦理文化构筑了一整套以德性为基础的价值体系和行为规范体系，高校思政课要利用好中华优秀传统伦理文化中的宝贵教育资源，增强青年学生的价值判断力和道德责任感，不断提高青年学生的道德水平，提升青年学生的道德境界。

与此同时，当前世界范围内各种思想文化交流交融交锋，在世界百年未有之大变局下，中华民族的伟大复兴正处于关键时期，为新时代青年大学生的思想政治教育提出了新的课题，高校思政课要以培养能够"立大志、明大德、成大才、担大任"，担当民族复兴大任的时代新人为己任，努力培养具有崭新风貌、过硬素质的时代新人。而在这一过程中，伟大的精神力量不可或缺，其中具有一脉相承的精神追求、精神特质的中华优秀传统伦理文化是培育时代新人的精神源泉，思政课要充分利用好中华优秀传统伦理文化的思想精华及其精神价值，与时代发展相呼应，不断促进中华优秀传统伦理文化与高校思政课深度融合。要在"思想道德与法治"课程教育中，以中华优秀传统伦理文化感召学生，向中华优秀传统伦理文化要道德理念、价值意涵，让青年学生在中华优秀传统伦理文化丰富的人文价值中感受民族智慧和文化底蕴；要在"中国近代史纲要"课程教育中，以中华优秀传统伦理文化引导学生，向中华优秀传统伦理文化要民族品格、民族精神，让青年学生在中华优秀传统伦理文化丰富的民族精神中树立民族自信心和民族自豪感；要在"马克思主义基本原理概论"课程教育中，以中华优秀传统伦理文化指引学生，向中华优秀传统伦理文化要真理源泉，让青年学生在中华优秀传统伦理文化丰富的共产主义内涵中坚定马克思主义信仰，坚守马克思主义真理；要在"毛泽东思想和中国特色社会主义理论体系概论"课程教育中，以中华优秀传统伦理文化吸引学生，向中华优秀传统伦理文化要思想根基，让青年学生在中华优秀传统伦理文化丰富的文化基因中知晓马克思主义中国化的精神动力，树立文化自信，从而在中华优秀传统伦理文化的精神家园中坚定实现中华民族伟大复兴的信心，统一思想，汇聚磅礴力量。可以说，将中华优秀传统伦理文化融入高校思政课，用中华优秀传统伦理文化深厚的精神底蕴滋养青年，可以充分发挥中华优秀传统伦理文化铸魂育人、启智润心的育人作用，推动高校思政课实现作为"立德树人"关键课程的重要使命。

综上所述，中华优秀传统伦理文化是高校思想政治教育，特别是思政课教学的源头活水和文化根脉，只有将中华优秀传统伦理文化融入高校思政课教学中，才会使高校思政课具有丰富而又深邃的思想内涵，具有厚重而又悠久的历史底蕴，具有广泛而又强大的民族认同，成为引领和凝聚青年大学生精神的重要课程。

第三章　中华优秀传统伦理文化融入高校思政课的原则和要义

无论是从中华优秀传统伦理文化固有的精神意蕴和道德育人价值，还是从高校思政课内涵式建设发展的理路看，将中华优秀传统伦理文化融入高校思政课教学对于传承弘扬中华优秀传统文化，用中华优秀传统文化"以文化人""以文育人"以及为建设中国特色社会主义现代化强国，实现中华民族伟大复兴培育时代新人均具有重要的意义。站在全新的社会历史条件下，将中华优秀传统伦理文化融入高校思政课，要在总结以往经验的基础上，科学处理马克思主义与中华优秀传统伦理文化的关系，确保中华优秀传统伦理文化在思政课教学运用过程中的政治性和学理性。要推动中华优秀传统伦理文化创造性转化和创新性发展，注重挖掘中华优秀传统伦理文化回应现实的意义和价值，实现中华优秀传统伦理文化在思政课教学运用中人文意蕴与时代发展的统一性。要把握中华优秀传统伦理文化在思政课教学运用过程中的深度和广度，凸显中华优秀传统伦义化资源与思政课教学的高度契合性。要基于需求推动中华优秀传统伦理文化融入思政课教学，围绕高校立德树人目标坚持主体性和实践性的统一。与此同时，要将马克思主义的理论指导与党在不同时期对传统文化的传承发展相结合，在充分发挥高校思政课教师主导性的前提下，以教学案例为依托，围绕时代背景、教学内容与目标，研究挖掘具有典型性、问题性、价值导向性以及渗透性等特征的中华优秀传统伦理文化相关案例，进而将中华优秀传统伦理文化更好地融入高校思政课的教学之中。

第一节 中华优秀传统伦理文化融入高校思政课的基本原则

将中华优秀传统伦理文化融入高校思政课必须要坚持一定的原则，这是挖掘好、结合好、运用好中华优秀传统伦理文化中的育人资源，提升思政课立德树人效果的关键之举，同时也是真正弘扬好中华优秀传统伦理文化在思政课教学中的价值，发挥思政课在树立文化自信和培育时代新人中主渠道作用的有力保障。

一 科学处理马克思主义与中华优秀传统伦理文化的关系

习近平总书记在庆祝中国共产党成立100周年大会上的重要讲话中深刻指出，在新的征程上，必须"坚持把马克思主义基本原理同中国具体实际相结合、同中华优秀传统文化相结合，用马克思主义观察时代、把握时代、引领时代，继续发展当代中国马克思主义、二十一世纪马克思主义"[1]。党的二十大进一步指出，"只有把马克思主义基本原理同中国具体实际相结合、同中华优秀传统文化相结合，坚持运用辩证唯物主义和历史唯物主义，才能正确回答时代和实践提出的重大问题，才能始终保持马克思主义的蓬勃生机和旺盛活力"[2]。之后，在2023年文化传承发展座谈会上，习近平总书记更是指明："在五千多年中华文明深厚基础上开辟和发展中国特色社会主义，把马克思主义基本原理同中国具体实际、同中华优秀传统文化相结合是必由之路。"[3] 这一系列表述是党的历史发展上，首次从马克思主义中国化角度明确提出"坚持把马克思主义基本原理同中华优秀传统文化相结合"。

坚持把马克思主义基本原理同中华优秀传统文化相结合，一方面，要

---

[1] 《习近平著作选读》（第2卷），人民出版社，2023，第483页。
[2] 《高举中国特色社会主义伟大旗帜 为全面建设社会主义现代化国家而团结奋斗——在中国共产党第二十次全国代表大会上的报告》，人民出版社，2022，第17页。
[3] 《习近平在文化发展座谈会上强调 担负起新的文化使命 努力建设中华民族现代文明》，《人民日报》2023年6月2日。

中华优秀传统伦理文化融入高校思政课教学创新研究

用马克思主义激扬中华优秀传统文化的强大基因，运用马克思主义基本原理科学、辩证地对待传统文化并对其进行价值取舍，萃取其思想精华，对其实现创造性转化和创新性发展，"使中华民族最基本的文化基因与当代文化相适应、与现代社会相协调，把跨越时空、超越国界、富有永恒魅力、具有当代价值的文化精神弘扬起来"[①]。充分发挥中华优秀传统文化在国运建设和发展中的作用以及培养人们价值观念方面的重要价值，展现中华优秀传统文化的精神魅力。另一方面，要发挥马克思主义的理论价值，用马克思主义的基本立场、方法、观点来解读和体悟中华优秀传统文化，不断提升中华优秀传统文化的政治境界，"马克思主义基本原理与中华优秀传统文化相结合可以说是思想旗帜与文化基因的结合，思想灵魂与文化根脉的结合，指导思想与文化沃土的结合，是人类最先进的思想与中华民族突出优势、中国最深厚的文化软实力之间的结合，也是中国人的政治信仰与文化信仰的结合"[②]。以马克思主义为指导，可以更好地彰显党性与民族性、人民性的有机统一，同时也能够更好地推进马克思主义中国化，实现马克思主义新时代的新发展。可以说，将马克思主义与中华优秀传统文化进行结合，既是一个深刻的理论问题，同时也是一个重要的实践问题。"'结合'的结果是互相成就，造就了一个有机统一的新的文化生命体，让马克思主义成为中国的，中华优秀传统文化成为现代的。"[③]

要注重处理好马克思主义与中华优秀传统伦理文化之间的关系，特别是将中华优秀传统伦理文化融入思政课的教学中，既要注重充分发挥中华优秀传统伦理文化在课堂教学中的育人价值，同时也要把握好马克思主义的政治性和学理性，继而合力推动思政课的教学。

一方面，要高度重视马克思主义与中华优秀传统伦理文化相结合，在马克思主义的指导下将中华优秀传统伦理文化融入高校思政课的教学之中。作为社会主义的大学，马克思主义是其最鲜明的政治底色，高校思政

---

① 《习近平关于社会主义文化建设论述摘编》，中央文献出版社，2017，第83页。
② 沈湘平：《坚持把马克思主义基本原理同中华优秀传统文化相结合》，《中国高校社会科学》2021年第5期。
③ 《习近平在文化发展座谈会上强调 担负起新的文化使命 努力建设中华民族现代文明》，《人民日报》2023年6月2日。

| 第三章　中华优秀传统伦理文化融入高校思政课的原则和要义 |

课将马克思主义确定为指导思想并向青年学生讲清楚马克思主义的科学性是首要的前提和基本的价值指向。前述提到，将中华优秀传统伦理文化融入高校思政课的教学既是必要的也是必需的，充分彰显出了对中华优秀传统伦理文化的重视，但是重视中华优秀传统伦理文化不等于拒斥马克思主义的主导地位。站在中华优秀传统文化重要性的角度，有的人提出要将中华优秀传统文化作为指导思想的观点，显然这脱离了中国现实发展的实际。不可否认，中华优秀传统文化内容博大精深，其内含的许多思想在今天对于维护人的精神发展、构建和谐社会以及促进世界和平发展均具有重要的现实意义，但又必须承认的是，传统文化毕竟产生于传统封建社会，是与自然经济、农耕文明以及专制统治相适应的，只有将其实现创造性转化和创新性发展之后，才能与我们今天的市场经济、工业文明以及社会主义现代化发展相适应。而从中国发展的现实成绩看，靠的是与中国实际相结合的马克思主义取得了民族独立和中国特色社会主义建设事业的发展成就，显然不是传统文化发挥作用能做到的。当然，强调马克思主义与实际相结合一个内在的必然要求就是要推进马克思主义的中国化，使马克思主义通过一定的民族文化形式体现出来，变成中国人能理解和接受的东西，其中必然要深刻挖掘中华优秀传统文化的精华，这是正确看待传统文化与马克思主义指导地位的必然旨向，"中国近代以来的社会变迁证明，全盘否定中国传统文化，马克思主义中国化会失去民族文化土壤，无法生根发芽；相反，如果不加区别地全盘肯定或夸大中国传统文化的作用，并试图以其替代马克思主义的指导地位，无疑会开历史倒车，违背人类社会发展规律"[①]。正是因为此，我们说将中华优秀传统伦理文化融入高校思政课的过程中，必须要正确地看待中华优秀传统伦理文化与马克思主义的地位和作用。

要发挥马克思主义的方法论指导作用，坚持在课堂教学中对中华优秀传统伦理文化进行契合实际的系统阐释，对其进行创造性转化和创新性发展，赋予中华优秀传统伦理文化以时代特质，使中华优秀传统伦理文化不

---

① 《我们为什么要坚持和发展马克思主义——访中国人民大学马克思主义学院教授秦宣》，《马克思主义研究》2017 年第 7 期。

仅是一种历史存在和文化遗产，而且是具有鲜活时代价值的思想宝库。譬如，在中华优秀传统伦理文化中，讲仁爱、重民本、守诚信、崇正义、尚和合、求大同的道德思想经过融入马克思主义的思想解读，就可以使学生更好地理解中国共产党坚持以人民为中心的群众史观的意义，真正理解中国共产党秉持全心全意为人民服务的宗旨；也能够理解在新时代培育能够堪当民族复兴大任时代新人对其进行思想道德教育的重要性，理解"人无德不立，国无德不兴"的重要内涵；还能够理解蕴含着解决当代人类面临难题的思想意识对于中国特色社会主义创造人类文明新形态的世界价值，理解中国共产党在处理国际关系时所提出的人类命运共同体"为世界谋大同"的思想典范，如此等等。可以说，中华优秀传统伦理文化融入高校思政课教学中并进行时代呈现离不开马克思主义的指导，思政课的根本任务就是要用马克思主义基本观点、方法、立场教育和引导青年大学生树立科学的世界观、人生观和价值观，确立正确的政治认同和国家认同。正如习近平总书记所强调的，"马克思列宁主义、毛泽东思想一定不能丢，丢了就丧失根本"[①]。

另一方面，要认识到将马克思主义作为指导思想与重视中华优秀传统伦理文化是并行不悖的，要充分发挥各自的思想优势，使高校思政课充分彰显出学理性、政治性与精神性、人文性。不可否认，马克思主义作为一种外来文化与中华优秀传统伦理文化必然会存在一定的对立，进而会出现如何更好地协调二者的问题，如何在以马克思主义为指导的思政课课堂中将中华优秀传统伦理文化融入其中是必须要面对和正确处理的重要问题。为此，必须要科学理性地审视马克思主义与中华优秀传统伦理文化之间的关系，系统掌握马克思主义中的思想原理与中华优秀传统伦理文化的汇通之处。从本质而言，马克思主义与中华优秀传统伦理文化并非矛盾和非此即彼的两个方面。例如，在中华优秀传统伦理文化中所言的良知、本心、天人合德的伦理思想旨向以及"天行健，君子以自强不息""穷且益坚，不坠青云之志""一鼓作气，再而衰，三而竭"的奋发图强特质与马克思主义认识论中重视人的精神境界，提倡人的主观能动性发挥均充分表现出

[①]《十八大以来重要文献选编》（上），中央文献出版社，2014，第75页。

精神对人所具有的重要作用，是主客体相互关系的辩证体现以及人的价值意义的一种彰显，充分强调了重视内心世界的重要意义。此外，在思政课的教学中，还要坚持以马克思主义为政治导向，在马克思主义学理性支撑下发挥出中华优秀传统伦理文化对于思政课教学的有益补充。中华优秀传统文化怎么融入、融入的程度如何，都需要在马克思主义指导下予以展开。要将有助于推动当前我国主流意识形态教育的传统伦理文化加以提炼并运用到思政课的教学之中，树立马克思主义中国化的文化自觉。同时还要以马克思主义理论自觉的姿态思考中华优秀传统伦理文化在思政课中的价值与意义，特别是要发挥出马克思主义在中华优秀传统伦理文化融入思政课的方法论指导作用。恩格斯指出："马克思的整个世界观不是教义，而是方法。它提供的不是现成的教条，而是进一步研究的出发点和供这种研究使用的方法。"[1] 马克思主义的立场、观点和方法是马克思主义的核心内容，是马克思主义中最具有普遍性、根本性和长远指导意义的部分，要时刻将马克思主义的方法运用在中华优秀传统伦理文化融入思政课的教学中，探寻出二者优势互补的创新思路。当然，需要指出的是，不能因坚持马克思主义的指导，强调和重视思政课的政治导向，"就放弃中华优秀传统文化尤其是文化经典中的核心理念所蕴含的人文精神、美德情操和哲学思想精髓。任何一种优秀文化，都有一个共同的特征即文化的育人教化作用。中华优秀传统文化孕育和供给了一代又一代中华儿女，它理应成为当前教育不可或缺的思想资源"[2]。

总之，马克思主义赋予的是科学世界观、方法论，发挥政治性、学理性的思想作用；中华优秀传统伦理文化传承的是人生价值、人文精神、道德至善追求等，有利于人格完善、道德提升和情操陶冶，必须要在将中华优秀传统伦理文化融入思政课的教学中科学处理好马克思主义与中华优秀传统伦理文化之间的关系，这是必须要坚持的重要原则。

---

[1] 《马克思恩格斯选集》（第4卷），人民出版社，2012，第664页。
[2] 沈江平：《思想政治理论课要重视在马克思主义指导下融入中华优秀传统文化》，《思想理论教育导刊》2020年第1期。

二 注重推进中华优秀传统伦理文化创造性转化和创新性发展

将中华优秀传统伦理文化融入高校思政课的教学还应注重挖掘中华优秀传统伦理文化回应现实的意义和价值,对中华优秀传统伦理文化进行创造性转化和创新性发展。

文化是一个传承与创新相统一的过程,习近平总书记曾明确指出:"文明永续发展,既需要薪火相传、代代守护,更需要顺时应势、推陈出新。"[①] 对待中华优秀传统文化,"要坚持古为今用、推陈出新,有鉴别地加以对待,有扬弃地予以继承"[②]。特别是在2014年9月《在纪念孔子诞辰2565周年国际学术研讨会暨国际儒学联合会第五届会员大会开幕会上的讲话》中,习近平总书记首次提出了"推动中华优秀传统文化创造性转化、创新性发展"的论断,党的十九大将"推动中华优秀传统文化创造性转化、创新性发展"写入了报告中,将其确定为新时代中国特色社会主义建设的基本方略之一。党的二十大更是将"中华优秀传统文化得到创造性转化、创新性发展"作为我们十年来所取得的重要历史成就。从本质上说,推动中华优秀传统文化的创造性转化和创新性发展,即是要积极探寻中华优秀传统文化的精神世界,将具有悠久文化底蕴的积极向上向善的思想文化加以弘扬,使其更好地与现实社会和现实文化相融相通,发挥出中华优秀传统文化强大的精神力量。

中华优秀传统伦理文化作为中华优秀传统文化的重要组成部分,将其融入高校思政课的教学必然要以创造性转化和创新性发展为思想原则,这本身是思想政治教育坚持以文化人的必然立场和要求。从文化传承弘扬的本质看,"每一种文明都延续着一个国家和民族的精神血脉,既需要薪火相传、代代守护,更需要与时俱进、勇于创新"[③]。如今世界正经历着百年未有之大变局,中国的发展仍面临着许多不确定的因素,虽前景光明,但也意味着机遇与挑战并存,这是一个不仅考验一个国家硬实力的时代,同

[①] 习近平:《深化文明交流互鉴 共建亚洲命运共同体——在亚洲文明对话大会开幕式上的主旨演讲》,《人民日报》2019年5月16日。

[②] 《习近平关于社会主义文化建设论述摘编》,中央文献出版社,2017,第140页。

[③] 习近平:《在联合国教科文组织总部的演讲》,《人民日报》2014年3月28日。

第三章 中华优秀传统伦理文化融入高校思政课的原则和要义

时也是彰显一个国家软实力的新时代,它需要不断增强文化自觉和文化自信,充分发挥文化在推进中国特色社会主义建设发展、实现中华民族伟大复兴方面的重要意义和价值。作为未来中华民族伟大复兴的有力建设者和助力者,培养青年大学生的文化自觉和文化自信尤为重要,高校思政课要充分发挥出中华优秀传统伦理文化在文化育人方面的价值,立足于新时代,通过对中华优秀传统伦理文化实现创造性转化和创新性发展更好地用以培育时代新人。

将中华优秀传统伦理文化融入高校思政课,对其进行"创造性转化",指的是高校思政课教师应结合新时代特点与社会发展要求,对能够较好发挥育人功能的最精华的文化因子进行改造,获得富有鲜明时代感的表达形式,在与当代社会相协调的基础上,释放中华优秀传统伦理文化应有的文化魅力;对其进行"创新性发展",指的是高校思政课教师要在课堂教学中不断彰显中华优秀传统伦理文化的影响力、感召力与吸引力,不断丰富、发展、完善中华优秀传统伦理文化的内涵,促进中华优秀传统伦理文化与时俱进,使中华优秀传统伦理文化时刻葆有持续的文化魅力,打上新时代的烙印,能够在课堂教学中不断焕发出新的思想光彩。可以认为,"创造性转化"是"创新性发展"的前提,"创新性发展"是"创造性转化"的方向,二者具有高度的内在统一性。

首先,在将中华优秀传统伦理文化融入高校思政课的课堂教学时,要坚持在马克思主义理论指导下,以时代精神激活中华优秀传统伦理文化的生命力。要把坚持马克思主义同弘扬中华优秀传统伦理文化有机结合起来,坚定不移走中国特色社会主义道路。高校思政课教师以马克思主义的立场、观点、方法改造中华优秀传统伦理文化十分必要。一方面,思政课教师要让学生认识到中华优秀传统伦理文化所蕴含的中国德治智慧、倡导的律己修身的道德之方以及德行天下的和谐之道,是中华优秀传统伦理文化中的精髓,具有跨越时空的永恒价值,需要我们在今天不断传承弘扬;另一方面,思政课教师需让青年大学生懂得,在新时代的今天,我们不能夸大中华优秀传统伦理文化这种道德文化的作用,将之视为"放之四海而皆准"的万金油,从而抵消马克思主义在今天的指导地位,必须要以科学的世界观和方法论来看待中华优秀传统伦理文化的意义和价值,推陈出新，使其发挥出应有的作用。

其次，将中华优秀传统伦理文化融入思政课，要立足于当下，注重挖掘中华优秀传统伦理文化回应现实的意义和价值，不断焕发时代生机。时代是思想之母，人类文化的发展历史充分说明，过去的文化传统能否不断被传承和延续，根本上取决于这一文化传统是否具有时代价值，是否能回应时代之思并有助于时代精神的塑造。青年大学生是对时代问题最为关注也最为敏感的群体，中华优秀传统伦理文化能否在融入思政课的课堂教学中获得学生的回应和认可，关键就在于教师如何将中华优秀传统伦理文化展现出时代风貌，彰显出时代价值。

最后，将中华优秀传统伦理文化融入思政课要面向未来，以文化自信推动中华优秀传统伦理文化的新发展和兴盛。"真正的文化自信，体现在我们对优秀传统文化的礼敬自豪之上，体现在我们对优秀传统文化的现实改造和转化之上，体现在我们以高度的使命意识和担当精神努力推动优秀传统文化的未来发展之上。"[1] 培养青年大学生树立"四个自信"是高校思政课的重要内容，其中"文化自信，是更基础、更广泛、更深厚的自信"[2]。青年大学生具有文化自信即是要在深刻认识中华优秀传统伦理文化承载着民族自我认同和精神价值的基础上，把握住中华优秀传统伦理文化的未来发展方向，不断增强中华民族树立文化自信的信心与决心，使中华文化和中华文明得以复兴。而与此同时，要以中华优秀传统伦理文化为底气，在当今世界和平发展、互惠共赢的世界境遇之下，不断彰显并释放出中华优秀传统伦理文化的价值与魅力，要善用中华优秀传统文化中蕴含的文化智慧抵御西方各种文化思潮的侵袭，化解潜在风险，使青年大学生成为中华文化发展的重要接力手。在这个过程中，高校思政课是主渠道，思政课教师要坚守文化立场，用中华优秀传统伦理文化滋养和引领青年一代的思想与精神，使广大青年大学生以一种使命意识和担当精神立足于当代中国发展的现实，并结合当今时代条件不断开辟中华优秀传统伦理文化发展的新境界，使中华优秀传统伦理文化能够面向现代化、面向世界、面向

---

[1] 沈壮海等：《文化何以自信》，中国人民大学出版社，2020，第87页。
[2] 《习近平关于社会主义文化建设论述摘编》，中央文献出版社，2017，第13页。

未来，不断铸就中华优秀传统伦理文化新辉煌。

应需指出的是，在思政课的教学过程中，对中华优秀传统伦理文化进行创造性转化和创新性发展还需要思政课教师能够运用时代的语言对中华优秀传统伦理文化进行再诠释，以青年大学生喜闻乐见的方式展现中华优秀传统伦理文化的崭新风貌，只有思政课教师善用当代中国话语对中华优秀传统伦理文化进行重解，才能使中华优秀传统伦理文化在高校思政课的课堂走出历史的封尘，跃动于新时代青年大学生的学习和生活之中，并在潜移默化中使青年大学生看得见中华优秀传统伦理文化的时代意义和时代价值。

总之，将中华优秀传统伦理文化融入高校思政课要坚持对中华优秀传统伦理文化进行创造性转化与创新性发展，使其不断具有生动性和有效性。可以认为，不断创新发展是中华优秀传统伦理文化融入高校思政课的重要向度。

三 把握中华优秀传统伦理文化在思政课教学中的深度和广度

将中华优秀传统伦理文化融入高校思政课，还应特别注重把握好中华优秀传统伦理文化在思政课的深度和广度，要在准确掌握中华优秀传统伦理文化内涵及明晰其价值作用的基础上，合理进行教学资源的择取和运用，实现中华优秀传统伦理文化在思政课教学中的创新，从而使中华优秀传统伦理文化从教学资源向教学内容进行华丽转身，进教材、进课堂、进学生头脑。

首先，树立正确的对待中华优秀传统伦理文化的态度，明确中华优秀传统伦理文化所具有的价值作用。准确把握中华优秀传统伦理文化的价值和作用，对其在新时代的定位予以确证，是将中华优秀传统伦理文化融入高校思政课的重要前提。相比于中国特色社会主义先进文化，中华优秀传统伦理文化是在中国几千年的发展中积淀而成的、有着悠久历史的特殊文化，文化的历史属性要求思政课教师必须要以辩证唯物主义和历史唯物主义的科学方法去审视和择取中华优秀传统伦理文化在课堂教学中的运用。

一方面，高校思政课教师要遵循中华优秀传统伦理文化历史客观性的特质，实事求是地将中华优秀传统伦理文化加以呈现，同时，还要以连续性的历史观认识到历史、现实、未来是相通的。面对客观存在过并接续发展的中华优秀传统伦理文化，高校思政课教师"既不能隔断历史，也不能虚无历史"，而是要以客观、礼敬的态度将中华优秀传统伦理文化中的核心道德规范和精神内涵以基于历史发展背景的方式呈现其延承性，向青年大学生充分展示出中华优秀传统伦理文化所具有的跨越时空的永恒价值。最为重要的是，高校思政课教师还要从历史现实的视域出发，正视历史的经验教训，有效发挥中华优秀传统伦理文化古为今用的现实功能，适度、适宜地将中华优秀传统伦理文化的教学价值充分发挥出来，切不可无限夸大中华优秀传统伦理文化的作用，同时也不可以基于现实的态度对中华优秀传统伦理文化的意义和价值进行全盘否定。

另一方面，在科学把握中华优秀传统伦理文化的本质内涵、文化特质以及重要功能的基础上，高校思政课教师还要从文化本身所具有的意识形态属性视域出发，在思政课中将其与所讲授的课堂教学内容融合。一是要认识到中华优秀传统伦理文化作为与经济、政治相并列的社会一体，"只有作为观念形态的文化，只有作为精神，才能显示文化的重要性，才能显示文化对于经济、政治的渗透性和反作用"[1]。因此，在课堂教学中，思政课教师应以课堂教学内容为根本，充分彰显出中华优秀传统伦理文化所具有的意识形态功能，向学生展现出中华优秀传统伦理文化在推动中华历史发展、汇聚民族复兴精神力量以及凝聚人民共识方面所具有的价值。二是文化是"经济发展的'助推器'、政治文明的'导航灯'、社会和谐的'黏合剂'"[2]。站在国之发展复兴的角度，思政课教师将中华优秀传统伦理文化融入课堂教学中时，要向学生充分传达中华优秀传统伦理文化对于国家经济发展、治国理政所体现出的价值，并使学生认识到，在新时代的今天，中华优秀传统伦理文化依然在民族复兴的发展道路上具有重要价值。三是要以中华优秀传统文化所具有的民族性、阶级性的基本特征为根本，思政课教师要向学生讲清楚中华优秀传统伦理文化所具有的本民族的

---

[1] 陈先达：《马克思主义和中国传统文化》，人民出版社，2015，第59页。
[2] 习近平：《之江新语》，浙江出版联合集团、浙江人民出版社，2007，第149页。

文化特质，这是今天我们形成中国特色社会主义之"特色"的重要文化底蕴，同时也要指明产生于传统社会的中华优秀传统伦理文化不可避免地会带有一定时代和阶级局限性。因此，在将中华优秀传统伦理文化融入高校思政课教学时，要对其进行辩证分析，择其善者而用之。

其次，准确择取中华优秀传统伦理文化所具有的教学资源，凸显中华优秀传统伦理文化与思政课教学的高度契合性。

一方面，深挖中华优秀传统伦理文化在思政课教学中的深度，实现中华优秀传统伦理文化资源在高校思政课教学中的精耕细作。经历过从20世纪80年代起到2005年多轮课程改革后，高校思政课的课程体系日益深化和完善，而教材体系在近些年随着时代发展的需要不断得以修进和改善，从一个侧面反映出中华优秀传统伦理文化融入高校思政课教学已成为一种必然趋势。如何深挖中华优秀传统伦理文化在思政课教学中的深度？显然，最根本的即是要基于教材体系和教学目标，从中华优秀传统伦理文化的内容出发，按照理论视域、道德视域和实践视域将中华优秀传统伦理文化融入课程教学之中。一是从理论视域，重点择取中华优秀传统伦理文化与马克思主义理论相契合的内容，不断赋予马克思主义中国化以文化底蕴与文化支撑。"马克思主义传入中国之所以能够快速为国人接受，并成为党和国家的指导思想，不仅源于当时民族任务的历史需要，不仅源于以毛泽东同志为代表的中国共产党人的远见卓识，还在于马克思主义基本原理与中华传统文化的内在一致性。"[①] 这种内在的一致性特别需要高校思政课教师予以深刻解读，肃清当代青年大学生将马克思主义与中华优秀传统文化相割裂的错误认识，通过将中华优秀传统伦理文化与马克思主义进行辩证分析，使青年大学生懂得我们所弘扬的中华优秀传统伦理文化一定是在马克思主义基本立场和方法支撑下的中华优秀传统伦理文化，是蕴含着科学世界观和方法论的中华优秀传统伦理文化。与此同时，思政课教师还要将教学思想与时俱进，充分挖掘中华优秀传统伦理文化与习近平新时代中国特色社会主义思想的契合之处，推动中华优秀传统伦理文化的创造性转

[①] 安丽梅：《思想政治理论课运用中华优秀传统文化资源的逻辑理路探析》，《思想理论教育导刊》2020年第2期。

化和创新性发展，增强中华优秀传统伦理文化对马克思主义中国化的文化支撑。基于这样的认识，高校思政课教师要特别注重仔细研究教材中彰显马克思主义与中华优秀传统伦理文化辩证关系的教学内容，以此为切入点做好教学设计。二是从道德视域，重点择取中华优秀传统伦理文化推进社会主义核心价值观教育的重要内容，实现中华优秀传统伦理文化对青年大学生世界观、人生观、价值观的重要引导。"传统文化中蕴涵的丰富的'精忠报国''敬业乐群''诚实守信''与人为善'等个人层面的优秀价值理念，'政者正也''道法者治'等社会层面的优秀价值理念，'足食足兵''天下为公''以文化人''保合太和'等国家层面的优秀价值理念，是社会主义核心价值观的重要思想文化来源，也是高校思政课宜重点挖掘和阐发的内容。"[①] 思政课教师要在课堂教学中善于运用中华优秀传统伦理文化的有利资源，在不同课程的教学中将中华优秀传统伦理文化所具有的价值潜移默化地彰显出来，在润物细无声中使青年大学生认识到中华优秀传统伦理文化的意趣所在。三是从实践视域，重点择取中华优秀传统伦理文化在立德树人、以文化人方面的重要内容，培育堪当民族复兴大任的时代新人。"中华优秀传统文化积淀着中华民族最深沉的精神追求，代表着中华民族独特的精神标识，是中华民族生生不息、发展壮大的丰厚滋养，是一代代大学生成长为时代新人的重要精神支撑和精神动力。高校思政课择取传统文化中的优秀资源，就要重点汲取与培育有理想、有本领、有担当的时代新人相契合的内容。"[②] 高校思政课的根本任务即在立德树人，增强青年大学生在新时代的使命感，中华优秀传统伦理文化在此方面蕴含着丰富的教学资源。四门高校思政课在育人目标上的一致性使高校思政课教师能够充分将中华优秀传统伦理文化运用其中，实现以文化人。将中华优秀传统伦理文化中具有培养青年大学生提高道德素养以及增长本领才干的优秀传统文化内容加以挖掘，以案例的形式向青年大学生进行讲授，结合不同的教学内容有侧重点并有针对性地进行精准滴灌，同时对中华优秀传

---

① 安丽梅：《思想政治理论课运用中华优秀传统文化资源的逻辑理路探析》，《思想理论教育导刊》2020年第2期。
② 安丽梅：《思想政治理论课运用中华优秀传统文化资源的逻辑理路探析》，《思想理论教育导刊》2020年第2期。

第三章　中华优秀传统伦理文化融入高校思政课的原则和要义

统伦理文化中可以增强青年大学生使命意识的优秀传统伦理文化内容进行形式转化，赋予其时代特质，培养青年大学生理论联系实际、重视社会责任和无私奉献的精神，从而自觉主动地投身实现民族伟大复兴的实践之中。

另一方面，深挖中华优秀传统伦理文化在思政课教学中的广度，实现中华优秀传统伦理文化在高校思政课教学中的多方面普及，产生广泛影响。将中华优秀传统伦理文化融入思政课的课堂并不是某一课程教师的事情，需要四门思政课协同推进，无论在教学内容上还是在教学目标上，四门思政课都具有将中华优秀传统伦理文化融入课程中的可行性和实践性。为此，思政课教师要结合本课程的教学内容，充分思考可运用中华优秀传统伦理文化的重要方面。例如，可以在"思想道德与法治"的课程用中华优秀传统伦理文化讲清楚爱国主义及培育和践行社会主义核心价值观的重要性；在"中国近现代史纲要"课程讲清楚用中华优秀传统伦理文化凝心聚力，展现社会主义革命、建设、改革时期历史画卷，实现民族从站起来、富起来到强起来的伟大意义；在"马克思主义基本原理概论"课程用中华优秀传统伦理文化帮助青年大学生解读马克思主义基本立场和观点，加强对马克思主义基本原理的理解；在"毛泽东思想和中国特色社会主义理论体系概论"课程以中华优秀传统伦理文化引导学生了解其与革命文化、社会主义先进文化的辩证关系，增强新时代中国特色社会主义现代化建设的文化自信，深刻解读习近平新时代中国特色社会主义思想所蕴含的丰富的中华优秀传统伦理文化的内涵等。通过上述课程的全方位覆盖，实现中华优秀传统伦理文化在思政课的"无孔不入"。"值得关注的是，中华优秀传统文化融入高校学科教学体系，应当把握好'度'与'效'的关系，既不能将思政课上成文化通识课，也不能将民族历史或思想文化精华仅仅作为思想政治教育的教学素材或可有可无的理论注脚"，而是要在充分发挥出思政课在立德树人方面主渠道的基础上，"把握好挖掘、阐释、融入的'度'，做到恰如其分，力求发挥出最佳的育人实效"。[①]

[①] 秦冰馥：《中华优秀传统文化融入高校思想政治教育研究》，博士学位论文，东北师范大学，2021。

四　基于需求推动中华优秀传统伦理文化融入思政课教学

新时代，高校思政课旨在"坚持马克思主义指导地位，贯彻新时代中国特色社会主义思想，坚持社会主义办学方向，落实立德树人的根本任务"①。推动中华优秀传统伦理文化融入高校思政课教学要以时代和国家发展需要为主，培养德智体美劳全面发展的社会主义建设者、接班人和担当民族复兴大任的时代新人。青年阶段是大学生人生发展的"拔节孕穗期"和对其进行铸魂育人的关键期，培育一代又一代青年大学生树立良好的道德品质，是高校思政课的重要目标。中华优秀传统伦理文化蕴含着历史文化教育、实践文化教育以及道德文化教育三个方面的重要文化教育内涵，其中，无论是其含有的思想理念、人文精神、道德规范等育人内容，还是传承的立德修身、实践治世的育人实践以及沿袭的历史文化、民族特质等，都可以为今天高校思政课教学提供有益的启发，成为培育时代新人的宝贵财富。

高校思政课将中华优秀传统伦理文化融入其中，要坚持正确的价值导向，以立德树人为根本任务，以满足时代和国家发展的人才需求为育人指向，重点择取与培育具有爱国主义思想，有本领、有担当的时代新人相契合的教育内容。

一是要围绕培育青年大学生爱国主义的视角，重点选取中华优秀传统伦理文化中的爱国主义思想资源。习近平总书记指出："在中华民族几千年绵延发展的历史长河中，爱国主义始终是激昂的主旋律，始终是激励我国各族人民自强不息的强大力量。"②"国而忘家，公而忘私""位卑未敢忘忧国""苟利国家生死以，岂因祸福避趋之"的报国情怀、"人生自古谁无死，留取丹心照汗青"的英雄豪情等，都是激励青年大学生投身祖国的有益精神给养。关于爱国主义的思想观念、伟大信念与"思想道德与法治""中国近代史纲要"课程有着高度的契合性，思政课要充分挖掘爱国主义的内容，赋予新时代爱国主义教育以深厚的文化滋养，激励青年大学

---

① 习近平：《思政课是落实立德树人根本任务的关键课程》，《求是》2020年第17期。
② 习近平：《在欧美同学会成立100周年庆祝大会上的讲话》，《人民日报》2013年10月22日。

生厚植爱国情怀。

二是围绕培育时代新人的需要，增强青年大学生本领才干，重点选取中华优秀传统伦理文化中为学做人、安身立命、知行合一、敬业乐群等思想资源。在中华优秀传统伦理文化中，有着丰富的修身为本的重德精神、自强不息的进取精神、敬业诚信的职业精神以及知耻而后勇的立世精神，这些精神是青年大学生投身社会，实现自我人生价值的重要精神动力。高校思政课要充分挖掘中华优秀传统伦理文化中的相关内容，在课堂教学中将其与教学内容进行有效融合，让青年大学生从中感受到中华优秀传统伦理文化精神的重要价值并转化为自身行动的重要动力。

三是围绕培育堪当民族复兴重任的需要，增强青年大学生使命担当，重点选取中华优秀传统伦理文化中使命责任、无私奉献、敢作敢为的思想资源。中华优秀传统伦理文化中的以天下为己任的担当精神、克己奉公的整体精神、与民忧乐的济世精神、威武不屈的大丈夫精神等，可以成为激发青年大学生主体意识，引导大学生自觉投身社会主义现代化建设以及民族复兴实践中的动力源泉。高校思政课教师要认真择取可利用的课堂教学资源，在课堂教学过程中以大学生喜闻乐见的形式唤醒青年学生弘扬这一精神的热情，使青年学生不仅成为中华优秀传统伦理文化的受益者，而且以此为动力，成为实现中华民族伟大复兴的积极践行者。

与此同时，将中华优秀传统伦理文化融入高校思政课还应从青年大学生需求的角度出发，回应学生的认知特点，遵循学生的认知规律。对于"00后"的青年大学生，他们正处于精力旺盛、独立意识萌发的人生发展阶段，特别是对于一些理论问题有着一些思考，希望能够在课堂学习中进一步加深对相关问题的理解。其鲜明的特点主要表现在以下几个方面。首先，创新性强，个性鲜明。受网络新媒体思维的影响，"00后"大学生思想较为活跃，具备很好的创新思维能力，同时热衷于个性化的个人追求，注重个体的情感体验和价值实现。其次，关注新形势，但缺少系统的理论思维框架。"00后"大学生对某些问题特别是社会热点问题表现出极大的热情，但往往专注于热点问题的表面现象，而缺乏对问题本质的认识和把握，对难点问题的认识还不具有系统性。最后，学习能力强但解决问题能力不足。"00后"大学生具有较高的自主学习欲望和较强的知识获取能力，体现出学习自主性强，有明确的学习目标和学习态度，以及追求深度学习的特征，但缺乏一定的发现问题、分析问题和解决问题的能力，特别渴望加深理论学习，进而用理论指导自身的实践。基于此，将中华优秀传统伦理文化融入高校思政课的教学就应该从学生的需求出发，推进中华优秀传统伦理文化进课堂、进学生头脑。同时，还应看到的是，当前青年大学生对于中华优秀传统伦理文化的认同感还存在着不足。随着我国改革开放的不断深入，青年大学生受西方文化思想的影响较为明显，特别是网络信息时代的到来，更是使西方文化不断对青年大学生进行思想渗透和意识形态侵蚀，少数大学生对西方的文化与价值观念产生认同，进而造成在中西方文化碰撞的过程中对中华优秀传统伦理文化的抵牾和认同消解，深刻影响了当前在高校思政课教学中运用中华优秀传统伦理文化的有效性和实效性。面对上述问题，将中华优秀传统伦理文化融入高校思政课教学必须要在回应和满足学生特点和需求的基础上，以充分展现中华文化独特思想魅力和精神价值的方式提升中华优秀传统伦理文化的生命力、吸引力和感染力，进而有力回击西方文化对青年大学生的消极影响。

基于上述这些学情和教情现实，该如何将中华优秀传统伦理文化融入高校思政课呢？其一，将中华优秀传统伦理文化融入高校思政课要注重学理层面的分析，加强对中华优秀传统伦理文化的深度解析和理论反思，注重基于中华优秀传统伦理文化的精神内容开展辩证性思考，突出对青年大学生加强中华优秀传统伦理文化的认同引导，彰显中国文化的理论逻辑性。要善于将当代哲学、自然科学、社会科学运用到课堂教学中，增加教学内容的理论性和探究性。其二，将中华优秀传统伦理文化融入高校思政课要注重从知识性问题入手，结合当前青年大学生对中华优秀传统伦理文化的掌握情况，引导学生认识中华优秀传统伦理文化的内涵，以形式多样的授课方式激发学生对于中华优秀传统伦理文化的学习意识，并通过中西方文化的思想对比，赋予中华优秀传统伦理文化以崭新的时代价值，破解学生两种文化冲突下的思想困惑。其三，将中华优秀传统伦理文化融入高校思政课要注重语境融合和学科融合，在充分运用中华优秀传统伦理文化的育人资源时，构建新时代中华优秀传统伦理文化的话语体系，注重知识、方法和价值的互通有无，从真、善、美和人、事、物两个层面以及不同维度彰显中华优秀传统伦理文化对青年大学生成长成才所具有的现实意义，以及在引导青年大学生在社会实践中的精神价值，不断凸显中华优秀传统伦理文化在高校思政课教学中的显性功能。其四，将中华优秀传统伦理文化融入高校思政课要注重发掘青年大学生的主体意识，培养学生的质疑能力和问题意识，运用创新的思维教学坚持将中华优秀传统伦理文化融入思政课的教学思路与学生的思路融为一体，有意识地为学生设疑，引发学生积极主动地思考，破解学生对传统伦理文化的困惑，尽可能地运用中华优秀传统伦理文化去解答社会热点问题、透视热点现象，赋予青年大学生坚定中华优秀传统伦理文化的自信。

概而言之，将中华优秀传统伦理文化融入高校思政课需要在明晰社会和国家发展需要的基础上，立足于青年学生的主体性特点，以满足学生需要的视域重点实现中华优秀传统伦理文化向思政课课程资源的有效转化，彰显以文化人的育人意义。

第二节 中华优秀传统伦理文化融入高校思政课的基本要义

我国高校思政课是为培养社会主义建设者和接班人，且扎根于中国大地，回应中华民族伟大复兴的现实问题而服务的。有鉴于此，将中华优秀传统伦理文化融入高校思政课教学就要坚持马克思主义的指导思想，以社会发展不同时期党对传统文化传承发展的实践为基础，在高校思政课教师主导下，实现"教材—案例—教学"三位一体的模式思考。与此同时，以案例为依托，将中华优秀传统伦理文化融入高校思政课，要确保教学案例的价值能够有效地发挥出来，充分彰显案例教学的优势。

一 中华优秀传统伦理文化融入高校思政课的主要思路

将中华优秀传统伦理文化融入高校思政课需要解决好教材、案例和教学的相互关系，将三个方面有效整合到有机系统之中，以实现中华优秀传统伦理文化在思政课教学中的案例效用。从当前思政课的课堂教学效果看，其普遍存在的问题，一是脱离马克思主义指导作用的教学主旨，由于对思政课教学理解的偏差，个别教师会出现在运用中华优秀传统伦理文化进行教学时没能自觉结合马克思主义的世界观和方法论进行深刻解读，进而对案例的挖掘和解析不具有理论深度，缺少深刻性，仅仅是对传统伦理文化的内容展示，浮于表面，不能穿透教学内容的本质，难以收到案例教学的效果。二是教师在运用中华优秀传统伦理文化进行思政课教学时不懂得该如何结合党和国家对于文化传承发展的历史脉络进行有针对性的创造性转化和创新性发展，不能巧妙地选取适恰的中华优秀传统伦理文化案例对课堂教学内容进行解读，进而难以发挥案例解惑器的作用以实现学生对思政课知识理论的思考，帮助学生准确理解和掌握所学内容的目的。三是思政课教师会出现为运用中华优秀传统伦理文化而运用的两张皮现象，不能准确判断出教材中应该运用中华优秀传统伦理文化的教学内容，对内容把握不够准确，并对于自身在运用中华优秀传统伦理文化进行教学时的主导作用认识不足，导致在运用中华优秀传统伦理文化时出现效果不甚理想的问题。

有鉴于此，特别需要梳理中华优秀传统伦理文化融入高校思政课时教材、案例、教学之间相互关系的基本思路，就如何发挥马克思主义世界观和方法论的指导作用对教材内容进行择取，并对实现"教材—案例—教学"三位一体的整体教学思路进行思考，以发挥中华优秀传统伦理文化作为教学案例在思政课教学中的实际效用。

（一）以马克思主义为指导，实现"教材—案例—教学"三位一体有机统一

恩格斯曾经指出："马克思的整个世界观，不是教义，而是方法……它提供的不是现成的教条，而是进一步研究的出发点和供这种研究使用的方法。"[①] 将中华优秀传统伦理文化融入高校思政课的教学中，最为重要的是将马克思主义作为根本指导，坚持将马克思主义的科学世界观和方法论作为统领，运用辩证唯物主义和历史唯物主义的方法将中华优秀传统伦理文化活用在思政课的教学中。

---

① 《马克思恩格斯文集》（第10卷），人民出版社，2009，第691页。

第三章　中华优秀传统伦理文化融入高校思政课的原则和要义

自马克思主义传入中国以来，在马克思主义科学世界观和方法论的指导下，结合中国的实际先后形成了毛泽东思想、邓小平理论、"三个代表"重要思想以及科学发展观。新时代结合中国新的发展场域和现实需求形成了最新马克思主义的理论成果——习近平新时代中国特色社会主义思想，这些理论成果不仅是思政课的重要教学内容，而且是将中华优秀传统伦理文化融入思政课的理论支撑。为此，实现"教材—案例—教学"三位一体的有机统一，必须要将马克思主义作为指导，而不能是别的。

首先，在教材层面，作为思政课教师要对马克思主义的深刻内涵及其重要的世界观和方法论进行准确把握，对教材进行准确定位。将中华优秀传统伦理文化融入高校思政课教学首要的前提是精准，面对非马克思主义理论专业的学生，如何让这些学生准确理解教材本身的内容，领会教材的精神实质，学会用马克思主义分析问题和解决问题的方法是思政课的教学主旨，而将中华优秀传统伦理文化融入思政课的教学目的本身就在于此。为此，要实现理想的教学效果，就必须以马克思主义的世界观和方法论为指导，将可运用中华优秀传统伦理文化的教材知识点进行系统梳理。一是要统合"思想道德与法治""中国近代史纲要""马克思主义基本原理概论""毛泽东思想和中国特色社会主义理论体系概论"四门课程的内容，做好将中华优秀传统伦理文化融入其中的统一规划，避免出现重复性问题。二是要有主有次，将中华优秀传统伦理文化融入思政课教学不能走形式化，要按照马克思主义的指导思想，以切合思政课的课程性质和教学目的的要求进行重点梳理，找好对应的教学内容，要在遵循立德树人的根本任务，把中华优秀传统伦理文化融入思想道德教育、文化知识教育、社会实践教育的基础上，使中华优秀传统伦理文化与思想政治教育的规律结合起来，用中华优秀传统伦理文化的独特魅力来吸引学生和感染学生。三是要结合实际，马克思主义可以在中国落地生根、开花结果，根本的原因即在于实现了"中国化"，这种"中国化"一方面体现了要结合中国的国情和中国的实际，另一方面则在于要与时俱进、与时代发展相同步。同样地，将中华优秀传统伦理文化融入高校思政课的教学也必须结合实际，要将中华优秀传统伦理文化作为解读马克思主义基本原理的重要支撑，作为解读马克思主义中国化的有力论证，并在观照现实的基础上，在课堂教学中不断对中华优秀传统伦理文化进行创造性转化和创新性发展，而这本身即是对马克思主义唯物辩证法的有效运用。

其次，在案例层面，作为思政课教师要将中华优秀传统伦理文化凝练成有效的教学案例，将其作为讲授思政课的有效"输出口"。"案例是理解马克思主义世界观和方法论的便利'入口'和运用马克思主义世界观和方法论进行分析思考的集中'出口'。……案例在思想政治理论课中不可或缺就是因为其可感知、易接受，而且它本身就包含了思想政治理论课需要向学生传达的理论知识、世界观和方法论的'种子'。"[1] 将中华优秀传统伦理文化融入高校思政课教学关键即是要精心设计和研发好的教学案例，而其中必须要以马克思主义的世界观和方法论为指导，在立足于教材的基础上，充分利用中华优秀传统伦理文化所蕴含的文化特质吸引学生，并引导学生展开课程相应内容的思考，适恰地融合马克思主义的基本原理帮助学生去分析案例，以达到其对思政课知识理论的接受。同时也可以中华优秀传统伦理文化相关案例为切入点，引导学生学会用案例分析马克思主义的科学世界观，领会马克思主义的方法论，以此来回应学生在思政课所学内容的实际效用问题，达到对所学内容的准确把握和自觉运用。而在此过程中，特别要注意当前"00后"大学生的学情特征和思想需求，加深对案例研发的探索，并要随着不同年级的变化而相应调整案例的设计和实施方案，以实现与不同教学内容和教学课程的有效衔接，达到相互一致。

最后，在教学层面，作为思政课教师要注重用中华优秀传统伦理文化案例开展实际教学的延展，将其作为验证中华优秀传统伦理文化案例研发的现实场域。以教材为基础研发中华优秀传统伦理文化的教学案例目的在于将案例作为"操练场"，每一位教师在精心设计关涉中华优秀传统伦理文化的教学案例时，不可避免地会发生教学案例由于脱离学生专业学习兴趣不能被学生很好地吸收和理解，教学案例不能说明教学内容以及教学案例运用不到位的现象，导致课堂教学效果不尽如人意，这就需要思政课教师在坚持以马克思主义的世界观和方法论为指导的前提下，在课堂教学中调整关涉中华优秀传统伦理文化的教学案例设计，开展有针对性的取舍，

---

[1] 崔建霞等：《新时代高校思想政治理论课案例教学指南》，人民出版社，2018，第126页。

使教学案例不断向学生进行倾斜。一是面对学生的思想认识问题，在课堂教学中了解学生学习的思想困惑以及对于所讲授内容的理解程度，如果反馈出关涉中华优秀传统伦理文化的教学案例不具有吸引力，则需要将教学案例予以角度切换，进行案例的创新化处理，以提高学生的抬头率。二是根据学生的学理需求，在课堂教学中要回应学生的学习难点，尝试性地以中华优秀传统伦理文化的教学案例打通不同教学内容甚至是不同课程之间的隐形屏障，使学生理解思政课坚持马克思主义的意识形态教育有其深刻的必然性，马克思主义同中国"相遇"，绝不是一个偶然"事件"，而是有其深层的原因，是由更深层次的中华传统文化因素决定的，这既是一个马克思主义的世界观和方法论问题，同时也是一个重要的现实问题。面对这一内容需要通过课堂教学的现实反馈反复不断地对教学案例进行调整和修正，渐次契合教学内容，最终以高品质的教学案例回应学生所思。三是针对学生的思想道德问题，在课堂教学中要坚持将中华优秀传统伦理文化作为青年大学生道德培育的有益支撑，要在课堂教学中实现对学生立德树人教育的润物无声，而这种教育必须要发挥出中华优秀传统伦理文化的典范性价值，同时解答学生在人生成长过程中的各种思想困惑。一方面以马克思主义的意识形态性对接中华优秀传统伦理文化的阶级性，体现出为中国特色社会主义建设培养人才的初衷和目标；另一方面要在不断进行的课堂教学过程中及时发现并修正学生在思想道德方面的不足之处。当前，青年大学生存在着诸多思想道德方面的问题，如理想淡薄、信念缺失，重利轻义、过分追求安逸享乐；缺乏同情心和社会责任意识，缺乏集体意识，过分强调自我价值，个人主义倾向明显；思想行为选择上存在知行关系脱节的问题，部分学生呼唤"诚实守信""公平竞争"，但不放弃有条件下的作弊、投机等，这些青年大学生表现出来的思想道德方面的误区，特别需要在思政课的课堂予以引导，使青年大学生的思想道德发生转变，而显然，中华优秀传统伦理文化以其丰富的道德理念和人文精神将其作为教学案例是能够产生良好的育人效果的。这就需要思政课教师通过课堂讨论和互动及时发现学生思想道德方面的突出问题，积极挖掘中华优秀传统伦理文化的教学案例开展教学内容设计，以及时修正学生在思想道德方面的误区。

需明确的是，无论进行何种教学案例的研发，中华优秀传统伦理文化的运用都是为课堂教学内容服务的，都需要将马克思主义作为"统领"，将教材作为"纲领"，案例的设计要将教材作为出发点，将回应马克思主义的世界观和方法论作为落脚点，这是将中华优秀传统伦理文化融入思政课的基本保障，切不可为了彰显中华优秀传统伦理文化的重要性而忽视教材，甚至是脱离教材，最后陷入教条化理解教材内容、片面化理解传统文化的窠臼。

（二）以党领导下的传统文化传承发展历史为基础，实现"教材—案例—教学"三位一体整体性把握

习近平总书记曾强调指出："中国共产党从成立之日起，既是中国先进文化的积极引领者和践行者，又是中华优秀传统文化的忠实传承者和弘扬者。"[①] 中国共产党在领导中国革命、建设、改革发展的不同历史时期形成了对待传统文化的不同政策和态度，产生出与具体实践相融合的阶段性特点，并随着时代的发展和党执政认识的深化，在理论发展中不断推进对传统文化的认识，在一定程度上成为党凝心聚力，开展思想政治教育的重要精神支撑。

马克思、恩格斯在《德意志意识形态》中指出："历史不外是各个世代的依次交替。每一代都利用以前各代遗留下来的材料、资金和生产力；由于这个缘故，每一代一方面在完全改变了的条件下继续从事先辈活动，另一方面又通过完全改变了的活动来改变旧的条件。"[②] 这里，马克思、恩格斯向我们表达出历史发展的方式即在于"利用以前各代遗留下来的材料""继续从事先辈活动"，并在此基础上"改变旧的条件"。显然，"以前各代遗留下来的材料"便含有传统文化的重要内涵，是对以"继续从事先辈的活动"为特点的文化继承和弘扬，而且包括以"改变旧的条件"为特征的文化创造与发展。正是以此为遵循，中国共产党以马克思主义为指导，开启了对中华优秀传统文化的曲折探索和不断深化的科学认知过程，使中华优秀传统文化得以不断传承和发展，并与思想政治教育相融相通，

---

① 《十九大以来重要文献选编》（上），中央文献出版社，2019，第31页。
② 《马克思恩格斯选集》（第1卷），人民出版社，1995，第97页。

第三章 中华优秀传统伦理文化融入高校思政课的原则和要义

产生了良好的效果。

中国共产党对于中华优秀传统文化的传承发展历经了一个曲折的历史发展过程。新民主主义革命时期，面对国家蒙辱、人民蒙难，如何挽救民族危亡，存续发展中华文化，并以文化唤醒沉睡的中国成为大批有识之士的思想观念，开始聚焦对封建宗法文化思想进行批判并实现思想价值理念革故鼎新的问题。以李大钊、陈独秀、鲁迅为代表，旨在以激发民众的革命精神和民族意识为旨向，以祛除传统文化中的封建糟粕、破除封建礼教对于民众的思想束缚为目标，掀起了一场影响深刻的五四新文化运动，以此希望能够通过文化的变革带来民智的启发，使广大民众树立与时代发展相符合的新思想、新理念。如李大钊深刻指出，"其在吾国，自我之解放，乃在破孔子之束制"[1]，如不"冲决过去历史之网罗，破坏陈腐学说之囹圄"[2]，则"吾华者，亦终底于亡耳"[3]。陈独秀也断然表达，"固有之伦理、法律、学术、礼俗，无一非封建制度之遗，持较晳种之所为，以并世之人，而思想差迟，几及千载；尊重廿四朝之历史性，而不作改进之图，则驱吾民于二十世纪之世界以外，纳之奴隶牛马黑暗沟中而已，复何说哉！"[4] 为此，"要拥护那德先生，便不得不反对孔教、礼法、贞洁、旧理论、旧政治；要拥护那赛先生，便不得不反对国粹和旧文学"[5]。可以说，新文化运动掀起了对封建落后文化的批判浪潮，正是从五四新文化运动起，我们开始了革新旧文化、营造现代新文化的艰苦尝试。在其之后，中国共产党接续对传统文化的创造性转化和批判性继承的历史使命，从中国的现实国情出发，用马克思主义的理论和方法对传统文化进行全新审视，开启了马克思主义与传统文化的对话，由此改变了传统文化的发展进程和方向，赋予了传统文化以新的形态和生命力。正如毛泽东所指出的："在'五四'以后，中国产生了完全崭新的文化生力军，这就是中国共产党人所领导的共产主义的文化思想，即共产主义的宇宙观和社会革命论。"[6]

---

[1] 《李大钊全集（修订本）》（第1卷），人民出版社，2013，第404页。
[2] 《李大钊全集（修订本）》（第1卷），人民出版社，2013，第317页。
[3] 《李大钊全集（修订本）》（第1卷），人民出版社，2013，第274页。
[4] 陈独秀：《敬告青年》，载《青年杂志》1915年9月15日第1卷第1号。
[5] 陈独秀：《〈新青年〉罪案之答辩书》，载《新青年》1919年1月15日第6卷第1号。
[6] 《毛泽东选集》（第2卷），人民出版社，1991，第697页。

毛泽东在中国共产党对传统文化的批判继承过程中是认识较为深刻的思想家，同时也是杰出的代表者。作为一个伟大的马克思主义者，毛泽东深谙中国传统文化思想真谛，他将自己对于中国传统文化的理解与马克思主义的世界观和方法论进行结合，对中国传统文化提出了客观而中肯的观点。毛泽东指出，思想文化的发展具有历史继承性，任何新思想和新文化的产生都是在对历史文化的选择、积累和突破中实现的，"我们这个民族有数千年的历史，有它的特点，有它的许多珍贵品。……今天的中国是历史中国的一个发展；我们是马克思主义的历史主义者，我们不应当割断历史。从孔夫子到孙中山，我们应当给以总结，继承这一份珍贵的遗产"[1]。而对待传统文化的态度和方法，则应该坚持用马克思主义的方法"剔除其封建性的糟粕，吸收其民主性的精华，是发展民族新文化提高民族自信心的必要条件；但是决不能无批判地兼收并蓄。必须将古代封建统治阶级的一切腐朽的东西和古代优秀的人民文化即多少带有民主性和革命性的东西区别开来。中国现时的新政治新经济是从古代的旧政治旧经济发展而来的，中国现时的新文化也是从古代的旧文化发展而来的，因此，我们必须尊重自己的历史，决不能割断历史。但是这种尊重，是给历史以一定的科学的地位，是尊重历史的辩证法的发展，而不是颂古非今，不是赞扬任何封建的毒素。对于人民群众和青年学生，主要地不是要引导他们向后看，而是要引导他们向前看"[2]。在党的七大，毛泽东对文化的态度再次强调既不能一概排斥，也不能盲目搬用，而是批判地接收，以利于推进中国的新文化建设发展。可以说，毛泽东"对于处理传统文化基本原则的正式表述标志着批判继承原则已经开始成为中国共产党对待传统文化的根本理念。而且，这一理念为新中国建立初期党的思想文化工作的顺利展开奠定了重要基础"[3]。

之后，在社会主义革命和建设时期，中华人民共和国的成立翻开了中国历史崭新的一页，对于中华优秀传统文化的传承与发展也进入一个新的

---

[1] 《毛泽东选集》（第2卷），人民出版社，1991，第533~534页。
[2] 《毛泽东选集》（第2卷），人民出版社，1991，第707~708页。
[3] 顾友仁：《中国共产党之传统文化观的历史建构》，《福建论坛》（人文社会科学版）2011年第7期。

阶段。在这一时期，由于党作为执政党在如何建设社会主义国家方面没有经验可循，使得社会主义的建设发展出现了严重挫折，相应的在推进中国传统文化的传承发展方面也受到了很大影响。新中国成立后，以毛泽东同志为代表的党的第一届中央领导集体十分关注文化建设，1956年毛泽东提出了著名的"百花齐放，百家争鸣"的"双百"方针，强调文化要"为人民服务、为社会主义事业服务"，为正确处理传统文化与社会主义文化的关系提供了根本遵循。这之后，毛泽东多次发表对于传统文化的态度，指出"封建时代"的文化不全是落后愚昧，蕴含着优秀的观点和智慧，对待传统文化要坚持辩证地分析、批判地接受，吸收其精华，摒弃其糟粕，推进新文化的发展。1956年9月27日，中国共产党第八次全国代表大会通过的《关于政治报告的决议》申明："对于中国过去的和外国的一切有益的文化知识，必须加以继承和吸收，并且必须利用现代的科学文化来整理我国优秀的文化遗产，努力创造社会主义的民族的新文化。"1957年中国社会主义建设进入艰辛探索时期，历经十年动乱的曲折发展时期毛泽东的传统文化观也发生了转变，一定程度上背离了正确认识，形成了"唯上""唯书""轻实"的教条主义倾向，这一时期传统文化的弘扬和发展受到了很大影响。

粉碎"四人帮"，"文革"结束后的两年间，中国处在面临何去何从的重要历史关头，以邓小平为代表的老一辈革命家支持并鼓励了全国范围内的"关于真理标准问题的大讨论"，逐步实现了思想上的拨乱反正，同时也确立了对于传统文化的正确态度，即辩证地"划清文化遗产中民主性精华同封建性糟粕的界限"[①]，在文化上"坚持百花齐放、推陈出新、洋为中用、古为今用"的方针。可以说，党在这一时期对于传统文化传承和发展的问题有了进一步的认识，形成了继承和弘扬优秀传统文化的科学态度。这以后，伴随着中国综合国力的不断提高，中国共产党转换视角，将文化建设看作治国理政的重要软实力，大力推动文化为发展现代化社会、建立现代化国家服务，厚植中华优秀传统文化内涵。党的十四大更是明确提出

---

① 《邓小平文选》（第2卷），人民出版社，1994，第335页。

"继承和发扬中华民族优良的思想文化传统"①,发出了大力弘扬中国优秀传统文化的明确信号。面对这一时期中西思想的激烈碰撞所导致的对于传统文化的背离,江泽民同志提出:"要积极吸收我国历史文化和外国文化中的一切优秀成果,坚决摒弃一切封建的、资本主义的文化糟粕和精神垃圾,当前在这个问题上,要特别注意反对那种全盘否定中国传统文化的民族虚无主义和崇洋媚外思想。"② 同时,党的十四届六中全会《关于加强社会主义精神文明建设若干重要问题的决议》提出,要以"继承和发扬民族的优秀文化传统和党的优良传统"为重要方针,将"继承发扬民族优秀文化传统"作为"我们的文化事业"保持"健康发展,愈益繁荣"的根本举措。③ 1997年党的十五大进一步指出,"有中国特色社会主义的文化,……渊源于中华民族五千年文明史"④,建设有中国特色社会主义的文化,就要"建设立足中国现实、继承历史文化优秀传统、吸收外国文化有益成果的社会主义精神文明"⑤。党的十六大以来,以胡锦涛同志为代表的中国共产党人继续赓续对传统文化的继承和发扬,以运用传统文化为核心主旨,使中华优秀传统文化获得时代发展的崭新内涵,成为21世纪中国历史性崛起的精神动力和精神源泉。胡锦涛同志指出,要"坚持古为今用、推陈出新,大力发扬中华文化的优秀传统,大力弘扬中华民族的伟大精神,使中华民族的优秀文化成为新的历史条件下鼓舞我国各族人民不断前进的精神力量"⑥。同时,将社会意识形态建构的方方面面与中华优秀传统文化进行融合,将对中华优秀传统文化的弘扬发展与建设中国特色社会主义现代化国家进行结合。而党的十七大更是明确将文化作为国家发展的重要软实力,提出了"弘扬中华文化,建设中华民族共有精神家园"的重要

---

① 《江泽民文选》(第1卷),人民出版社,2006,第239页。
② 中共中央文献研究室编《十三大以来重要文献选编》(中),人民出版社,1991,第627页。
③ 全国思想文化工作科学专业委员会编《中国思想文化工作年鉴(1997)》,中共中央党校出版社,1998,第78页。
④ 《江泽民文选》(第2卷),人民出版社,2006,第32~33页。
⑤ 《江泽民文选》(第2卷),人民出版社,2006,第18页。
⑥ 胡锦涛:《始终坚持先进文化的前进方向 大力发展文化事业和文化产业》,《中国教育报》2003年8月13日。

第三章 中华优秀传统伦理文化融入高校思政课的原则和要义

指示。这之后，党的十八大从"三个倡导"层面凝练出社会主义核心价值观，将中华优秀传统文化视作涵养社会主义核心价值观的重要源泉，充分表达了中华优秀传统文化的深刻意蕴，推动了中华优秀传统文化的进一步弘扬和发展。

进入新时代，以习近平同志为核心的党中央在继承党成立以来形成的传统文化观的基础上，秉承"古为今用、推陈出新，有鉴别地加以对待，有扬弃地予以继承"的传统文化观，围绕举旗帜、聚民心、育新人、兴文化、展形象的使命任务，继续坚定不移地注重发扬中华优秀传统文化的精神价值，"坚守中华文化立场，立足当代中国现实，结合当今时代条件，坚持为人民服务、为社会主义服务，坚持百花齐放、百家争鸣，坚持创造性转化、创新性发展，发展'三个面向'的先进文化，激发全民族文化创造活力，更好构筑中国精神、中国价值、中国力量，使全体中华儿女在共同的旗帜下团结奋斗，意气风发地走在中华民族伟大复兴的大道上"[①]，有力展现了中华优秀传统文化在推进国家治理体系和治理能力现代化进程中的重要支撑作用，成为新时代民族复兴的深刻文化理据。2019年，党的十九届四中全会在国家制度建设中部署了中华优秀传统文化传承发展工程；2021年，习近平总书记在建党一百周年纪念大会上的重要讲话中提出了"马克思主义同中华优秀传统文化相结合"的新命题，党的二十大更是强调"坚持和发展马克思主义，必须同中国具体实际相结合"，进一步凸显了中华优秀传统文化在马克思主义中国化过程中的重要地位。可以说，中国共产党正是在一步一步的实践探索中，明确了中华优秀传统文化的价值和意义，使中华优秀传统文化在时代发展和治国理政的发展中不断焕发出蓬勃的生机活力，推动了中华优秀传统文化的创造性转化和创新性发展。

经由上述不同时期党领导下对传统文化弘扬发展历史的梳理可以得出，我们党领导和推进马克思主义中国化过程始终需要与中华优秀传统文化相结合，努力实现传统文化的创造性转化和创新性发展，同时，中华优

[①] 光明日报评论员：《坚持和完善繁荣发展社会主义先进文化的制度——七论学习贯彻党的十九届四中全会精神》，《光明日报》2019年11月7日。

| 中华优秀传统伦理文化融入高校思政课教学创新研究 |

秀传统文化也面临着如何适应我国社会主义现代化建设发展需要的问题，更好地与中国特色社会主义政治、经济发展需要相融合。正是因为此，"中国传统文化亟须创新和发展，需要赋予其新的时代内涵和现代表达形式，使之以马克思主义为指导的现实文化相容相通，共同服务于建设中国特色社会主义和实现中华民族伟大复兴的历史任务"①。作为中华优秀传统文化重要组成部分的中华优秀传统伦理文化，高校思政课教师在将其融入课程教学中时，要始终结合党对文化传承发展的历史进行有针对性的文化创造性转化和创新性发展。一是要基于教材内容，在吃透教材的基础上以党在历史上对于传统文化的探索实践为指引，选取恰当的中华优秀传统伦理文化内容运用到课堂教学中，要避免犯无限夸大中华优秀传统伦理文化作用的"文化万能论"错误，同时也要尽可能从马克思主义中国化和民族伟大复兴发展的需要出发，赋予中华优秀传统伦理文化以价值意义，使青年学生认识到中华优秀传统伦理文化的重要性。二是要以提升教学有效性为主旨，将中华优秀传统伦理文化融入思政课，其目的在于做好高校思想政治教育，用中华优秀传统伦理文化的深邃内涵滋养青年，培育时代新人，同时也是引导时代青年学生认识到党与延续中华优秀传统伦理文化千年文脉有着密不可分的关系，中华优秀传统伦理文化能够始终焕发出时代生机，具有强大的文化生命力，根本在于我们党始终坚持将中华优秀传统伦理文化看作民族延续的精神支撑，看作推进马克思主义中国化的灵魂构成。1943年5月，毛泽东在主持起草的《关于共产国际执委主席团提议解散共产国际的决定》中指出："中国共产党人是我们民族一切文化、思想、道德的最优秀传统的继承者，把这一切优秀的传统看成和自己血肉相联的东西，而且将继续加以发扬光大。中国共产党近年来所进行的反主观主义、反宗派主义、反党八股的整风运动，就是要使马克思列宁主义这一革命科学更进一步地和中国革命实践、中国历史、中国文化深相结合起来。"② 在中国特色社会主义建设过程中，党时刻坚持将中华优秀传统伦理

---

① 杨瑞森：《关于正确对待和评价中国传统文化的两个认识问题》，《思想理论教育导刊》2015年第5期。
② 中共中央文献研究室编《建党以来重要文献选编（1921~1949）》（第二十册），中央文献出版社，2011，第318~319页。

文化融入社会、经济、政治的方方面面,"成为经济发展的'助推器'、政治文明的'导航灯'、社会和谐的'黏合剂'"①,从而使中华优秀传统伦理文化成为"中国之治"的有益思想启迪。可以说,中华优秀传统伦理文化以其深邃的思想、永恒的智慧价值,为中国之治克服种种困难、永续前行提供了不竭的精神力量。在思政课的教学中,教师要积极探索优秀教学案例,以中华优秀传统伦理文化的传承弘扬来进一步确证坚持党的领导的重要性,更好地拥护党的领导。三是要以文化传承发展为目标,通过高校思政课的引导不断启发青年学生主动融入对于中华优秀传统伦理文化的创造性转化和创新性发展中。习近平总书记指出,"每一种文明都延续着一个国家和民族的精神血脉,既需要薪火相传、代代守护,更需要与时俱进、勇于创新"②。青年是未来传统伦理文化传承发展的生力军,在广大青年学生的求学阶段,特别需要经由高校思政课的教学使青年学生明晰文化传承发展的正确方向,主动做中华优秀传统伦理文化的传承者和践行者。在这个过程中,高校思政课教师要立足于"教材—案例—教学"三位一体的教学模式,解除学生当前对于文化传承发展的诸多困惑,在"古与今""西与中"的相互辩证中,不断树立文化自信,明晰自身的使命职责。

(三)以思政课教师为主导,实现"教材—案例—教学"三位一体有效统一

将中华优秀传统伦理文化融入高校思政课,提升教学效果关键还在于教师。思政课教师既要精准判断教材内容并有针对性地将中华优秀传统伦理文化作为自身教学的有益补充,同时也要充分发挥出课堂教学的主导作用,在运用中华优秀传统伦理文化进行课堂教学时,将教师的主导作用与学生的主体作用有效结合,更好地发挥高校思政课立德树人的任务。

一方面,以学科内容和课程目标相融合的教材为基本导向,深度解析教材内容,凝练基本框架,在提供深刻的马克思主义学理支撑的前提下,建构适宜并具有典型性的中华优秀传统伦理文化的教学案例,在对案例的

---

① 习近平:《之江新语》,浙江出版联合集团、浙江人民出版社,2007,第149页。
② 习近平:《在联合国教科文组织总部的演讲》,《人民日报》2014年3月28日。

不断解读中使学生深刻领会中华优秀传统伦理文化的精神要义，以达到固本铸魂、入脑入心的教学目的和引领世界观、人生观、价值观的思想政治教育主旨。

思政课教师要设置教材、理论、案例三要素核心关联，做好教学准备。首先，将教材的理论点作为中华优秀传统伦理文化教学案例准备的出发点。经由几千年积淀而形成的中华优秀传统伦理文化内容十分博大，涉及个人、社会、国家道德伦理的方方面面，相应的也必然会与四门思政课教材内容的诸多方面产生关联。为此，思政课教师要善于精耕细作教材，从现有教材内容中提炼出与之相对应的教学理论点，并以此为基础去设计教学案例、分析教学案例、解读教学案例，从而使教学案例始终围绕着教材内容而展开。在此过程中，切忌为了将中华优秀传统伦理文化融入课堂而做强硬性处理，要始终秉持提升课堂教学实效以及学生有所获得的原则，在向学生进行知识灌输的同时，不断挖掘能结合马克思主义的世界观和方法论的教材内容，引导学生对中华优秀传统伦理文化进行反思，用思政课的理论魅力结合中华优秀传统伦理文化的内涵去影响学生，使之对中华优秀传统伦理文化产生认同进而树立文化自信。其次，经典案例的设计要有明确的问题导向，思政课教师要在脑海中始终秉持一根主线，即要从维护国家意识形态安全、文化安全，提升国家文化软实力角度出发，以满足青年学生成长成才需要为遵循，做好青年大学生价值引领、知识传授、能力培养相统一的目标来精心设计教学案例。一是将中华优秀传统伦理文化融入思政课的教学案例要从宏观视域出发，思政课教师要站在意识形态的高度向青年学生表达中华优秀传统伦理文化的重要性，使学生认识到中华优秀传统伦理文化与国家建设发展方方面面所具有的关联性，并能将其作为一种文化软实力使学生正视中华优秀传统伦理文化的意义，彰显中华优秀传统伦理文化的功用。二是将中华优秀传统伦理文化融入思政课要从微观视域入手，思政课教师要认真了解当前青年大学生对于中华优秀传统伦理文化的认知情况，结合学生重点关注的问题，如"中华优秀传统伦理文化与治国理政之间的关系是怎样的""中华优秀传统伦理文化对我们自身个人成长有何意义""我所不了解的中华优秀传统伦理文化盲点在哪""中华优秀传统伦理文化与马克思主义有什么关系"等来精心设计教学案例，在此基础上帮助学生深入认知中华优秀传统伦理文化。在这一方面，教师可以充分发挥青年学生的主体性作用，在课后探究其最为感兴趣的关于中华优秀传统伦理文化的内容，将此在课堂教学中作为案例回应学生的学习期待。通过宏观和微观的不同设计导向，实现将中华优秀传统伦理文化融入思政课教学的实效性。

另一方面，以思政课教师为主导，加强自身中华优秀传统伦理文化的积累，对挖掘出的优秀传统伦理文化的育人价值进行诠释，精心做好教学案例的研发，不断丰富扩展思政课的教学内容。"教师是思想政治理论课的具体实施者和组织者，是教育内容的实际表达者和传授者"[1]，无论从教师教学的内容、教师教学的方式还是教师自身话语和行为的影响力上看，思政课教师都会对思政课的价值实现产生重要作用。因此，将中华优秀传统伦理文化融入思政课教学并实现良好育人效果，需要从教师层面入手，充分实现中华优秀传统伦理文化"以文化人"的重要价值。

首先，思政课教师要注重教学内容的创新。当前思政课在对大学生进行马克思主义意识形态教育和马克思主义理论知识传授的同时，要有所侧重地进行人文知识讲解和人文素质培育，思政课教师需要在遵循四门思政课教学大纲的前提下，对所要讲授的教材内容进行再创新，以巧妙的教学内容设计将人文知识与思政课的教学内容相结合，打通知识的壁垒，使思政课所要讲授的知识达到精巧输出，"以透彻的学理分析回应学生，以彻底的思想理论说服学生，用真理的强大力量引导学生"[2]，进而实现对大学生思想政治教育及人文素质教育的目标，寓价值观引导于知识传授之中。

其次，思政课教师要深化教学方式的创新。充分用好中华优秀传统伦理文化融入高校思政课教学，关键要在教学方式方法上下功夫，采用青年大学生喜闻乐见的方式将思政课小课堂同社会的大课堂进行结合，以增强中华优秀传统伦理文化在思政课课堂中的吸引力、影响力和感召力，使大学生自愿接受和认同中华优秀传统伦理文化的重要性，并对思政课充满期待，产生深刻的学习体验。在这个过程中，通过教学方式适当地转变，使

---

[1] 吴林龙：《高校思想政治理论课教师的话语权及其提升策略》，《思想理论教育》2018年第11期。
[2] 习近平：《思政课是落实立德树人根本任务的关键课程》，《求是》2020年第17期。

学生产生学习中华优秀传统伦理文化的兴趣,充实对中华优秀传统伦理文化知识的了解。当然,无论是运用何种具有新时代特征的教学方式,其最终目的都只是为思政课的教学内容服务,切记不可把中华优秀传统伦理文化教学视为教学的主导问题,进而舍本逐末,违背思政课马克思主义意识形态教育的初衷。除此之外,在教学环境、教学评价等方面,思政课教师都要予以不断地创新思考,全程发力,进而打造中华优秀传统伦理文化融入高校思政课的高阶课堂,形成实质性和实效性的育人效果。

最后,思政课教师要加强自身建设。对于新时代的大学教师而言,加强自身建设是必不可少的一种修养。"一位优秀的大学教师,一定要具有学术修炼基础上的高深的思想、稳定的价值观念、坚定不移的人生信念,只有具备这些素质才能使学生感到教师的可敬、可信、可爱。"[1] 特别是对于思政课教师而言,他们既是学生思想的引路人,同时也是学生行为道德规范的影响者,是学生人文素质养成的推动者,对大学生形成正确的世界观、人生观、价值观十分重要。而将中华优秀传统伦理文化融入高校思政课要想取得良好的教学效果,做到教学内容的"稳、准、精",特别需要思政课教师在加强自身传统文化素质方面下足功夫,给学生心灵埋下真善美的种子,引导学生扣好人生第一粒扣子。

可以说,将中华优秀传统伦理文化融入思政课教学,思政课教师是主导,是关键,是核心,是决定中华优秀传统伦理文化融入思政课效果的重要一环。正如崔建霞老师等所言:"为优化教学实效,教师备课必须认真、仔细、精心、尽力,做到深度研发案例,认真推敲内容,精心设计程序,用心锤炼语言,确保自身观点简洁有力、逻辑严密。"[2]

二 以案例为依托将中华优秀传统伦理文化融入高校思政课的核心要求

为了更好地将中华优秀传统伦理文化融入高校思政课教学,提升思政课的教学效果,凝练适合于高校思政课教学的中华优秀传统伦理文化教学

---

[1] 程美东:《让真理和思想的光辉照亮思想政治理论课课堂——基于2017年教育部思想政治理论课大听课的一点思考》,《思想教育研究》2017年第7期。
[2] 崔建霞等:《新时代高校思想政治理论课案例教学指南》,人民出版社,2018,第245页。

案例成为必然之举。可以说,"案例的研发是案例教学课前阶段最为重要的环节,关乎案例教学的成败,要把案例教学的潜在优势转化为实实在在的教学效果,必须将研发、甄选优质的教学案例置于首位"[①]。

(一) 教学案例要围绕新时代背景,立足于现实境况

立足于新时代,中华优秀传统伦理文化呈现出的教学案例必须要具有时代视域,做出与时俱进的探索,这本身即是对中华优秀传统文化创造性转化和创新性发展的有效回应。时代是思想之母,党百年执政成功很大程度上在于坚持从中国现实语境出发,立足于时代之问,解答时代难题。毋庸置疑,作为党意识形态教育的主渠道课程,高校思政课只有落脚于中国现实问题,回应社会发展以及思想之思的方方面面,体现出思政课强大的解释力和阐释力,才能让广大青年学生信其道,并在实践中坚持和运用思政课所学习的世界观和方法论去认识问题和解决问题。

党和国家一直高度关注中华优秀传统文化的传承和发展、转化和创新问题,并随着时代发展的需要,不断调整关于中华优秀传统文化教育的政策,先后出台了《关于进一步加强和改进学校德育工作的若干意见》《关于进一步加强和改进大学生思想政治教育的意见》《关于进一步加强和改进高等学校思想政治理论课的意见》,以及《完善中华优秀传统文化教育指导纲要》《关于实施中华优秀传统文化传承发展工程的意见》《新时代爱国主义教育实施纲要》等文件。在这些文件中,坚持立足于时代发展的需要,重述中华优秀传统文化的重要价值,并以马克思主义的世界观和方法论对其进行引导,一以贯之地、系统地对中华优秀传统文化进行传承弘扬。

将中华优秀传统伦理文化融入高校思政课并研发相应的教学案例必须要围绕新时代背景,这既是文化"双创"之需,同时也是青年学生求知之需。

首先,围绕时代发展进行关涉中华优秀传统伦理文化的案例研发是回应新时代发展,教学思想与时俱进的重要体现。恩格斯曾指出:"所谓'社会主义社会',不是一成不变的东西,而应当和任何其他社会制度一

---

① 崔建霞等:《新时代高校思想政治理论课案例教学指南》,人民出版社,2018,第245页。

样,把它看成是经常变化和改革的社会。"[①] 这表明中国特色社会主义社会并不是一成不变的,而是会随着时代的发展不断发生改变。这就要求思政课教师能够正确认识和把握中国特色社会主义发展进程中所处的时代定位,对我国社会主义发展阶段作出准确的判断。而相应的,将中华优秀传统伦理文化融入思政课进行案例研发和设计也应基于时代发展现实。作为经典型的案例,中华优秀传统伦理文化虽历经千年洗礼,但仍具有重要的教育价值,是人类世代思想意识的精华,这种思想不但具有中国价值,更具有世界价值。因此,如何挖掘好中华优秀传统伦理文化的新时代价值就具有重要意义。那么,该如何对具有悠久文化历史积淀的传统伦理文化做出回应时代的案例思考呢?一个重要的视域即立足于新时代的发展诉求塑造经典案例的典型性价值,例如,可以全面深入地挖掘中华优秀传统伦理文化中的爱国主义思想,爱国主义是中华民族的民族心、民族魂,是中华民族最重要的精神财富,是维系民族团结统一和激励中华儿女为祖国繁荣发展自强不息不懈奋斗的精神源泉。在研发教学案例时便可以从中华优秀传统伦理文化中溯源爱国主义的历史人物、历史事件以及思想内涵,并经由时代推演落脚到新时代关涉爱国主义的时代典型事例,用新时代回应古时代,引发学生思考"在新时代的今天我们为什么仍旧需要爱国主义"以产生良好的案例教学效果。

其次,围绕时代发展进行关涉中华优秀传统伦理文化的案例研发,是推动中华优秀传统伦理文化实现创造性转化和创新性发展的时代需要。毛泽东同志曾经指出:"一定的文化(当作观念形态的文化)是一定社会的政治和经济的反映,又给予伟大影响和作用于一定社会的政治和经济。"[②] 文化作为一种社会意识形态,发挥出其精神意义和价值,最为重要的在于要结合时代需要,不断赋予其新的时代内涵,这是历史唯物主义的必然要求。产生于古代时期的中华优秀传统伦理文化曾经展现出巨大的人文价值和道德意义,如今,随着时代的发展,中国特色社会主义已经进入了新时代,新的时代历史方位必然会产生出新的时代问题,也必然会对中华优秀

[①] 《马克思恩格斯全集》(第37卷),人民出版社,1971,第443页。
[②] 《毛泽东选集》(第2卷),人民出版社,1991,第663~664页。

第三章 中华优秀传统伦理文化融入高校思政课的原则和要义

传统文化提出新的要求。正如习近平总书记所指出："当代中国正经历着我国历史上最为广泛而深刻的社会变革，也正在进行着人类历史上最为宏大而独特的实践创新。这种伟大实践必将给文化创新创造提供强大动力和广阔空间。"① 让中华优秀传统伦理文化在新时代焕发出勃勃生机，展现出时代新形态，成为凝聚共识、解决道德危机、汇集治国之方、化解文明冲突的智慧之源是极为重要的。为此，必须要对中华优秀传统伦理文化进行"创造性转化"和"创新性发展"。而显然，进行关涉中华优秀传统伦理文化的案例研发也必须要以此为遵循。一方面，对于"创造性转化"，思政课教师在进行案例研发时要以能激活中华优秀传统伦理文化的生命力为目标指向，重点研发经由思政课的讲授和解读，可以使中华优秀传统伦理文化在青年学生中"活起来"的案例，即广大青年学生自愿接受并存于自身的精神意识之中，外化于行，使中华优秀传统伦理文化能够成为青年学生精神认知的一部分，"日用而不觉"。在这个过程中，思政课教师要做到"心中有数"，要做好标准的确立，并进行整理和鉴别。在标准确立方面，要以能够反映时代诉求，并具有重要的时代意涵为标准。李宗桂老师曾专门探讨了中华优秀传统文化的评价标准问题。他指出，适应时代需求、推动社会发展、经受实践检验、有助文化认同、促进民族团结、提供精神支撑、助力民族复兴、有益世界文明是判断文化优秀与否的评价标准。② 作为中华优秀传统文化重要组成部分的中华优秀传统伦理文化同样需要以此为标准，聚焦其中所彰显出的"伦理"意义和"道德"诉求。在整理鉴别方面，思政课教师要善于有鉴别地抓主流、抓主要矛盾，按照文化发展的脉络提取中华优秀传统文化中的"伦理"精神内核和核心价值，并按照教学内容和教学设计做好主次划分，形成重要的教学资源，并经由独具匠心的设计，按照具有现代意味、符合青年学生知识追求的要求形成中华优秀传统伦理文化融入思政课的有效案例。另一方面，对于"创新性发展"，思政课教师在进行案例研发时要以能增强中华优秀传统伦理文化影响力和感召力为目标指向，重点研发经由思政课课堂的讲授和解读，可以使青年

---

① 《习近平关于社会主义文化建设论述摘编》，中央文献出版社，2017，第180页。
② 李宗桂：《试论中国优秀传统文化的评价标准》，《社会科学战线》2017年第8期。

中华优秀传统伦理文化融入高校思政课教学创新研究

学生了解中华优秀传统伦理文化的丰富精神世界，提高精神素养，增强文化自信的案例。在这个过程中，思政课教师要做好"创造性转化"和"创新性发展"的接续，特别是对于中华优秀传统伦理文化在思政课中的"创新性发展"，"要善于把弘扬优秀传统文化和发展现实文化有机统一起来，紧密结合起来，在继承中发展，在发展中继承"①，要在案例设计中主动将中华优秀传统伦理文化与当今社会主义文化进行融合，同时还要将其与培育社会主义核心价值观融合起来，同马克思主义中国化统一起来，进而在"三个方面"的统一中，产生"化学"反应，使教学案例设计达到理想效果。在这个过程中，思政课教师切不可狭隘化理解中华优秀传统伦理文化内涵，可以在保持中华优秀传统伦理文化旧有理念的基础上，不断赋予其崭新内涵。例如，对于爱国，不同的时代关于爱国的理念是不同的，在新时代，在思政课开展爱国主义教育要对其进行"创新性发展"，结合中华优秀传统伦理文化中的爱国理念，将其融合于新时代的爱国主义，完善其精神要义。

最后，围绕时代发展进行关涉中华优秀传统伦理文化的案例研发是破解学生疑问、培育学生时代责任感的重要之举。增强高校思政课的针对性和实效性一直以来都是一个思政课教师长期困扰和主要关注的核心问题。从思政课多年发展的现实看，其实常常是在不断破解学生心中思想困惑的过程中独显其课堂教学效果的，而青年学生的思想困惑显然更多的是来自对于他们所处的这个新时代的所思所想。正因为此，围绕时代发展进行关涉中华优秀传统伦理文化融入高校思政课的案例研发，就必须要以破解青年学生心中疑问为导向。作为思政课教师，做好案例的研发首先即是要走进学生，了解学生关于中华优秀传统伦理文化的疑问究竟在何处，是疑问于中华优秀传统伦理文化的"过时"、疑问于中华优秀传统伦理文化内涵的"不解"，还是疑问于中华优秀传统伦理文化的"实用何在"、疑问于中华优秀传统伦理文化的"现实价值"，如此等等。只有先了解了广大青年学生的知识"痛点"，才能从理念、内容、方式上进行案例研发的创新和突破，从而将教学案例深度嵌入思政课的课程体系，真正实现"如盐入

---

① 习近平：《在纪念孔子诞辰 2565 周年国际学术研讨会暨国际儒学联合会第五届会员大会开幕会上的讲话》，《人民日报》2014 年 9 月 25 日。

水"般的课堂育人效果。同时,思政课教师在进行案例研发时,要善于抓住时代发展的热点问题与中华优秀传统伦理文化进行结合,使这些社会热点问题能够成为反哺课堂教学的切入点。将中华优秀传统伦理文化与社会现实热点问题相融合,可以使中华优秀传统伦理文化产生接地气的效果,有助于青年学生加强对中华优秀传统伦理文化的再认识,同时,也是中华优秀传统伦理文化回应时代之问,直面新时代中国特色社会主义社会发展在经济、政治、文化、生态、社会等方方面面以及国家、社会、个人层面需要的必然之举,而在运用中华优秀传统伦理文化与社会热点融合的案例时,会不断加强青年学生与社会的紧密联系,使其通过中华优秀传统伦理文化修身治世的道德精神与时代发展产生共鸣,培养青年学生成为关心国家、关心社会、关心他人的具有社会责任感和使命担当意识的时代新人,成为社会主义建设者和接班人。

需要特别指出的是,高校思政课教师进行中华优秀传统伦理文化融入思政课的案例研发要坚持"实事求是"的精神,既指出中华优秀传统伦理文化对于新时代发展所具有的重要价值和时代意义,同时还应客观地指出当前新时代中华优秀传统伦理文化传承弘扬所面临的问题与不足。唯有如此,才能更好地激发起青年学生对于中华优秀传统伦理文化的思考,主动成为新时代中华优秀传统伦理文化的积极弘扬者和主动践行者,为中华优秀传统伦理文化的"创造性转化"和"创新性发展"贡献力量。

(二)教学案例要聚焦教学重点与难点,坚持以学习者为中心

中华优秀传统伦理文化融入高校思政课的案例研发要坚持以问题性为原则,聚焦教学中的重点与难点问题,"围绕教材的重点难点问题研发案例,以案说理,把政治命题与学术命题很好地结合起来,把理论思辨与人生反思紧密联系起来,把教材中的理论要点转化为现实问题,以案例的形式呈现,让学习者带着问题学习,学习者就不再是被动的接受者,而是主动的参与者,教师直面现实,探究历史,不回避对重点难点问题的详细论述,触及学习者的灵魂深处"[①]。每一门思政课在教学过程中在不同的章节

---

① 崔建霞等:《新时代高校思想政治理论课案例教学指南》,人民出版社,2018,第163页。

都会面临诸多方面的重点与难点，在这些众多重点难点问题中，一定会有与中华优秀传统伦理文化思想相关联的内容，高校思政课教师需要抓住重点难点问题来进行中华优秀传统伦理文化思想的教学融入。例如，在四门思政课中，"思想道德与法治"课程，与中华优秀传统伦理文化具有相关性的教学重点和难点可以为"社会主义核心价值观培育""锤炼青年学生的道德品格"；"中国近代史纲要"课程，与中华优秀传统伦理文化具有相关性的教学重点和难点可以为"反侵略战争的失败与民族意识的觉醒""抗日战争的胜利及其意义"；"毛泽东思想和中国特色社会主义理论体系概论"课程，与中华优秀传统伦理文化具有相关性的教学重点和难点可以为"以德治国""树立文化自信""建构人类命运共同体""建构和谐社会"；"马克思主义基本原理概论"课程，与中华优秀传统伦理文化具有相关性的教学重点和难点可以为"经济基础与上层建筑的辩证关系""发挥人的意识主观能动性""人民群众在历史发展中的作用""共产主义崇高理想及其最终实现"等。思政课教师在进行教学案例的研发和设计时，要尽可能地将思政课教学内容的理论抽象性与中华优秀传统伦理文化的人文精神价值性紧密结合起来，将教学中知识点的惯常性输出经由教学案例恰到好处地引导实现教学效果的升华，促进思政课教学中价值引领、知识传授与能力培养的高度统一。此外，思政课教师在进行教学案例的研发时，还可以结合教学重点难点问题，发动学生搜集资源，进行教学问题的整理，这些通过学生整理的资源和问题经由教师进行统一归纳和升华，最后可成为课堂中最为经典的案例。

与此同时，思政课教师在进行中华优秀传统伦理文化融入思政课教学案例的设计和研发时，还应坚持以学生为中心，尽可能地反映学生的思想认识，并结合学生的学习兴趣，做到有的放矢。无论何种教学案例的研发，其最终的落脚点都要体现在向学习者倾斜，尽可能地围绕青年学生的学习兴趣来进行，以形成最小的抵触和最大的接受这一教学理想状态。

一方面，思政课教师在进行案例研发时，以青年学生的思想认识为出发点，要研发能与青年学生形成同频效应的经典案例，使青年学生在学习过程中，最大化地产生思想共鸣，形成价值共识。例如，在中华优秀传统伦理文化中有很多关于刚健自强的道德精神，对古人安身立命、为人处世

第三章 中华优秀传统伦理文化融入高校思政课的原则和要义

产生了深远的影响。现代社会伴随着时代节奏的加快，很多青年学生出现了"躺平"的人生观，在他们看来"躺平才是宇宙客观的唯一真理"，"选择躺平，不再恐惧"。面对与时代发展主旋律相背离的人生观，"躺平"的思想越来越影响一批青年学生，造成很多青年学生在面对这一问题时产生了思想困惑。针对这些思想困惑，思政课教师在进行教学案例设计时可以很好地运用中华优秀传统伦理文化中的资源，有力回应青年大学生对于"躺平"人生观的认识，做好青年大学生积极进取人生观的引导。

另一方面，思政课教师在进行中华优秀传统伦理文化融入思政课教学案例的研发时，还需要尽可能地研发与青年学生学习兴趣相关联的案例，改变以往教学案例铺大饼式地"大水漫灌"，而改为"精准滴灌"。例如，对于某些理工科类的院校学生而言，由于传统教育的思维惯式，他们对于中华优秀传统伦理文化了解不多，但却特别喜欢深入探究现实问题，关注国家的发展大势并将其与国际问题相联系，对于前沿发展问题兴趣盎然。针对于此，面对理工科类青年大学生时，思政课教师可以研发侧重于将中华优秀传统伦理文化与社会现实问题相结合的案例，并针对此话题展开多方面的课堂讨论，在思想的相互碰撞和相互启发中，实现理工科院校青年学生对于中华优秀传统伦理文化的了解和认同。而对于人文类专业的青年大学生，由于其具备较好的人文知识背景和相应的知识积累，思政课教师在进行教学案例研发时，就要深挖中华优秀传统伦理文化思想的深度和广度，尽可能地研发一些人文类专业学生较少触及的关涉中华优秀传统伦理文化的知识内容，例如荀子的"荣辱观"、庄子的"生死观"等，让人文类专业学生在触及知识"盲点""大开眼界"的思想碰撞中，提高学习中华优秀传统伦理文化的兴趣，提高课堂教学的有效性。可以说，兴趣是最好的思政课课堂引导剂，只有在课堂教学中真正地从学习者的角度出发，认真研发每一个针对不同类型学生的教学案例，变"千人一案"为"分类设案"，才能真正实现好精准教学。但应该注意的是，围绕思政课课程教学大纲的要求、实施中华优秀传统文化传承发展工程的教育要求以及大中小思政课一体化建设要求等，在研发中华优秀传统伦理文化融入思政课的案例时，还应该坚持一以贯之地精心设计。选取的案例在不拘泥于教材的基础上，认真研读小初高三个阶段的思政课课本，根据学生不同学年段的认知水平、学生成长规律，按照由浅入深、循序渐进的原则逐一设计好关于以"中华优秀传统伦理文化"为主题的教学案例，避免因教材内容在小初高阶段思政课不同学段的机械简单重复而导致学生的厌烦感，从而使青年学生始终保持对思政课学习的兴趣，同时还要特别注意反思教学案例是否存在某些方面的局限与问题，对案例要常常根据学生的思想变化和需要不断进行补充和完善。

（三）教学案例要基于"以文化人"，具有典型性与导向性

一个好的思政课教学案例必须要具有典型性，探索具有典型性的案例意在能够对学生产生较大的思想启发，引起学生的关注，进而做到内化于心、外化于行。同时，典型性的案例也是最能回应教学内容、最能有效破解教学重点和难点的案例，好的典型性案例不但可以在教学过程中起到事半功倍的效果，而且还能映射出较好的教学效果，打造良好的思政课教学生态。运用典型性案例来说明自己的观点是马克思善用的方法之一，在写作《资本论》时，他曾说："我要在本书研究的，是资本主义生产方式以及和它相适应的生产关系和交换关系。到现在为止，这种生产方式的典型地点是英国。因此，我在理论阐述上主要用英国作为例证。"[1] 由此可见，打造典型性案例作为思政课课堂教学切入点是十分必要的。

习近平总书记曾指出："对历史文化特别是先人传承下来的价值理念和道德规范，要坚持古为今用、推陈出新，有鉴别地加以对待，有扬弃地予以继承，努力用中华民族创造的一切精神财富来以文化人、以文育人。"[2] 进行中华优秀传统伦理文化融入高校思政课教学案例典型性的研发最为重要的是要遵循"以文化人"的价值诉求，发挥中华优秀传统伦理文化中的人文力量以文育人，培树新时代青年。要通过中华优秀传统伦理文化蕴含的精神价值滋养培育青年大学生的人文精神，增强青年大学生认识世界和改造世界的能力，凝聚民族复兴的精神力量和思想共识；要发挥中华优秀传统伦理文化润物无声的浸润力，在中华优秀传统伦理文化的滋养

---

[1] 《马克思恩格斯选集》（第2卷），人民出版社，1995，第100页。
[2] 《习近平谈治国理政》，外文出版社，2014，第164页。

中使青年大学生形成良好的人文素养，提高道德意识，不断增强时代新人的能力；要在中华优秀传统伦理文化的感染和熏陶中，提升青年大学生的道德素养，防范和化解各种复杂社会思潮给青年大学生带来的思想侵害，促进青年大学生的全面发展。

基于此，思政课教师在进行典型性案例研发时，一是要立足于教学内容，积极挖掘具有重要教学价值的中华优秀传统伦理文化思想内容。所谓"重要教学价值"，指的是集充实的思想内涵、丰富的道德底蕴、鲜明的价值导向于一身的具有精品性质的教学案例。精品性质的教学案例重在"精品"二字，能够将中华优秀传统伦理文化中核心的人文精神和道德理念以有效的方式教育给学生，不仅可以贴切地说明思政课的教学内容，反映教学内容的深刻本质，同时还可以通过思政课的课堂教育使中华优秀传统伦理文化与青年学生产生思想共鸣，引导青年学生能够将所学习到的知识主动运用在对问题的思考视域中，在面对社会主义核心价值观、以德治国、文化自信、人类命运共同体等问题时，能自觉将其与中华优秀传统伦理文化思想相结合，做中华优秀传统伦理文化的坚定信仰者和积极践行者。二是能充分运用典型性案例的特殊性，发挥出典型性案例的针对性价值。一个教学案例是否具有教学价值关键在于其是否具有针对性，通常意义上讲，越是具有典型性的案例越应该具有教学的针对性。典型性案例的针对性要注重"聚焦"，思政课教师在设计和研发教学案例时要十分清楚所要触及的教学内容是哪一门课程中的那一部分内容，这一部分内容为何可以融入中华优秀传统伦理文化，融入后所要达到的实际效果是什么。好的教学案例要含有"启发性"、"趣味性"和"契合性"。所谓"启发性"，指的是教学案例的设计和研发不是为了向学生进行中华优秀传统伦理文化思想内容的灌输，而是要透过中华优秀传统伦理文化内容引发学生的思考，学生能主动地将所讲授的案例与课堂教学内容进行结合，甚至是得出结论。"趣味性"是使教学顺畅进行的关键，思政课教师不能固化地认为在思政课的课堂进行中华优秀传统伦理文化思想的融入一定要严肃，这是一种错误的认知，其实，在思政课的教学过程中，如果能趣味性地展现出中华优秀传统伦理文化思想的内容，吸引学生主动参与到课堂教学中，不仅可以提升思政课课堂教学效果，同时也是达到以案育人目标的极好途径。

这就需要思政课教师在设计和研发教学案例时跳出固有思维，增强教学案例的趣味性。而"契合性"则是要关注教学案例设计研发的视域转向，不能否认的是，不同选题的案例具有不同的功能和作用，想要说明的教学问题具有差别性，进而会导致学生在面对不同的教学案例时所受到的启发会产生差别。思政课所运用的教学案例面对的是新时代的青年大学生，主要是"00后"的大学生群体，这类群体在前文已经表述过他们的学情特色，这就需要思政课教师在设计和研发中华优秀传统伦理文化融入思政课的教学案例时，应该尽可能地与青年学生的学习需求和认知需求相契合，使教学案例能够做到诱人深入，启发思考，给青年学生留下较多的思维和思考空间。总之，对于教学案例的研发坚持具有典型性意在增强思政课教学内容的理论解释力，凸显其示范性意义，增强青年学生的学习共鸣，产生积极的教育意义。

与此同时，在进行中华优秀传统伦理文化融入思政课教学案例的设计和研发时，还要秉持积极的价值导向，要从立德树人的教育立场和培养堪当民族复兴大任、德智体美劳全面发展的社会主义建设者和接班人的政治立场出发，从学生素质培育的路向入手，以符合新时代大学生精神特质的中华优秀传统伦理文化的诠释方式，增强大学生对思政课的获得感。使教学案例带有鲜明的价值导向性是思政课的必然要求，正如崔建霞老师等所指出的："依据价值中立原则，虽然在案例撰写上要遵从客观性要求，将案例材料客观、真实、完整地呈现给学习者，但并非在案例解读环节也是'无结论、开放式'。相反，无论案例多么纷繁复杂，根据思想政治理论课政治理念与科学观念合二为一的育人属性，需清晰明确地实现与党和国家育人目标高度一致的分析解读，实现正能量的说理和引导，突出价值导向。"[①] 由此可见，思政课教师在进行关涉中华优秀传统伦理文化融入思政课教学案例的设计和研发时必须渗透着正确价值观的导向，其中，做好意识形态的引导是关键。

我们党历来高度重视意识形态的建设工作，习近平总书记曾指出："我们在集中精力进行经济建设的同时，一刻也不能放松和削弱意识形态

---

① 崔建霞等：《新时代高校思想政治理论课案例教学指南》，人民出版社，2018，第201页。

第三章　中华优秀传统伦理文化融入高校思政课的原则和要义

工作。在这方面，我们有过深刻教训。一个政权的瓦解往往是从思想领域开始的，政治动荡、政权更迭可能在一夜之间发生，但思想演化是个长期过程。思想防线被攻破了，其他防线就很难守住。我们必须把意识形态工作的领导权、管理权、话语权牢牢掌握在手中，任何时候都不能旁落，否则就要犯无可挽回的历史性错误。"[1] 目前，在高校众多课程中，唯有思政课承担着对大学生进行全面系统的意识形态教育的任务，是培养社会主义时代新人的灵魂课程，可以说，面向青年学生进行社会主义意识形态教育是高校思政课的题中应有之义。青年是社会主义意识形态教育的重要群体，我们所要培养的青年大学生不仅要具有过硬的学识、广阔的视野，更要具有鲜明的马克思主义政治立场和正确的思想道德认知，特别是鲜明的政治立场，这是为党和国家培养社会主义建设者和接班人的关键之举，是必须要坚持的一条思想红线，这不仅是国家发展对于人才的需要，也是青年学生自身全面发展的需要。思政课要做好当代青年大学生的价值引导，不仅要在课堂教学中做好知识传授，同时也要做好鲜明的政治导向和价值观导向，使青年大学生坚定马克思主义信仰，树立科学的世界观、人生观和价值观，坚决拥护党和国家的路线、方针和政策。基于这样的认识，思政课教师在进行案例研发时，就需要始终秉持价值导向性原则，确保案例研发不偏主航、不踩红线。要将传承和弘扬中华优秀传统伦理文化与正确认识国之发展、中国特色社会主义以及树立文化自信充分结合起来，做好教学案例的思想铺设；在分析解读教学案例时，要有意识地将政治引导与中华优秀传统伦理文化进行融合，充分彰显中华优秀传统伦理文化的时代意蕴，并将中华优秀传统伦理文化与马克思主义进行充分融合，彰显其意识形态效能；而在运用教学案例时，要以学生的视角，借助于中华优秀传统伦理文化的资源构建创新性的文化话语体系，加强意识形态教育的亲和力和感染力，以丰富的中华优秀传统伦理文化资源提升价值引导的针对性和实效性。

此外，在进行中华优秀传统伦理文化融入思政课教学案例的设计和研发时，还必须做好对错误文化思潮的应对，特别是如何用中华优秀传统伦理文化回应中华优秀传统文化的虚无主义至关重要。虚无主义起源于西

---

[1] 《习近平关于社会主义文化建设论述摘编》，中央文献出版社，2017，第21页。

方，包含着存在论的虚无主义和价值论的虚无主义。存在论的虚无主义主要是指存在的无根基状态，否定存在的基础性，而价值论的虚无主义则是指最高价值的废除，否认价值的绝对性。当前对于中华优秀传统文化虚无主义主要表现在一种"全盘西化论"，这种观点全面否认中华优秀传统文化，认为中华优秀传统文化既没有解决中国当时的救亡图存道路问题，也没有解决中华文化的根本出路问题，进而由此夸大西方文化的价值和普世性；而与"全盘西化论"相伴而生的即是"全盘否定论"，这种观点以西方文化的视角来衡量和阐释中国历史和中国文化，认为中国传统文化对中国历史没有任何积极意义，甚至被冠以"封建迷信"的恶名。这种观点最大的危害即在于宣扬了一种中国文化"无根性"和"无用性"，显然是一种意图割断中国历史文化的险恶用心。面对此类错误的文化思潮，思政课必须要敢于"亮剑"，思政课教师在设计和研发教学案例时，通过案例的编写和解读，教育青年大学生善于辨别中华优秀传统文化虚无主义的错误性，树立中华优秀传统伦理文化的文化自信。一是要使青年大学生认识到党和国家如今对中华优秀传统文化是高度重视的，中华优秀传统文化一直以来对中国的历史发展有着深刻的重要意义。近年来，习近平总书记关于中华优秀传统文化和哲学社会科学的系列讲话，以及相关国家政策的出台和国家历史研究新机构的成立，均为否定中华优秀传统文化虚无主义的错误观点提供了有力证明。二是要使青年大学生认识到我们的中华优秀传统伦理文化具有重要的价值和作用，甚至可以为化解世界性难题提供思想智慧。如今，世界面临着众多棘手的问题，例如生态恶化、文明冲突、局部战争、人的物化等，中华优秀传统伦理文化中的"和合"思想、明德至善观念等都可以为解决当今世界中的诸多重大问题提供中国智慧和中国方案，成为人类共同思想的伦理动力源泉。三是要使青年学生认识到中华优秀传统伦理文化所具有的思想观念不仅能够提供个人道德境界提升的路径，而且蕴含着由个人至家庭、群体、国家乃至天下的伦理启示。思政课教师要通过这方面案例的设计、研发和解读引导青年学生学会同各种歪曲中华优秀传统伦理文化的思想做斗争，积极做中华优秀传统伦理文化的坚定信仰者和忠实维护者。

（四）教学案例要以科学性为导向，确保教学目标的明确化

思政课教师在将中华优秀传统伦理文化融入思政课教学时，要始终坚持以科学性为导向，根据思政课教育规律展开案例的设计和研发。思政课教学从本质而言是通过教育者的先知启发受教育者后知的一种教育活动，在思政课的教学过程中，教师通过自身的讲授触及学生的思想，使其能够做到学以成人、学以知世、学以有德是思政课的终极目的，这意味着思政课的教学蕴含着有助于学生成长成才、实现其人生转化的意义和价值。正如德国思想家雅斯贝尔斯所说："教育的原则，是通过现存世界的全部文化导向人的灵魂觉醒之本源和根基，而不是导向由原初派生出来的东西和平庸的知识。"[①] 中华优秀传统伦理文化由于其本身所具有的丰富精神价值和道德意蕴，能够在思政课的教学中成为有效教学的有力支撑。思政课教师在进行关涉中华优秀传统伦理文化的案例设计和研发时，就要以这种教育规律为引导，认真甄别、比较和优选适宜的有助于价值引导的中华优秀传统伦理文化的内容，使其能够与思政课的教学任务相契合，贴合教学目标。与此同时，还应看到的是，思政课的教学会存在学生认识反复、思想提升和价值转化的规律。"在思想政治理论课教学中，教师讲解和传授了一种预设的理论观点或价值观念，但它在学生头脑中形成的认识有可能是模糊的、不全面的甚至是值得怀疑的，在这样的认识基础上形成的价值观念则有可能是不稳定的。因此说，思想政治理论课教学必然包含着认识反复、思想提升和价值观念的转化，而认识的不断反复和思想价值观念的螺旋式提升就构成了思想政治理论课教学中一条基础性的教学规律。"[②] 这样一种教学规律为思政课教师在设计和研发教学案例时提供了一种思路导向，即将中华优秀传统伦理文化融入思政课教学时，教师应允许并接纳学生会对关涉中华优秀传统伦理文化思想的内容存在思想疑惑和价值困惑，会形成一定的观望和怀疑态度，这就可以在进行教学案例的设计和研发

---

① 〔德〕雅斯贝尔斯：《什么是教育》，邹进译，生活·读书·新知三联书店，1991，第4页。
② 宇文利：《努力掌握并用好思想政治理论课教学的科学规律》，《思想理论教育导刊》2017年第9期。

时，在内容上选取一些关于中华优秀传统伦理文化的敏感性内容作为教学案例。例如，中华优秀传统伦理文化是否具有共同的价值性，与西方所谓的"普世价值"有何差别；中华优秀传统伦理文化对个人成长成才有何重要意义；到底应将马克思主义作为中国特色社会主义的指导思想，还是应将中华优秀传统伦理文化作为指导思想，二者之间有何共同性等，从而在课堂教学的不断反思和追问中，形成对中华优秀传统伦理文化的认可。从现实教学实际发现，在课堂教学中，越是具有敏感性的教学案例，越容易激起学生的好奇心，提升学生的思辨能力，从而澄清青年学生的思想困惑，对青年学生产生积极的影响。如果教师在教学中只是运用平铺直叙的教学案例，试图"以案示案"，课堂教学的效果相应会大打折扣。当然，并不是说所有的教学案例都要采用具有敏感性和怀疑性的案例，思政课教师要善于根据自身的教学目标和教学内容做具体问题具体分析，准确地解读和应用教学案例。特别要注意的是，运用在思政课中的教学案例一定要真实可靠、准确无误，对于一些中华优秀传统伦理文化的内容，在课堂展示的过程中要确保来源于一手史料，同时做好辩证分析。由于中华优秀传统伦理文化思想相应地会涉及很多的古文言文，对于思政课教师而言是一个不小的挑战，这就需要思政课教师在精心设计和研发教学案例时，切记要做到对中华优秀传统伦理文化中的经典思想仔细研读和推敲，确保案例内容的准确性。唯有如此，教学案例才具有解释力和说服力，才能让学生真正信仰。

此外，思政课教师在将中华优秀传统伦理文化融入思政课教学时，还要以准确的教学目标引领教学案例的设计和研发。客观而言，思政课的教学含有三个层次的目标。最高层次的目标是要实现思政课的根本目的——立德树人，对大学生进行系统的马克思主义理论教育。中间层次的目标是要实现每门课程的任务。比如，"思想道德与法治"课程旨在"针对大学生成长过程中面临的思想道德和法律问题，有效地开展马克思主义的世界观、人生观、价值观以及道德观、法治观教育，开展社会主义核心价值观教育，引导大学生提高思想道德素质和法律素质，使大学生成长为德智体美全面发展的社会主义事业建设者和接班人"。"马克思主义基本原理概论"课程旨在"通过讲授反映马克思主义世界观和方法论的最基本的原理，帮助学生深刻领会、准确把握马克思主义的根本性质和整体特征，学

第三章 中华优秀传统伦理文化融入高校思政课的原则和要义

习掌握贯穿其中的马克思主义立场观点方法，提升运用马克思主义基本原理分析世界的能力，增强对人类社会发展规律特别是中国特色社会主义发展规律的认识和把握，树立共产主义远大理想和中国特色社会主义共同理想"。"毛泽东思想和中国特色社会主义理论体系概论"课程则旨在"通过系统讲授马克思主义中国化的历史进程及其理论成果，让学生对中国社会主义道路和中国特色社会主义理论体系、中国特色社会主义制度有一个基本的把握，并以此为基础理解当下我国的路线、纲领、方针和重大政策，进而形成中国特色社会主义必胜的坚定信念"。而"中国近代史纲要"课程旨在"帮助学生了解国史、国情，深刻领会历史和人民怎样选择了马克思主义，怎样选择了中国共产党，怎样选择了社会主义道路，从而使大学生树立执行党的基本路线和基本纲领的自觉性和坚定性"。最低层次的目标则是基于每门课程的教学重点和教学难点，了解课程的具体知识点。思政课三个层次的教学目标是确保思政课教师沿着科学方向设计和研发教学案例的根本遵循，在进行教学案例的设计和研发时，从案例的选择到设计均要避免随意性，要高屋建瓴地以最高层次的目标为引导，将中华优秀传统伦理文化与马克思主义理论方法相融合，为培育堪当民族复兴大任时代新人注入思想文化力量；要从课程教学视域以中间层次的目标为旨归，将中华优秀传统伦理文化融入每门思政课的课程教学中，充分发挥思政课在青年大学生中华优秀传统伦理文化教育中的主渠道作用，使中华优秀传统伦理文化对青年大学思想熏陶浸染，实现价值引领、知识传授、能力培养的统一；要从提升课程实效性视角以最低层次的目标为标的，以中华优秀传统伦理文化的深邃内涵盘活每门思政课的具体教学内容，用贴切的教学案例吸引学生直至教育学生。

特别需要注意的是，坚持以学科性为导向，思政课教师还要尽可能地确保用一种适度适宜的原则去运用所研发的关涉中华优秀传统伦理文化的教学案例，要根据不同课程的教学任务和教学内容以及实际情况和具体需求，来判断教学案例运用的范围和频率，特别是要选取适合的时机，按照不同阶段的具体教学安排和不同年级教育对象及专业需求，因地制宜地不断调整案例运用的深度和广度，结合恰当的形式如影像案例、文字案例、情境案例、研讨案例等，使教学案例效果得以充分发挥。

第四章　中华优秀传统伦理文化融入高校思政课教学案例探索

  2017年2月，中共中央、国务院印发的《关于加强和改进新形势下高校思想政治工作的意见》指出，要强化思想理论教育和价值引领，重点落脚在"理想信念教育""坚定中国特色社会主义道路自信、理论自信、制度自信、文化自信""培育和践行社会主义核心价值观""以诚信建设为重点，加强社会公德、职业道德、家庭美德、个人品德教育""弘扬中华优秀传统文化和革命文化、社会主义先进文化，实施中华文化传承工程，推动中华优秀传统文化融入教育教学，加强革命文化和社会主义先进文化教育""组织开展主题教育，弘扬以爱国主义为核心的民族精神和以改革创新为核心的时代精神"等。习近平总书记在全国高校思想政治工作会议上也曾指出，思想政治工作必须"不断提高学生思想水平、政治觉悟、道德品质、文化素养，让学生成为德才兼备、全面发展的人才"[1]。基于此，探索将中华优秀传统伦理文化思想融入高校思政课的教学案例将在遵循上述主要内容的同时，结合四门思政课的教材内容和教学目标主要围绕"中华优秀传统伦理文化与社会主义核心价值观培育""中华优秀传统伦理文化与以文化人""中华优秀传统伦理文化与以德治国""中华优秀传统伦理文化与文化自信""中华优秀传统伦理文化与和谐社会建构"等几个方面来展开，凝练出具有重要教学价值的教学案例。

---

[1]　《习近平在全国高校思想政治工作会议上强调　把思想政治工作贯穿教育教学全过程　开创我国高等教育事业发展新局面》，《人民日报》2016年12月9日。

第一节　中华优秀传统伦理文化与社会主义
核心价值观培育教学案例

习近平总书记指出："培育和弘扬社会主义核心价值观必须立足中华优秀传统文化。牢固的核心价值观，都有其固有的根本。抛弃传统、丢掉根本，就等于割断了自己的精神命脉。博大精深的中华优秀传统文化是我们在世界文化激荡中站稳脚跟的根基。"[①] 中华优秀传统伦理文化与社会主义核心价值观有着高度的契合性，是涵养社会主义核心价值观的重要源泉。可以说，社会主义核心价值观的提出，本身就在于我们有着悠久的历史文化积淀和道德精神底色。为此，在课堂教学中，必须要以中华优秀传统伦理文化思想为根基，建构适恰的教学案例展开关于社会主义核心价值观的教学。

一　社会主义核心价值观中的中华优秀传统伦理文化因子

案例一：天下兴亡，匹夫有责

【案例介绍】

"天下兴亡，匹夫有责"最为鲜明地表达出了民族成员对于国家的责任和义务，是爱国主义的重要彰显。这一表述最早可追溯到顾炎武在其著作《日知录》所讲："有亡国，有亡天下，亡国与亡天下奚辨？曰：易姓改号，谓之亡国；仁义充塞而至于率兽食人，人将相食，谓之亡天下……保国者，其君其臣肉食者谋之；保天下者，匹夫之贱与有责焉耳矣！"

这段话的意思是，"亡国"与"亡天下"是两个不同的概念。"亡国"是指改朝换代，换个王帝、国号，这类事只需由王帝及大臣和争权夺利的人去关心；而"亡天下"则是败义伤教，表面充塞着仁义道德，实际上出现人吃人的社会大倒退，是封建伦理道德的沦丧，这比"亡国"更危险。在顾炎武看来，保卫整个国家，振兴中华民族，提高全民族道德观念，则

[①]《习近平关于社会主义文化建设论述摘编》，中央文献出版社，2017，第107~108页。

是举国上下，包括在野的士大夫及下层社会地位低下的人士在内的大事，人人对此都有责任。顾炎武的这段话虽然延续了传统文化中将"国"与"天下"区分开来的思想，但却与国之兴亡联系起来，表达出了中国传统士大夫的家国情怀。之后，梁启超等维新思想家在推介、诠释顾炎武"保天下者，匹夫之贱与有责焉耳矣"的思想时，提炼出我们所熟知的"天下兴亡，匹夫有责"这句口号。① 这一思想的核心是将个人命运与国家命运结合在一起，在民族危亡与救亡启蒙运动中，引申出现代民族国家的爱国主义思想。

与爱国主义思想密切相关的是中华优秀传统伦理文化中的"忠德"思想，春秋时期，忠作为一种德目，除却表现为一种君臣之间的道德要求外，也表现为一种忠于社稷、忠于国家的观念，在《左传》中即有"临患不忘国，忠也"的思想，意即面对国家危亡时刻能挺身而出即为一种忠德。明清以至近代，"忠"越来越将"忠君"与"忠国"区分开来，将"忠"更多地指向"国"，强调个人对国家尽忠是一种天职，爱国主义首先表现为对国家的忠诚如一，忠与爱国在本质上具有一致性和继承性，从而助推了现代爱国主义情感的生成。

【案例引申】

将爱国作为社会主义核心价值观个人层面的首要美德，还要防范和警惕两种极端的错误思潮：一个是个体主义思潮，一个是民族主义思潮。个体主义思潮将个人视作与集体对立的存在，个人是完全自主的主体，个人与其共同体没有必然的联系，从而引申出个人对其所属的国度并没有相应的责任和义务，更不会为了共同体的利益而奉献和自我牺牲，在个体主义思潮那里"爱国主义已经变成一种道德上可疑的事物"②。爱国或者不爱国并不具有美德的意义，而仅仅取决于个人的自我选择意愿，在个人主义这里，个体的价值是凌驾于国家价值之上的，是具有至高无上地位的价值。这种与爱国主义思想截然对立的个体主义思潮对青年大学生的影响十分巨大，教师在

---

① 张锡勤：《"天下兴亡，匹夫有责"小考》，《道德与文明》2000年第6期。
② 〔美〕史蒂芬·B.斯密什：《耶鲁大学公开课：政治哲学》，贺晴川译，北京联合出版公司，2015，第280页。

教学过程中一定要予以点拨并进行正确的价值引导,向青年大学生讲清楚个人与国家之间密不可分的必然关系,从而树立正确的爱国主义思想。

民族主义思潮则源于中国近代以来内忧外患的历史关头所催生出的"落后就要挨打""赶超英美"的发展焦虑,这种对国家发展的焦虑伴随着现代化的进程逐渐转化为民族主义的爱国激情。改革开放以后,在全球化、市场化的浪潮之下,带有朴素爱国主义的民族主义仍不时地流露于少数人的思想中,强烈的民族情感使这些人常常以爱国主义的名义展现出夜郎自大和盲目排外的思想,再伴有一些激进舆论与外部环境的影响,由此催生出极端的民族主义情绪和非理性的爱国主义,最终变成一种反抗现代化和全球化的情感封闭的爱国主义。青年大学生由于认知较为朴实,特别容易在网络时代受到这种狭隘民族主义思潮的影响,教师在教学过程中,要注意引导学生以更加理性开放的心态来看待当今中国与世界发展的关系,培养青年学生树立一种"开眼看世界"的共荣共存的大国思维,从而将爱国主义与国之发展紧密结合起来,使爱国主义思想在更加包容、开放的世界眼光下,变为一种更加自信的爱国主义。[①]

【案例运用】

对应教材章目:本案例可适用于"思想道德与法治"课程第四章"明确价值要求 践行价值准则"中第一节"全体人民共同的价值追求"第二框"社会主义核心价值观的基本内容"、第三章"继承优良传统 弘扬中国精神"中第一节"中国精神是兴国强国之魂"第三框"实现中国梦必须弘扬中国精神",同时,也可适用于"中国近代史纲要"课程第六章"中华民族的抗日战争"中第五节"抗日战争的胜利及其意义"第三框"抗日战争胜利的原因"。

案例教学建议:爱国是个人道德的重要内容,爱国如何落脚到青年大学生身上,最为重要的是培养青年大学生的责任意识和担当情怀。自古以来,中华优秀传统伦理文化中即有着浓厚的爱国责任与担当精神,从范仲淹的"先天下之忧而忧,后天下之乐而乐"、顾炎武的"天下兴亡,匹夫

---

① 参见肖群忠、王苏、杨建强《中华传统美德的时代价值》,人民出版社,2020,第173~175页。

有责",到梁启超的"知责任者,大丈夫之始也;行责任者,大丈夫之终也",再到后来毛泽东的"埋骨何须桑梓地,人生无处不青山"、赵一曼的"未惜头颅新故国,甘将热血沃中华"、钱学森的"我是中国人,当然忠于中国人民",以及黄旭华的"将人生与祖国命运绑在一起",干惊天动地事、做隐姓埋名人等,在这些人身上,可以映射出中国人一直即有的深深家国情怀,这种家国情怀渗透进每一个人的血脉之中,滋润着每一个人的精神家园。

教师在讲授社会主义核心价值观内容时,可从顾炎武"天下兴亡,匹夫有责"的爱国思想讲起,将这种有着民族基因的精神情感经由历史中爱国主义精神的剖析传递给青年学生,并将中华优秀传统伦理文化中的"忠德"思想与爱国主义精神结合在一起,使青年学生从中感受到爱国之情既是最深沉、最持久的情感,同时也是每一个中国人都应当遵循的基本价值观念和道德准则,它有着中华民族的优良传统,在革命、建设、改革时期发挥出不可磨灭的重要精神价值。作为青年大学生理应不断加深对祖国悠久历史和灿烂文化的认同,忠于国家、忠于人民,不断增强做中国人的骨气和底气,将个人梦与民族复兴的中国梦融合在一起,做国家复兴的实践者和见证者。

【习言习语】

在社会主义核心价值观中,最深层、最根本、最永恒的是爱国主义。

——2014年10月15日在文艺工作座谈会上的讲话

要爱国,忠于祖国,忠于人民。爱国,是人世间最深层、最持久的情感,是一个人立德之源、立功之本。孙中山先生说,做人最大的事情,"就是要知道怎么样爱国"。我们常讲,做人要有气节、要有人格。气节也好,人格也好,爱国是第一位的。我们是中华儿女,要了解中华民族历史,秉承中华文化基因,有民族自豪感和文化自信心。要时时想到国家,处处想到人民,做到"利于国者爱之,害于国者恶之"。爱国,不能停留在口号上,而是要把自己的理想同祖国的前途、把自己的人生同民族的命运紧密联系在一起,扎根人民,奉献国家。

——2018年5月2日在北京大学师生座谈会上的讲话

第四章 中华优秀传统伦理文化融入高校思政课教学案例探索

新时代中国青年要听党话、跟党走，胸怀忧国忧民之心、爱国爱民之情，不断奉献祖国、奉献人民，以一生的真情投入、一辈子的顽强奋斗来体现爱国主义情怀，让爱国主义的伟大旗帜始终在心中高高飘扬！

——2019年4月30日在纪念五四运动100周年大会上的讲话

案例二：从"民本"到"民主"

【案例介绍】

"民本"一词最早见于《尚书·五子之歌》："民惟邦本，本固邦宁。""民为邦本"意为民众为国家的根本，只有民稳定了，国家才能安宁，强调了人民对于国家具有不可替代的作用。春秋战国"百家争鸣"时代直至以后，"民本"思想不断获得进一步的发展，从"政之所兴，在顺民心；政之所废，在逆民心"[①]"得天下有道：得其民，斯得天下矣"[②]，到"君者，舟也；庶人，水也。水则载舟，水则覆舟"[③] "夫民者，万世之本也"[④]"为君之道，必须先存百姓"[⑤] 等，一以贯之的民本思想成为古代社会政治稳定的根基。

古代民本思想的提出，是历代统治阶层出于政治统治的需要，在总结历史兴衰存亡教训的基础上而得出的政治统治智慧，这一思想的可贵之处在于强调了"民"在政治活动中的重要性和基础性作用。统治阶层意识到，政权要想长久保持，唯有重视民。这一政治主张将"民"的作用突出地显示在价值立场和工具立场中，价值立场认为人民最为"贵"，是政治的终极目标和最高价值，工具立场则认为唯有以民为贵，才能维持政权的长久性。正如李存山所指出："中国古代的'民本'思想，可从两个主要方面去理解：一是说人民的利益是国家和社会的价值主体，二是说君主的权力只有得到人民的拥护才能稳固。……就两方面意义的统一而言，前者

[①] 《管子·牧民》。
[②] 《孟子·离娄上》。
[③] 《荀子·王制》。
[④] 《新书·大政上》。
[⑤] 《贞观政要·卷一·论君道》。

是价值判断，后者只是一种事实判断。"①

与"民本"密切相关的概念是"民主"，可以肯定的是，传统民本思想奠定了人民民主的价值基础。

一方面，中华优秀传统伦理文化中的"民本"思想对于中国古代政治文明和封建政权的稳定发挥了巨大作用，正是统治者意识到了人民的巨大力量，因而会主动地对人民予以重视，并对人民的需求予以满足。而最为重要的在于，中国古代的"民本"思想可看作中国现代"民主"思想的滥觞，对现代民主观念的形成产生了"濡染和改造"的影响，塑造出中国现代化民主思想的价值取向和思维方式。

中国式的民主突出人民在社会历史发展中的决定性作用，"民"在政治活动中以"整体"（人民）的形象出场来发挥作用，人民既是国家权力的重要来源，同时也是国家发展的根本目标，国家的一切利益均建立在人民意志与人民利益之上，而这恰恰建立在"民本"思想的基础之上。可以说，理想的人民民主是"民本"思想所向往的终极状态。正因为此，在民本和民生思想的融合中，催生出现代中国革命中的"群众路线"。中国共产党自成立之日起，就自觉地联系群众、相信群众、依靠群众，不断发动群众、引导群众，并自觉向群众学习。在党的七大上，刘少奇在《关于修改党章的报告》中，指出群众路线是中国共产党的根本政治路线，并从中提炼出四个群众观点：一是一切为了人民群众，二是一切向人民群众负责，三是相信群众自己解放自己，四是向人民群众学习。随后，在党的八大通过的《中国共产党章程》中第一次出现群众路线概念，指出"必须不断地发扬党的工作中的群众路线的传统"。1981年《关于建国以来党的若干历史问题的决议》科学地阐述了群众路线的基本内涵，即"一切为了群众，一切依靠群众，从群众中来，到群众中去"，而毛泽东思想活的灵魂之一，即包含了"群众路线"。在党领导革命、建设、改革的各个时期，群众路线一直是被高扬的旗帜，不断开创人民民主的新型方式。而正是将传统的民本思想与民主价值理念相结合，中国社会跳出了历代封建王朝"其兴也勃焉，其亡也忽焉"的历史周期律。这正如毛泽东对于社会主

---

① 李存山：《中国的民本与民主》，《孔子研究》1997年第4期。

第四章 中华优秀传统伦理文化融入高校思政课教学案例探索

民主的自信表达:"我们已找到新路,我们能跳出这周期律。这条路,就是民主。只有让人民监督政府,政府才不敢松懈。只有人人起来负责,才不会人亡政息。"

另一方面,还应该看到古代"民本"思想的历史局限性。古代"民本"思想产生于封建时代,是封建王朝统治的历史产物,从其本质看,是存社稷、固君位的"治民"之道,在古代君王看来,人民只是统治的对象,而不是国家的主人,人民没有任何参与政治的权利,"民本"只是作为"官本""君本"的政治工具,"民"没有政治的知情权和参与权,只是处于被教化、被统治的身份,显然是与现代"民主"思想截然不同的,因为它既不包含人民主权思想,也不包含对于人民权利主体的肯定和认可,但毋庸置疑,中国古代"民本"思想与中国式的现代民主本身是有交集的,"民本"思想的价值性意义可以成为现代民主政治的思想前提。也正因为此,中国古代的"民本"思想经由创造性转化,成为中国式现代民主的思想内核,"民本"向"民主"思想的转化亦即成为一种必然趋势。

【案例引申】

与民本思想密切相关的是利民、富民的观念,即主张"节用裕民""藏富于民""制民恒产"。在先秦诸子百家中,利民、富民几乎可看作各家学派的共识。其中最为重视利民、富民的是儒家,孔子在回答子张如何从政时,指出"因民之利而利之""择可劳而劳之"[1],民则不会怨恨;孟子则明确提出"民之为道也,有恒产者有恒心,无恒产者无恒心。苟无恒心,放辟邪侈,无不为已。及陷乎罪,然后从而刑之,是罔民也。焉有仁人在位,罔民而可为也?是故贤君必恭俭礼下,取于民有制"[2]。而荀子亦提出"足国之道,节用裕民而善臧其余。节用以礼,裕民以政。彼裕民,故多余,裕民则民富……故知节用裕民,则必有仁义圣良之名"[3]。其他诸子百家,诸如道家老子主张"我无事而民自富"[4],墨家墨子则向往一个

---

[1] 《论语·尧曰》。
[2] 《孟子·滕文公上》。
[3] 《荀子·富国》。
[4] 《道德经·第五十章》。

"刑政治，万民和，国家富，财用足，百姓皆得暖衣饱食，便宁无忧"① 的理想社会。法家管子则提出"凡治国之道，必先富民，民富则易治也，民贫则难治也。奚以知其然也？民富则安乡重家，安乡重家则敬上畏罪，敬上畏罪则易治也"②。也就是说，治国应该先让百姓富裕起来，老百姓安居乐业，便会敬畏法度，国家自然就容易治理。凡此种种观点，均表明了爱民即在"利民""富民"之中，"利民""富民"即是爱民的应有之义。

【案例运用】

对应教材章目：本案例可适用于"思想道德与法治"课程第四章"明确价值要求 践行价值准则"中第一节"全体人民共同的价值追求"第二框"社会主义核心价值观的基本内容"，同时也可适用于"毛泽东思想和中国特色社会主义理论体系概论"课程第十章"'五位一体'总体布局"中第二节"发展社会主义民主"第一框"坚持走中国特色社会主义政治发展道路"。

案例教学建议：社会主义核心价值观中，民主是国家层面的重要内容，社会主义民主是人民当家做主，作为一种政治实践、价值理念，人民民主是社会主义的生命，没有民主就没有社会主义，更没有社会主义的现代化。中国式的民主是对马克思主义群众史观的正确运用，反映了人民群众是历史的创造者。

教师在讲解社会主义民主时，可汲取中华优秀传统伦理文化中的"民本"思想，从历史溯源讲起，一方面，为学生深刻解读社会主义核心价值观对于中华优秀传统伦理文化的吸收，同时也要讲清楚社会主义核心价值观所倡导的民主思想与传统伦理文化中民本思想的关联性，进而从"二者"的辩证关系入手，讲明社会主义核心价值观所倡导的"民主"是对传统伦理文化"民本"思想的扬弃，在吸收传统"民本"思想精华的同时，赋予以民为本思想的现代价值，从而使今天社会主义核心价值观倡导的民主更加真实、更加广泛、更加高效；另一方面，要从现代社会的民主建设发展视角入手，结合习近平总书记关于民主思想的论述向青年学生讲清楚

---

① 《墨子·天志中》。
② 《管子·治国》。

民主的本质。习近平总书记指出，一个国家民主不民主，关键在于是不是真正做到了人民当家做主，要看人民有没有投票权，更要看人民有没有广泛参与权；要看人民在选举过程中得到了什么口头许诺，更要看选举后这些承诺实现了多少；要看制度和法律规定了什么样的政治程序和政治规则，更要看这些制度和法律是不是真正得到了执行；要看权力运行规则和程序是否民主，更要看权力是否真正受到人民监督和制约。如果人民只有在投票时被唤醒、投票后就进入休眠期，只有竞选时聆听天花乱坠的口号、竞选后就毫无发言权，只有拉票时受宠、选举后就被冷落，这样的民主不是真正的民主。我们国家的民主是全过程人民民主，这种民主不仅有完整的制度程序，而且有完整的参与实践。实现了过程民主和成果民主、程序民主和实质民主、直接民主和间接民主、人民民主和国家意志相统一，是全链条、全方位、全覆盖的民主，是最广泛、最真实、最管用的社会主义民主。全过程人民民主体现了国家一切权力属于人民的宪法原则。人民在广泛参与中充分表达意见，让国家各项制度从设计到运行都能符合最广大人民的期待，维护最广大人民的利益。通过在课堂教学中向青年学生讲清楚、讲明白我们国家民主的实质，理解我们的民主与西方民主的本质差别，从而深刻认识到，中国的民主不是装饰品，不是用来做摆设的，而是用来解决人民需要、解决问题的。中国特色社会主义的成功实践验证了社会主义核心价值观民主的正确性、可信性，使得社会主义民主可以而且能够成为真切、具体、广泛的现实。

【案例拓展】

西方"普世价值"的"自由、民主、平等、博爱"思想与社会主义核心价值观有着本质区别。

一是社会性质和阶级属性不同。社会性质和阶级属性会决定人的价值观取向，我们倡导的社会主义核心价值观是全体人民的价值观，反映的是全体人民的价值目标和愿景；西方所谓的"普世价值"是站在资本主义的立场反映的是资产阶级的价值观，是维护资产阶级根本利益和政治统治的工具。显然，社会主义核心价值观与西方的"普世价值"是有原则界限的。

二是所有制基础不同。价值观作为表达善恶美丑的价值立场和观点看法，是对处于一定经济关系中的人们利益和需要的反映，在社会发展中，所有制不同，必然会使得人们在经济关系中的地位不同，地位不同就会导致人们的经济利益不同，进而导致价值观念的不同。社会主义核心价值观赖以产生的经济基础是社会主义公有制，全体人民共同占有生产资料，这种所有制所形成的社会主义核心价值观更多地体现为集体主义的价值理念。与之相对应，西方的"普世价值"思想形成于资本主义生产资料私人占有制，这种私有制经济关系使其价值观念的导向更多地表现为少数人的思想，最终使其自由只能是资本的自由，平等只能是资本财团的平等，民主也只能是有钱人的民主。

三是根本目的不同。社会主义核心价值观以实现好、维护好、发展好最广大人民的根本利益为出发点和落脚点，反映的是人民群众的根本价值诉求。西方的"普世价值"本质上是为"少数人"谋利益，维护资产阶级政治统治的意识形态。

上述分析表明，社会主义核心价值观与西方的"普世价值"是截然不同的，将社会主义核心价值观与西方的"普世价值"混为一谈，有着险恶的用心，有着试图西化中国，妄图改旗易帜的政治目标，思政课教师必须要在课堂教学中表明立场，说清楚二者的本质区别，决不能任由西方的"普世价值"来转化青年大学生的精神基因，消解青年大学生对社会主义核心价值观的认同。

【习言习语】

民主不是装饰品，不是用来做摆设的，而是要用来解决人民要解决的问题的。中国共产党的一切执政活动，中华人民共和国的一切治理活动，都要尊重人民主体地位，尊重人民首创精神，拜人民为师，把政治智慧的增长、治国理政本领的增强深深扎根于人民的创造性实践之中，使各方面提出的真知灼见都能运用于治国理政。

——2014年9月21日在庆祝中国人民政治协商会议成立65周年大会上的讲话

民主是各国人民的权利，而不是少数国家的专利。一个国家是不是民主,应该由这个国家的人民来评判,而不应该由外部少数人指手画脚来评判。国际社会哪个国家是不是民主的,应该由国际社会共同来评判,而不应该由自以为是的少数国家来评判。实现民主有多种方式,不可能千篇一律。用单一的标尺衡量世界丰富多彩的政治制度,用单调的眼光审视人类五彩缤纷的政治文明,本身就是不民主的。

——2021年10月13日在中央人大工作会议上的讲话

二 中华优秀传统伦理文化与新时代社会主义核心价值观培育

案例一:执事敬与现代敬业精神

【案例介绍】

"敬"是中国伦理思想史中较早出现的德目之一,在金文中,曾出现"夏上忠,殷上敬,周上文"字眼。殷人从宗教祭祀文化出发,将敬神看作主导价值观念,西周进一步将"敬神"转化为"敬德",意识到"惟不敬厥德,乃早坠厥命"。对于"敬"字,《说文解字》解释说"敬,肃也",即认真、严肃的意思,表明以内在心理为基础彰显的道德意识的觉醒,以此产生对其他德性的原发性促进作用。在中华优秀传统伦理文化中,"敬"处于核心的位置,是众多道德规范的出发点和落脚点,正如《左传》所言:"敬,德之聚也,能敬必有德。"[1] "敬"是道德主体反求诸己的自律精神,是道德实践得以产生的心理基础,《论语·宪问》提出"修己以敬",将其看作"修己以安人""修己以安百姓"的前提和基础,认为只有认真严肃地提高自身的道德修养,才能使人们安乐、使全体百姓安乐。

"敬业"一词出自《礼记·学记》,"三年视敬业乐群",孙希旦集解引朱熹说"敬业者,专心致志以事其业也;乐群者,乐于取益以辅其仁也",指的是对自己的学业和事业兢兢业业、认真负责、专心致志的态度。具体而言,敬业包含着如下几层含义。其一,认真严肃,诚实不欺。敬业

---

[1] 《左传·僖公三十三年》。

首先要"敬事而信""敏于事而慎于言"①,对待工作要认真严肃,要勤劳敏捷,不要夸夸其谈而说得多做得少。同时,"敬"也是"诚","学者之心,大凡当以诚敬为主"②,"敬"来源于"诚",无诚不敬,敬业要做到真实无妄、言而有信,从内到外表现出庄重和敬畏之心。其二,忠于职守,心无旁骛。敬业需做到执业一心一意、全心全意地投入。荀子在《议兵》中曾感叹说:"凡百事之成也,必在敬之。"③敬业,要求具有责任之心,因其敬,所以尽其心、倾其智、竭其力。其三,精益求精,勤勉不息。"精益求精"是中国传统敬业观中的最高精神境界,在《诗经·卫风·淇奥》中曾描绘工匠"如切如磋、如琢如磨"精雕细刻地制作器具时的专注状态,表明对待工作尽职尽责的必然要求和对事业的不懈追求。而勤勉不息则是从消极层面表明在工作中的不可懈怠,"敬者何?不息慢不放荡之谓也"④,即要抵制消极懈怠、简慢不严肃的做事态度,聚精专注,认真严肃。

将传统敬业观落脚到新时代,敬业是社会主义核心价值观在个人层面的道德要求,社会主义核心价值观倡导的敬业,要求人们尊重劳动、尊重知识、尊重人才、尊重创造,热爱和认同自己的职业和工作,珍惜和保护他人的劳动成果;要求人有全身心投入的敬业态度和精益求精的工匠精神,保持和发扬为民服务孺子牛、创新发展拓荒牛、艰苦奋斗老黄牛的精神;要求人们视职业、劳动、创造、贡献为公民的社会责任和义务,视劳动为实现个人理想和个人价值的基本途径。大学生树立敬业价值观具有重要意义,它不仅是继承和弘扬中华民族传统美德的需要,同时也是促进自身全面发展、提高自我能力的必然要求,也是推动社会进步,改善社会人际关系的重要之举。

【案例引申】

传统敬业思想与新时代劳模精神培育。"劳模精神"是指"爱岗敬业、

---

① 《论语·学而》。
② 《朱子语类·训门人七》。
③ 《荀子·议兵》。
④ 《朱子语类·训门人七》。

争创一流、艰苦奋斗、勇于创新、淡泊名利、甘于奉献"的劳动模范精神,其主体是劳动者群体中的杰出代表,是广大人民群众学习的楷模,折射出一群在脚踏实地劳动中涌现出的劳动模范所彰显出的时代人文精神。党的十八大以来,习近平总书记多次发表重要讲话,对新时代如何在全社会大力弘扬劳模精神提出了许多新思想、新观点、新论断。对于青年大学生而言,劳模精神与青年大学生职业道德教育高度契合,劳动是劳模精神的根基,正确的劳动观念是维系人们职业活动和职业生活的观念保障,青年大学生必须要牢固树立"劳动最光荣、劳动最崇高、劳动最伟大、劳动最美丽"的思想,以诚实劳动创造自己的美好生活。以劳模精神自律其身,青年大学生就会懂得爱岗是敬业的基本要求,奉献是敬业的升华,可以说,劳模精神是传统伦理文化中"敬业"精神的生动体现,也是社会主义核心价值观的客观要求,青年大学生要主动以劳模精神为引领,以劳模事迹为榜样,促进自身职业道德的提升和个人能力的升华。

传统敬业思想与新时代工匠精神培育。工匠精神凝结着中华优秀传统文化的精髓,反映了中华民族优良的品格。工匠精神作为一种职业精神,它是职业道德、职业能力、职业品质的体现,是一种职业价值取向。工匠精神的基本内涵包括敬业、精益、专注、创新。中国自古便不缺专注、细致、追求完美、具有大智慧的工匠,更是一个自古就具有工匠精神的国家。工匠精神是对劳模精神的丰富发展,是劳动者在自我超越过程中所彰显出的精神状态,工匠精神与社会主义核心价值观中的"敬业"具有高度的一致性,体现着中国精神,可以说,工匠精神就是在践行社会主义核心价值观,是在社会实践中对社会主义核心价值观的生动体现。对于青年大学生而言,培育工匠精神就是深挖工匠精神所蕴含的思想观念、道德规范,充分发挥工匠精神所具有的价值取向,树立青年大学生干一行、爱一行、专一行、精一行的职业素养,形成敬业、诚信的职业道德。

【案例运用】

对应教材章目:本案例可适用于"思想道德与法治"课程第四章"明确价值要求 践行价值准则"中第一节"全体人民共同的价值追求"第二框"社会主义核心价值观的基本内容",同时也可适用于第五章"遵守道

德规范 锤炼道德品格"中第三节"投身崇德向善的道德实践"第二框"恪守职业道德"。

案例教学建议：社会主义核心价值观中，敬业是个人层面的重要内容，青年大学生作为担当民族复兴大任的时代青年，在其步入社会前必须要使其充分意识到自己所具有的责任和使命，具备投身社会实践活动的职业素养。"敬德"作为中华优秀传统伦理文化的重要组成部分，在先秦诸子百家中，一直以来即是非常重要的个人道德品质，孔子、墨子、庄子都相继提出过关于敬业方面的道德思想，是涵养现代社会敬业道德的重要资源。

教师在讲授社会主义核心价值观内容时，可从传统敬德思想讲起。一方面，从敬德思想的传统内涵入手，着重分析敬德思想的价值意蕴，同时，立足于传统敬德思想的内涵回应青年大学生在学习社会主义核心价值观以及职业道德时的现实之需，将其与青年大学生的自我安身立命相联系。一是从立业的角度，重点讲授敬业思想的重要性，使青年学生认识到事业并不是因位高权重而重要，而在于奉献，在于对职业的持守和热爱。二是从乐业的角度，从内在的心理诉求出发，引导青年大学生认识到干一行、爱一行、乐一行是层层递进的，敬业本身即是乐业，当以敬业的职业道德投身职业中时，会体会到人生的意义感以及付出回报的满足感和获得感，进而产生出心理的愉悦。敬与爱是统一的，每一位青年大学生都应将个人的发展与敬业、乐业密切结合起来，以责任感和使命感主动热情地投入所爱的职业当中，最终安身立命，实现人生价值。在讲授此部分时，教师还可结合劳模精神和工匠精神，将其与敬业的传统道德进行结合，引导青年大学生充分认识到爱岗敬业的社会主义核心价值观和职业道德是重要的民族精神，同时也是时代精神的重要展现。另一方面，教师在讲授敬业道德时，还要将其与社会主义核心价值观社会层面、国家层面密切结合起来，使青年学生充分意识到敬业不仅是一种职业素养，也是一种爱国家、爱社会的彰显，中华民族自古以来就是一个具有伟大创造精神的民族，70多年来的发展奇迹离不开彰显中华民族伟大创造力的无私无畏的奉献精神、求真务实的敬业精神、攻坚克难的钻研精神，当代青年大学生要意识到这些精神的重要性，树立正确的价值观和人生观，提升道德修养、职业素养和精神境界，从而为社会发展和国家进步而奋斗。

第四章　中华优秀传统伦理文化融入高校思政课教学案例探索

【习言习语】

建设知识型、技能型、创新型劳动者大军，弘扬劳模精神和工匠精神，营造劳动光荣的社会风尚和精益求精的敬业风气。

——2017年10月18日党的十九大报告

劳动最光荣、劳动最崇高、劳动最伟大、劳动最美丽。全社会都应该尊敬劳动模范、弘扬劳模精神，让诚实劳动、勤勉工作蔚然成风。

——2018年4月30日回信勉励中国劳动关系学院劳模本科班学员

在长期实践中，我们培育形成了爱岗敬业、争创一流、艰苦奋斗、勇于创新、淡泊名利、甘于奉献的劳模精神，崇尚劳动、热爱劳动、辛勤劳动、诚实劳动的劳动精神，执着专注、精益求精、一丝不苟、追求卓越的工匠精神。劳模精神、劳动精神、工匠精神是以爱国主义为核心的民族精神和以改革创新为核心的时代精神的生动体现，是鼓舞全党全国各族人民风雨无阻、勇敢前进的强大精神动力。

——2020年11月24日在全国劳动模范和先进工作者表彰大会上的讲话

我国工人阶级和广大劳动群众要大力弘扬劳模精神、劳动精神、工匠精神，适应当今世界科技革命和产业变革的需要，勤学苦练、深入钻研、勇于创新、敢为人先，不断提高技术技能水平，为推动高质量发展、实施制造强国战略、全面建设社会主义现代化国家贡献智慧和力量。

——2022年4月27日致首届大国工匠创新交流大会的贺信

案例二：五常之一的信德与现代诚信

【案例介绍】

"信"是中华优秀传统伦理文化中的"五常"德目之一，无论是在传统社会中，还是在现代社会中，抑或对于个人和社会而言，"信"始终是调节人际关系的重要道德，具有深刻的社会道德意义。

什么是"信"？《说文解字》说："信，诚也。从人，从言。"《白虎通·性情》指出："信者，诚也，专一不移也。"这表明"信"与"诚"之间是可以相通互释的，从而使得诚与信结合在一起而被广泛使用，成为"诚信"的道德条目。在中国文化历史上，最早将"信"与"诚"连在一

119

起使用的是《逸周书·大匡解第十一》，其曰"成年不尝，信诚匡助，以辅殖财"，意思是即使丰年也不急于偿还，真诚地帮助百姓，以便百姓增值财货，这里的"诚信"即是包含着真诚信实之意。其后诸子百家对"诚信"也做过很多的叙述，例如《孟子》中提到："故君子可欺以其方，难罔以非其道。彼以爱兄之道来，故诚信而喜之。"① 所谓"诚"，即是诚实不欺、表里如一，是个人内心修养的最高境界；所谓"信"，即是真诚、真实，言行一致。从二者的区别上看，"诚"重在自己，强调内心一致；"信"重在他人，意在主体言行对他人的不疑、不欺。

儒家的诚信观。孔子在《论语》中，曾38次提到过"信"，例如，"吾日三省吾身：为人谋而不忠乎？与朋友交而不信乎？传不习乎？"②"信近于义，言可复也。恭近于礼，远耻辱也"③ "子以四教：文、行、忠、信"④ "言必信，行必果，硁硁然小人哉？"⑤ "人而无信，不知其可也。大车无輗，小车无軏，其何以行之哉？"⑥ "道千乘之国，敬事而信，节用而爱人，使民以时"⑦，如此等等。在孔子看来，诚信是人之为人的基本道德要求，是个人安身立命的根本，同时也是为政之道不可或缺的道德要求。

《孟子》论"信"。孟子对于"信"的理解突出地表现在两个方面，即以"诚"释信，并将诚信上升为天的本质，具有了本体论的意义。如孟子说："居下位而不获于上，民不可得而治也。获于上有道，不信于友，弗获于上矣。信于友有道，事亲弗悦，弗信于友矣。悦亲有道，反身不诚，不悦于亲矣。诚身有道，不明乎善，不诚其身矣。是故诚者，天之道也；思诚者，人之道也。至诚而不动者，未之有也；不诚，未有能动者也。"⑧ 这里孟子论述了诚信的基本链条，即要获得上位的信任，必须取得朋友的信任；取得朋友的信任，必须要得到父母的信任；取得父母的信任，则

---

① 《孟子·万章上》。
② 《论语·学而》。
③ 《论语·学而》。
④ 《论语·述而》。
⑤ 《论语·子路》。
⑥ 《论语·为政》。
⑦ 《论语·学而》。
⑧ 《孟子·离娄上》。

需要反身而诚,由此孟子认为,"诚"是顺应天道与人道的基本法则。

法家的诚信观。法家虽然将法与德对立起来,但在信德方面予以了一定的肯定。商鞅在把"法治"作为强国利民重要工具的同时,十分强调诚信的重要性,在《修权》篇指出"国之所以治者三:一曰法,二曰信,三曰权。法者,君臣之所共操也;信者,君臣之所共立也;权者,君之所独制也"①,将信置于法之后作为治国之道的重要举措,并进一步指出信不是仅仅针对臣,而是君臣共立,由此可见对信的重视,特别是当时商鞅为了确立政府的诚信,采取了"徙木立信",形成了具有深远影响的政府诚信观。先秦法家集大成者韩非将诚信看作治国的重要政治伦理,指出"小信成则大信立,故明主积于信。赏罚不信,则禁令不行"②,在小事上能够讲求信用,在大事上就能够建立起信用,因此明主要在遵守信用上逐步积累声望。虽然法家跟儒家相比在对待"信"的态度方面具有明显的实用主义色彩,不像儒家纯粹地把诚信作为道德标准,但是在把诚信看作社会建设发展的基础方面,仍具有重要的意义。

社会主义核心价值观中,唯有"诚信"的道德条目与中华优秀传统伦理文化的"信"具有明显的对应性。传统的诚信思想在传统伦理文化中,是政治的基础,君王要坚持以信立国,政府如果不为民所信,即使足食、足兵,国家亦会灭亡,因而政府要做到取信于民、言而有信,充分获得人民的信任,唯有如此,政府才会在高度信任中得到良性运转。同时,传统诚信思想也是维系社会和谐发展的重要道德支撑,《群书治要·卷四十九·傅子》说到:"若君不信以御臣,臣不信以奉君,父不信以教子,子不信以事父,夫不信以遇妇,妇不信以承夫,则君臣相疑于朝,父子相疑于家,夫妇相疑于室矣。小大混然而怀奸心,上下纷然而竞相欺,人伦于是亡矣。"由此可见,"信"对于维系社会中人与人之间的关系是至关重要的。此外,传统诚信思想也是个人立身之本,是人之最基本的道德,只有言而有信才能诸事即成,进而达到自身的目标,即"信则人任焉"。将传统诚信思想落脚于社会主义核心价值观层面的"诚信"道德要求,可以看

---

① 《商君书·修权》。
② 《韩非子·外储说左上》。

到传统诚信思想在今天仍具有重要的道德意义,在国家层面,政府应坚持以信立国,以政务诚信创造公平公正的社会环境,不断强化人民群众对于党和政府的信任;在社会层面,充分发挥诚信的社会公德价值,协调社会中人与人之间的道德要求,建立良好的人际关系,进而创造良好和谐的社会环境;在个人层面,则要诚以待人、以信取人,这也是为人处世的基本道德规范,同时也是职业道德的基本要求。只有激发真诚的人格力量,才能构建言行一致、诚信有序的社会,营造"守信光荣、失信可耻"的道德风尚,不断增强社会的凝聚力和向心力。

【案例引申】

传统诚信思想与新时代职业道德培育。诚实守信是职业生活中的基本道德规范,它要求从业者在职业生活中诚实劳动、合法经营、信守承诺、讲求信誉,体现着从业者的道德操守和人格力量,也是在行业中站稳脚跟的基础。北宋理学家周敦颐曾指出"诚者,圣人之本、百行之源也"[1],表明诚信是各行各业职业道德的基本规范。此外,管子指出"非诚贾不得食于贾,非诚工不得食于工,非诚农不得食于农,非信士不得立于朝"[2],荀子也讲"商贾敦悫无诈,则商旅安"[3],这些都一致表明了诚信作为一种道德条目,不仅具有道德的意蕴和价值,同时也含有职业道德的属性,既是个人为人之本,也是职业立足之基。新时代,伴随着时代经济的发展,现代社会分工的专业化程度日益提高,市场经济的竞争也日趋激烈,这对整个社会从业人员的职业道德要求也越来越高,对于个人而言,不仅要从个人立身发展的视角做到"诚意""正心""慎独""勿自欺",同时在社会人与人的相处过程中也要"以诚待人",抵制失信获利的不正当思想,恪守职业操守,塑造职业精神,促进社会持续健康有序地发展。

【案例运用】

对应教材章目:本案例可适用于"思想道德与法治"课程第四章"明确价值要求 践行价值准则"中第一节"全体人民共同的价值追求"第二

---

[1] 《通书》。
[2] 《管子·乘马》。
[3] 《荀子·王霸》。

框"社会主义核心价值观的基本内容",同时也可适用于第五章"遵守道德规范 锤炼道德品格"中第三节"投身崇德向善的道德实践"第二框"恪守职业道德"。

案例教学建议:2001年9月,中共中央印发《公民道德建设实施纲要》,把"明礼诚信"规定为公民基本道德规范之一,要求人民既要做到诚实守信,又要讲求礼节、礼让,言行一致。2002年11月,党的十六大报告在加强社会主义思想道德建设时又指出,建立与社会主义市场经济相适应、与社会主义法律法规相协调、与中华民族传统美德相承接的社会主义思想道德体系,要以诚实守信为重点,加强社会公德、职业道德和家庭美德教育,特别要加强青少年的思想道德建设。由此可见,诚实守信一直以来即成为青年思想道德教育的重要内容。对青年大学生进行诚信道德素养的培育和引导,有利于提升青年大学生的思想道德素质,是其健康成长和全面可持续发展的内在本质要求,同时也有助于青年大学生在为人处世方面建立良好和谐的人际关系,未来进入社会之后提升自身的职业竞争力。

教师在讲授社会主义核心价值观内容时,可从传统信德思想讲起。一方面,从信德思想中诚与信的内涵关系出发,着重分析信德思想对于个人、社会、国家所具有的价值意义,同时,立足于现实,对传统信德思想进行内容的创造性转化和创新性发展的解读,教师要让青年大学生明晰传统诚信思想与现代诚信思想的异同,特别是在区别方面,需要加以引导,这也是顺应时代发展之需的必然之举。例如,在传统诚信思想里,对个人诚信的道德要求更加依赖于熟人社会,但是现代社会显然对于诚信的道德要求已经超出了熟人社会,更多地指向普遍陌生的社会中,尤其是伴随着社会主义市场经济的发展,对诚信道德的诉求更加突出,甚至超出了单纯的道德视域而具有道德和法律的双向度。社会主义市场经济坚持诚实守信有利于创造公平、公正的市场交易环境,维护利益主体的合法权利,营造良好的社会主义市场经济秩序。教师在课堂讲授过程中,要基于传统信德思想将其与现代社会发展需要进行充分结合,使传统信德思想散发出时代价值光芒。另一方面,教师在讲授信德时,还要使青年大学生认识到诚信虽然是个人层面的道德规范,但是无论是对国家还是对社会而言,诚信都是必不可缺的重要道德要求。对于国家而言,国家讲诚信,有利于在外交上建立诚信的国家形象，增进国与国之间的交流和合作，更好地提升国家竞争力。同时，也有利于提升政府公信力，对群众说实话、为群众办实事，让群众对国家和政府充分信任，形成政府与民众的良性和谐关系。对于社会而言，充分弘扬诚信道德，有利于建构积极健康的社会新风尚，不断激发人民群众的能动性，同时也能化解社会中人与人之间的紧张和矛盾，协调多方面的利益关系，使诚信成为社会和谐发展的道德基石。

【习言习语】

领导干部要把深入改进作风与加强党性修养结合起来，自己讲诚信、懂规矩、守纪律，襟怀坦白、言行一致，心存敬畏、手握戒尺，对党忠诚老实，对群众忠诚老实，做到台上台下一种表现，任何时候、任何情况下都不越界、越轨。

——2013年8月28日至31日在辽宁考察时强调

人与人交往在于言而有信，国与国相处讲究诚信为本。

——2013年10月3日在印度尼西亚国会的演讲

中华文化强调"言必信，行必果""人而无信，不知其可也"等等。像这样的思想和理念，不论过去还是现在，都有其鲜明的民族特色，都有其永不褪色的时代价值。

——2014年5月4日在北京大学师生座谈会上的讲话

中国人讲求言必信、行必果。中国说到的话、承诺的事，一定会做到、一定会兑现。

——2014年8月22日在蒙古国国家大呼拉尔的演讲

对突出的诚信缺失问题，既要抓紧建立覆盖全社会的征信系统，又要完善守法诚信褒奖机制和违法失信惩戒机制，使人不敢失信、不能失信。

——2016年12月9日在中共中央政治局第三十七次集体学习时的讲话

第二节　中华优秀传统伦理文化与以文化人教学案例

习近平总书记指出："国无德不兴，人无德不立。必须加强全社会的

第四章　中华优秀传统伦理文化融入高校思政课教学案例探索

思想道德建设,激发人们形成善良的道德意愿、道德情感,培育正确的道德判断和道德责任,提高道德实践能力尤其是自觉践行能力,引导人们向往和追求讲道德、尊道德、守道德的生活,形成向上的力量、向善的力量。只要中华民族一代接着一代追求美好崇高的道德境界,我们的民族就永远充满希望。"[1] 中华优秀传统伦理文化中有着丰富的道德修养及道德实践的内涵,对新时代青年大学生提升其思想道德素质、塑造其理想人格有着重要的价值。可以说,用中华优秀传统伦理文化以文化人、以文育人是新时代高校立德树人的重要途径。为此,在课堂教学中,思政课教师要善于从中华优秀传统伦理文化中汲取道德滋养,建构有效的教学案例对青年大学生进行道德培育。

一　中华优秀传统伦理文化与重德修身

案例一:自强不息,厚德载物

【案例介绍】

2000多年前,古代著名经典《周易》提出了"天行健,君子以自强不息""地势坤,君子以厚德载物"两语,意思是天道运行刚劲强健,有道德的人应效法天道,追求进步,发奋图强,勇于进取,永不停息;大地德性丰厚,承载万物,包容一切,有道德的人应效法大地,胸怀宽广,诚实谦虚,海纳百川,容载万物。

自强不息就是要自立自尊,勇于进取,坚忍不拔,革故鼎新。自立自尊即是要有独立人格,就是孔子所说的"三军可夺帅也,匹夫不可夺志也"[2],就是孟子所提出的"富贵不能淫,贫贱不能移,威武不能屈"[3] 的大丈夫人格,就是张载所弘扬的"为天地立心,为生民立命,为往圣继绝学,为万世开太平"[4] 的使命感。勇于进取,就是要自知、自胜,即是老

---

[1] 《习近平在山东考察时强调　认真贯彻党的十八届三中全会精神　汇聚起全面深化改革的强大正能量》,新华网,2013年11月28日。
[2] 《论语·子罕》。
[3] 《孟子·滕文公下》。
[4] 《横渠语录》。

125

子所说的"知人者智，自知者明；胜人者有力，自胜者强"①，要克制欲望、克制弱点，强力而行。坚忍不拔，即是要勤勉坚忍。自古圣贤多勤奋，东晋祖逖闻鸡起舞，发愤图强；明末清初顾炎武认为"有一日未死之身，则有一日未闻之道"②；王夫之垂暮之年卧病在床，仍坚持克服困难，著书立说；孟子说"天将降大任于是人也，必先苦其心志，劳其筋骨，饿其体肤，空乏其身，行拂乱其所为，所以动心忍性，曾益其所不能"③；荀子说"锲而舍之，朽木不折；锲而不舍，金石可镂"④。可以说，坚忍不拔、锲而不舍的精神正是对自强不息的一种生动诠释。革故鼎新即是要不断进取，《礼记·大学》说："苟日新，日日新，又日新。"自强不息蕴含着除旧布新的观念，是创新发展的精神动力。

厚德载物在春秋战国时期有两种代表思想：一是以《道德经》《庄子》为代表，在德上追求大道之德，虚怀若谷，包容万物，蕴含着丰富的人生智慧；二是以孔子、孟子为代表的儒家，主张积极修养德性，刚健有为，化解社会矛盾。一个有道德的人要"设身处地，爱人如己"，其中孔子的"仁"即是这一思想的重要彰显。人为什么要爱人？怎么去爱人？孔子提出了"己所不欲，勿施于人"⑤"己欲立而立人，己欲达而达人"⑥"我不欲人之加诸我也，吾亦欲无加诸人"⑦，三个方面相辅相成，是对仁之思想的集中体现，最后落脚到"泛爱众而亲仁"⑧，成为厚德载物的道德内涵。与此同时，厚德载物还应具有爱护万物的博大胸怀，张载曾充分发挥"厚德载物"的思想，明确提出了"民吾同胞，物吾与也"的思想，将古代"天人合一"的思想赋予其"仁民爱物"的内涵，使其上升到一个新的高度。不仅如此，他还提出了非常有名的"横渠四句"："为天地立心，为生民立命，为往圣继绝学，为万世开太平"，成为厚德载物理念在儒家知识

---

① 《道德经·第三十三章》。
② 《日知录》。
③ 《孟子·告子下》。
④ 《荀子·劝学》。
⑤ 《论语·颜渊》。
⑥ 《论语·雍也》。
⑦ 《论语·公冶长》。
⑧ 《论语·学而》。

第四章 中华优秀传统伦理文化融入高校思政课教学案例探索

分子身上的极好体现。除此之外，像叔孙豹提出的"立德""立言""立功"的"三不朽"之说，以及"知者不惑，仁者不忧，勇者不惧"[①]的"三达德"思想及孟子的"恻隐之心""羞恶之心""是非之心""辞让之心"的"仁义礼智""四德"观念，都可以看作"厚德载物"思想在道德精神层面的体现。

可以说，自强不息、奋发有为的进取精神和设身处地爱人如己的博大胸怀生动表明了中华优秀传统伦理文化中中国人的人生态度、立身精神和理想人生境界。

【案例引申】

"自强不息"所蕴含的自立自强的气节一旦由中国人的个体诉求集结为群体诉求，演变为中华民族的共同价值取向时，就会自然而然地升华为民族独立自强、不屈不挠、艰苦奋斗的民族精神，并与爱国主义一起，成为团结统一、同仇敌忾的强大精神凝聚力量。首先，自强不息是凝聚中华民族共同价值取向、促进民族共同体形成与发展的精神动力，几千年来中华民族之所以能够不断发展壮大，一个重要的精神支柱就在于自强不息的精神。其次，自强不息精神是反抗民族压迫、抵御外侮的精神力量。民族自古就有，但近代鸦片战争以来反抗外来侵略、争取民族独立和民族解放的现实诉求使国家意识和民族观念得以逐步产生，由此也汇聚成了伟大的民族精神，其中自强不息的精神成为中华民族精神的重要内涵。最后，自强不息还是促进中华民族伟大复兴的精神源泉。百年不懈探索，中华民族昂首阔步走在富强、复兴的民族道路上，无论是孙中山先生的"革命尚未成功，同志仍需努力"，还是毛泽东同志的"为有牺牲多壮志，敢教日月换新天"，抑或中国共产党成立以来，在革命、建设、改革时期所形成的如"井冈山精神""铁人精神""航天精神""脱贫攻坚精神"等，都生动体现了中华民族的自强不息精神。可以说，自强不息精神是中华民族的脊梁，是中华民族不断走向伟大复兴的重要精神支柱。

【案例运用】

对应教材章目：本案例可适用于"思想道德与法治"课程第一章"领悟

---

① 《论语·子罕》。

人生真谛 把握人生方向"中第二节"正确的人生观"第二框"积极进取的人生态度",第二章"追求远大理想 坚定崇高信念"中第一节"在实现中国梦的实践中放飞青春梦想"第三框"为实现中国梦注入青春能量",第三章"继承优良传统 弘扬中国精神"中第一节"中国精神是兴国强国之魂"第一框"崇尚精神是中华民族的优秀传统"、第二框"中国精神的丰富内涵",也可适用于"中国近代史纲要"课程第一章"进入近代后中华民族的磨难与抗争"中第四节"反侵略战争的失败与民族意识的觉醒"第二框"民族意识的觉醒"。

案例教学建议:众所周知,"自强不息,厚德载物"为清华大学的校训,1914年,梁启超在清华大学作的题为《君子》的演讲中特别强调了这种精神,后来,该精神被清华大学定为校训。"1914年11月,梁启超到清华演讲,以《周易》的两个象辞'天行健,君子以自强不息'(乾卦)、'地势坤,君子以厚德载物'(坤卦)激励学子,指出:君子自励犹如天体之运行刚健不息,不得一曝十寒,不应见利而进,知难而退,而应重自胜摈私欲尚果毅,不屈不挠,见义勇为,不避艰险,自强不息;同时,君子应如大地的气势厚实和顺,容载万物,责己严,责人轻,以博大之襟怀,吸收新文明,改良我社会,促进我政治,以宽厚的道德,担负起历史重任。梁启超慷慨激昂的演讲深深激励了清华学子,后来,'自强不息、厚德载物'被概括成清华大学的校训。"[①]

在思政课的课程体系中,特别是"思想道德与法治"课程,与中华优秀传统伦理文化结合十分密切,思政课教师可以结合自身的教学设计和教学安排,将"自强不息,厚德载物"的中华优秀传统伦理文化融入课堂教学之中。比如,在讲授"思想道德与法治"课程第一章"领悟人生真谛 把握人生方向"第二节"正确的人生观"第二框"积极进取的人生态度"时,面对当下青年大学生选择"躺平"的人生态度,教师可以中华优秀传统伦理文化中"自强不息"的精神回应青年大学生的"躺平"生活态度,开展一次"自强"与"躺平"的对话。既可以将孔子的人生作为案例,介绍他"知其不可为而为之"的殉道精神、"无终食之间违仁,造次必于是,

---

① 胡显章:《清华大学校训:自强不息 厚德载物》,《人民政协报》2016年3月31日。

颠沛必于是"的执着精神、"发愤忘食，乐以忘忧，不知老之将至"的积极进取奋斗精神等，也可以中华优秀传统伦理文化中"如欲平治天下，当今之世，舍我其谁"所高扬的主体意识以及"君子终日乾坤"的积极进取精神等，结合青年学生所关注的"躺平"问题进行思考，达到对青年学生正确人生观教育的目的，从而激励青年大学生树立积极面对、主动进取的人生态度，发扬自强不息、百折不挠的奋斗精神，在创新创造、不断奋斗中，成长为实现中华民族伟大复兴的先锋力量。同时，在教学中也要使青年大学生明白，人的一生总要面对各种各样的困难和挫折，这些困难和挫折对人的影响往往取决于人的态度，古往今来许许多多的杰出人物都是坚信"艰难困苦，玉汝于成"，历经艰辛而在挫折中获得成功的，青年大学生要具有自强不息、奋勇前进，积极面对困难的乐观精神，培养自身坚忍不拔的顽强意志，在百折不挠的奋斗中实现人生价值。又如，在讲授"思想道德与法治"课程第三章"继承优良传统 弘扬中国精神"中第一节"中国精神是兴国强国之魂"第二框"中国精神的丰富内涵"时，可切入百年大党在革命、建设、改革各个历史时期顽强拼搏、不懈奋斗所形成的伟大精神（特别是航天精神、脱贫攻坚精神等），阐释我们党的奋斗历程中是如何以自强不息的精神淬炼出中国共产党人的精神谱系，向青年学生深刻解读这些中国精神所蕴含的传统伦理文化因子，进而使学生更加认同中国精神的重要意义，明晰这些含有自强不息意蕴的中国精神是鼓舞和激励中国人攻坚克难，不断从一个胜利走向另一个胜利的重要精神法宝。

为了更好地了解当前青年大学生对于自身责任担当精神的价值取向，教师可在课堂教学中开展一次教学互动，内容可为："作为穿越爱好者的你，有一个机会被送到春秋战国时代，这时你有两个选择：A：到齐国的稷下学宫当一个教授；B：到秦国、魏国或楚国当宰相，条件是你必须使这些国家强大起来。那么你会选择什么？请说出理由。"通过这样的课堂互动，教师可进一步了解当前青年大学生的价值取向，从而更好地以"自强不息"的奋斗精神指引当代青年大学生奋勇前行。

而厚德载物则基于人的意义和价值，蕴含着成就"盛德"的人生安身立命之本，教师在课堂教学时，引导和培育青年大学生树立正确的人生观和价值观，找到安身立命的当为之方，则可以从厚德载物的德行中汲取营养,积极引导青年大学生进德修业,积善为德,在求知、修德、积善日积月累中,不断成就自身的道德修养,达到"参赞天地"的理想境界。而厚德载物的精神,也是今天构建和谐社会的必然道德要求,它一方面要求社会中的人加强道德修养,提高道德水平;另一方面以宽广的胸怀实现人与人之间的和谐相处,承载万物,从而建设一个健康、文明、和谐的理想社会境界。教师在讲授课程时,可以充分将此内容与我们今天构建和谐社会的愿景相联系,充分彰显出中华优秀传统伦理文化观照现实的价值意义。

【习言习语】

中国人民是具有伟大奋斗精神的人民。在几千年历史长河中,中国人民始终革故鼎新、自强不息,开发和建设了祖国辽阔秀丽的大好河山,开拓了波涛万顷的辽阔海疆,开垦了物产丰富的广袤粮田,治理了桀骜不驯的千百条大江大河,战胜了数不清的自然灾害,建设了星罗棋布的城镇乡村,发展了门类齐全的产业,形成了多姿多彩的生活。中国人民自古就明白,世界上没有坐享其成的好事,要幸福就要奋斗。

——2018年3月20日在第十三届全国人民代表大会第一次会议上的讲话

在新时代,中国人民将继续自强不息、自我革新,坚定不移全面深化改革,逢山开路,遇水架桥,敢于向顽瘴痼疾开刀,勇于突破利益固化藩篱,将改革进行到底。

——2018年4月10日在博鳌亚洲论坛2018年年会开幕式上的主旨演讲

要让青少年明白,无论任何时候奋斗精神都不能丢,正所谓"志不求易,事不避难"。要对学生开展时代使命和责任意识教育,教育引导学生懂得,如果想创造出彩人生,就必须树立高远志向,历练敢于担当、不懈奋斗的精神,具有勇于奋斗的精神状态、乐观向上的人生态度,以行求知,以知促行,真正做到知行合一,做到刚健有为、自强不息。

——2018年9月10日在全国教育大会上的讲话

1840年鸦片战争以后,西方列强在中华大地上恣意妄为,封建统治者孱弱无能,中国逐步成为半殖民地半封建社会,国家蒙辱、人民蒙难、文明蒙尘,中国人民和中华民族遭受了前所未有的劫难。英雄的中国人民始终没有屈服,在救亡图存的道路上一次次抗争、一次次求索,展现了不畏强暴、自强不息的顽强意志。从那时起,实现中华民族伟大复兴就成为中华民族最伟大的梦想。

——2021年10月9日在纪念辛亥革命110周年大会上的讲话

这50年,中国人民始终发扬自强不息精神,在风云变幻中把握中国前进方向,书写了中国以及人类发展的壮阔史诗。

——2021年10月25日在中华人民共和国恢复联合国合法席位50周年纪念会议上的讲话

案例二:重德修身,知行合一

【案例介绍】

"德"在中华优秀传统伦理文化中是一个核心范畴,自中华优秀传统伦理文化形成起就倡导和推崇道德,并将道德看作人的必要需求之一。正是因为重视和强调道德的价值,在现实生活中,中华优秀传统伦理文化中的诸多学派都非常重视和强调个体道德修养的重要性。

修身的目的是什么?孔子对此有过明确的回答:"子路问君子。子曰:'修己以敬。'曰:'如斯而已乎?'曰:'修己以安人。'曰:'如斯而已乎?'曰:'修己以安百姓。'"[1] 这一思想进一步被后人发挥,形成了"修身、齐家、治国、平天下"的层层向外扩充的道德修养之维。可以认为,中华优秀传统伦理文化看重道德修养是与孔子密不可分的,孔子同他的弟子们讲述了自己的道德修养过程,即"吾十有五而至于学,三十而立,四十而不惑,五十而知天命,六十而耳顺,七十而从心所欲,不逾矩"[2],道德修养的最高境界应是道德上绝对自由的"从心所欲不逾矩"。

首先,存心养性,立乎其大。存心,就是保持和发扬良心不丢失,人都有与生俱来的不学而知、不虑而能的良知良能,但是,由于人们会受到后天外在环境及欲望的影响而丧失掉原有的"良心"。为了恢复失去的善心良性,就要找回这失掉的"良心",对此孟子曾说道:"学问之道无他,

---

[1] 《论语·宪问》。
[2] 《论语·为政》。

求其放心而已矣。"①。养性,即是养存自己的诚善之性,与存心有着异曲同工之处,当存心养性都达到时,就有了成就道德的根基和基础。存心养性的方式既要立乎其大者,即以良心为主的道德属性为主宰,统摄如口好味、耳好声、目好色等生理欲望的追求,进而"先立乎其大者,则其小者弗能夺也"②。同时也要反求诸己,孟子指出,"仁者如射:射者正己而后发,发而不中,不怨胜己者,反求诸己而已矣"③"君子必自反也"④。道德修养的根本途径在于借助"是非之心"进行自我反省,通过扩充"恻隐之心""羞恶之心""恭敬之心"以达到道德上的完善。

其次,克己内省,慎独自律。在道德修养中,"克己"强调的是对自己的不良思想欲望和恶的念头加以约束和克制。"内省"是自我反省和省察,强调人们应当从言行、思想、情感等方面不断反思和思考,明辨是非善恶,正确认识自己和剖析自己,从而提高自身的道德修养。曾子说"吾日三省吾身:为人谋而不忠乎?与朋友交而不信乎?传不习乎?"⑤ "见贤思齐焉,见不贤而内自省也"⑥,孟子提出"君子必自反也"⑦,荀子指出"君子博学而日参省乎己,则知明而行无过矣"⑧ "见善,修然必以自存也;见不善,愀然必以自省也"⑨,均表明了严于律己、自思自省的重要性。"慎独"作为道德修养的重要方法,其出现最初是以"君子慎其独"的形式出现的,在《中庸》和《大学》中均有论及。《大学》第六章云:"所谓诚其意,毋自欺也。如恶恶臭,如好好色,此之谓自谦,故君子必慎其独也。"《中庸》第一章云:"故君子戒慎乎其所不睹,恐惧乎其所不闻,莫见乎隐,莫显乎微,故君子慎其独也。""慎独"初含义理解为"诚",即心不自欺,是指内心的一种精神状态。到东汉时期,郑玄把《中庸》中

---

① 《孟子·告子上》。
② 《孟子·告子上》。
③ 《孟子·公孙丑上》。
④ 《孟子·离娄下》。
⑤ 《论语·学而》。
⑥ 《论语·里仁》。
⑦ 《孟子·离娄下》。
⑧ 《荀子·劝学》。
⑨ 《荀子·修身》。

的"慎独"作了解释："慎独者，慎闲居之所为。小人于隐者，动作言语自以为不见睹、不见闻，则必肆尽其情也。"① 儒家认为，一个人要注重谨慎地自我省察，不要使任何不好的念头滋生于幽暗和细微之中，事虽细微，但意念的善恶自己是最清楚的，千万不要以为别人不易察觉而自欺其心，只有勿自欺才能不欺人，这是一个必然的前提。

最后，学思结合，恪守善道。学思结合是道德修养的重要内容和方法，指的是将学习和思考辩证结合起来，从而明辨是非善恶，形成良好德性。其中，"学"是进行道德修养的前提，是知晓最基本的道德规范，进而明辨是非善恶，达到道德修养的目的。孔子指出："好仁不好学，其蔽也愚；好知不好学，其蔽也荡；好信不好学，其蔽也贼；好直不好学，其蔽也绞；好勇不好学，其蔽也乱；好刚不好学，其蔽也狂。"② 荀子也特别强调学习，在《劝学》篇说"君子曰：学不可以已""吾尝终日而思矣，不如须臾之所学也"③。学固然重要，但还要进一步与思结合在一起，在反思中不断深入学习，即所谓"学而不思则罔，思而不学则殆"④，"思"是一种思维活动，是内心修养的重要途径，其作用在于反思自己的言行举止是否符合道德规范的要求，进而去恶从善，达到学习和修养的目的，不断提高个人的道德品性。

可以说，中华优秀传统伦理文化中包含着诸多重视道德修身的合理思想和见解，这些观点在今天依然具有重要的时代价值，是加强青年大学生自身道德修养的重要思想源泉。

【案例引申】

对于人而言，在其修身养性品德内化过程中，认知和践行相互不可分割。认知是道德内化的前提和基础，践行是道德内化的外显，亦即道德内化完成的落脚点。培养人的道德品质，并不是培养言行脱节的道德"理论家"，而是要培养"知行合一"的道德自觉"践履者"。可以认为，个人道德修养的最终目标在于形成良好的道德行为，只有将外在的道德规范内

---

① 刘向、向宗鲁：《说苑校证：卷十敬慎》，中华书局，1987，第240页。
② 《论语·阳货》。
③ 《荀子·劝学》。
④ 《论语·为政》。

化于心，化作内在道德品性，进而外化于行，成为具体的道德行为，才能认为一个人的道德修养是成功的。在中华优秀传统伦理文化中，除却重点阐述道德修养的重要性之外，还特别注重强调"知行合一"。"知行合一"，即是将道德认知和道德行为进行充分结合，将道德行为作为道德认知的最终落脚点。《中庸》中曾说到："博学之，审问之，慎思之，明辨之，笃行之。"个人修养的关键在于于实处用力。孔子也曾指出"言必信，行必果"[①]，作为君子应注重言行一致、言出必行。荀子明确指出"不闻不若闻之，闻之不若见之，见之不若知之，知之不若行之，学至于行而止矣。行之，明也"[②]，朱熹说"学之之博，未若知之之要，知之之要，未若行之之实"[③]，均是将"行"看作道德修养的重要环节。而集知行学说集大成者的王阳明即便是注重"致良知"的良心重要性，但同样肯定和强调了"行"的重要性。可以说，"知行合一"强调的是一种笃行，是一种道德践履，要通过道德的实践加深对道德认识的理解，进而促进人在自主性的实践活动中养成高尚的道德情操，这本身也成为中华优秀传统伦理文化中道德修养的最终落脚点。

【案例运用】

对应教材章目：本案例可适用于"思想道德与法治"课程绪论"担当复兴大任 成就时代新人"第二框"新时代呼唤担当民族复兴大任的时代新人"，第三章"继承优良传统 弘扬中国精神"第一节"中国精神是兴国强国之魂"第一框"崇尚精神是中华民族的优秀传统"，第四章"明确价值要求 践行价值准则"第三节"积极践行社会主义核心价值观"第二框"把社会主义核心价值观落细落小落实"，第五章"遵守道德规范 锤炼道德品格"第二节"吸收借鉴优秀道德成果"第一框"传承中华传统美德"、第三节"投身崇德向善的道德实践"第三框"锤炼个人品德"，同时，也可适用于"马克思主义基本原理概论"课程第二章"实践与认识及其发展规律"第一节"实践与认识"第三框"认识的本质与过程"、第四框"实践与认识的辩证运动及其规律"。

---

① 《论语·子路》。
② 《荀子·儒效》。
③ 《朱子语类》卷十三。

第四章 中华优秀传统伦理文化融入高校思政课教学案例探索

案例教学建议：思政课教师运用中华优秀传统伦理文化中的优秀道德修养观念对青年大学生进行道德引导和道德培育具有重要的意义，其中存心养性、内省克治、学思结合、知行合一的修养之方所具有的价值毋庸置疑，它不仅有助于克服当前青年大学生在道德修养方面的消极态度，树立起积极、健康、向上的道德品质，同时也是培养青年大学生完善理想人格、实现自由而全面发展的精神支撑，从而使青年大学生在德性完善、真理信仰上有较高追求，具备修身、齐家、治国甚至平天下的人文精神和道德素养。

思政课教师在运用中华优秀传统伦理文化"重德修身""知行合一"的内容时，可结合当前青年大学生出现的诸如道德滑坡、性情浮躁、价值取向混乱、意志品质薄弱等道德方面的问题来展开教学，并与社会主义现代化建设对人才的需要进行融合，使青年大学生认识到加强自身道德修养不仅对个人而言是至关重要的，同时也是促进国家发展、兴国强国的必然之举。具体而言，其一，教师要通过教学让学生懂得，青年大学生注重道德修养，存心养性、内省克治、学思结合，可以更加客观和正确地认知自我和剖析自我，及时克服缺点、改正错误，将外在的道德规范内化为自身的道德行为，更好地培养自身的道德品质。面对现代社会的种种生活挑战，教师要引导青年大学生树立重德修身的自觉意识和自觉精神，加强个体修养的主动性和能动性，从而在思想道德上做积极践行者。其二，教师要通过教学让学生懂得，青年大学生注重道德修养，是自我培养、自我改造进而自我提升的必然途径，而这本身是个体道德自律的过程。当前，我国社会处于转型的关键时期，呈现出价值观念的冲突与博弈，使得青年大学生的道德观念常常裹挟着一些西方的价值认知，表现出认知彷徨和无所适从。面对此种局面，特别需要教师在课堂讲授中用中华优秀传统伦理文化中的慎独自律精神不断强化青年大学生的道德认知，借鉴传统修身治世的药方，提升青年大学生的道德觉悟，做一个自律自强的人。其三，教师要通过教学让学生懂得，道不可坐论，德不能空谈，青年大学生注重道德修养，最重要的是要做到"知行合一"。教师在教学中可以从社会现实反面出发，从分析当前社会中出现的知行脱节现象说起，让青年大学生认识到"纸上得来终觉浅，绝知此事要躬行"，个人道德品格的完善，一定是"知"与"行"相互作用的结果，并结合传统伦理文化中知行合一、笃行践履等思想引导青年大学生加强道德实践，做到行高于言，重德还重行，从而完善自身的道德人格。

【习言习语】

"道德当身，故不以物惑。"中华优秀传统文化，蕴含着丰富的思想道德资源。比如，在坚守道德底线方面，强调"己所不欲，勿施于人"、"与人为善"、"以己度人"、"推己及人"，"君子忧道不忧贫"，要恪守"良知"，做到"俯仰无愧"。再比如，在树立道德理想方面，强调"大道之行也，天下为公"，人要"止于至善"，有社会责任感，追求崇高理想和完美人格，倡导"兼善天下"、"利济苍生"、"修身齐家治国平天下"、"见贤思齐焉，见不贤而内自省也"，做君子、成圣贤。我们要利用好中华优秀传统文化中的这些宝贵资源，增强人们的价值判断力和道德责任感，不断提高人们道德水平，提升人们道德境界。

——2014年2月24日在第十八届中央政治局第十三次集体学习时的讲话

要修德，加强道德修养，注重道德实践。"德者，本也。"蔡元培先生说过："若无德，则虽体魄智力发达，适足助其为恶。"道德之于个人、之于社会，都具有基础性意义，做人做事第一位的是崇德修身。这就是我们的用人标准为什么是德才兼备、以德为先，因为德是首要、是方向，一个人只有明大德、守公德、严私德，其才方能用得其所。修德，既要立意高远，又要立足平实。要立志报效祖国、服务人民，这是大德，养大德者方可成大业。同时，还得从做好小事、管好小节开始起步，"见善则迁，有过则改"，踏踏实实修好公德、私德，学会劳动、学会勤俭、学会感恩、学会助人、学会谦让、学会宽容、学会自省、学会自律。

——2014年5月4日在北京大学师生座谈会上的讲话

对先人传承下来的道德规范，我们要在去粗取精、去伪存真的基础上，采取兼收并蓄的态度。我们的先人们有大量劝导人们向上向善的警句名言，如"大道之行也，天下为公"、"见善如不及，见不善如探汤"、"见贤思齐焉，见不贤而内自省也"、"不义而富且贵，于我如浮云"、"言必信，行必果"、"德不孤，必有邻"、"人而无信，不知其可也"、"勿以善小而不为，勿以恶小而为之"，等等。这些有益思想观点，要结合时代条件加以继承和发扬,以坚守中国人的价值观,保持做人干事的精神风骨。要善于运用中华优秀传统文化中凝结的哲学思想、人文精神、道德理念来明是非、辨善恶、知廉耻,自觉做为政以德、正心修身的模范。

——2017年1月6日在第十八届中央纪律检查委员会第七次全体会议上的讲话

"纸上得来终觉浅,绝知此事要躬行。"所有知识要转化为能力,都必须躬身实践。要坚持知行合一,注重在实践中学真知、悟真谛,加强磨练、增长本领。

——2019年7月16日在内蒙古大学考察时的讲话

二 中华优秀传统伦理文化与人生观培育

案例一:传统伦理文化中的生死观与人生价值的追求

【案例介绍】

对于人生观而言,生死问题是每个人都必须要面对和思考的重要问题。中华优秀传统伦理文化有着深刻的关涉生死问题的考量,儒家对待生死问题的态度是"死生有命,富贵在天"[1],采取了一种较为超然洒脱的态度,在其人生至道的追求中,更加看重生前而非死后。正是因为此,孔子说"未知生,焉知死"[2],在儒家看来,在生时应尽可能地发挥出个人的人生价值,尽自己的责任为实现和谐社会而努力,在死后则实现"不朽"的意义。《左传·襄公二十四年》载有一段故事,表达了儒家所倡导的"不朽"之观念。二十四年春,穆叔如晋。范宣子逆之,问焉,曰:"古人有言曰'死而不朽',何谓也?"穆叔未对。宣子曰:"昔匄之祖,自虞以上,为陶唐氏,在夏为御龙氏,在商为豕韦氏,在周为唐杜氏,晋主夏盟为范氏,其是之谓乎?"穆叔曰:"以豹所闻,此之谓世禄,非不朽也。鲁有先大夫曰臧文仲,既没,其言立。其是之谓乎?豹闻之,太上有立德,其次有立功,其次有立言,虽久不废,此之谓不朽。若夫保姓受氏,以守宗

---

[1] 《论语·颜渊》。
[2] 《论语·先进》。

祊，世不绝祀，无国无之。禄之大者，不可谓不朽。"所谓"三不朽"，即是立德、立功、立言，这一思想一直以来影响着中国社会，为后来的许多思想家所继承。例如，在立德方面，孔子曾说："齐景公有马千驷，死之日，民无德而称焉。伯夷、叔齐饿于首阳之下，民到于今称之。"[1] 在孔子看来，齐景公无德，因而无朽；伯夷、叔齐有德，则"不朽"。魏文帝《与王朗书》中也说到："生有七尺之形，死唯一棺之土，唯立德扬名，可以不朽。"在立功方面，孟子讲："君子创业垂统，为可继也。"[2] 立功，即是功垂千古。此外，宋朝大儒张载明言："为天地立心，为生民立命，为往圣继绝学，为万世开太平。"[3] 如此等等，均表明了人在生前尽自己的责任，则在死后是问心无愧的理想抱负，产生了"杀身成仁""舍生取义"的英雄主义精神。由此也可以发现，在中国历史上那些名垂千古者，总是或以德、或以言、或以功、或兼而有之使自己不朽于世。

道家对待生死的态度持"生死齐一"的自然立场。老子认为"人法地，地法天，天法道，道法自然"[4]，人的生死都是自然现象，如果人能够顺应自然同于"道"，则能体现出一种超越生死的境界。相比于老子，庄子对生死问题有着较多的思考和讨论，在庄子看来，生和死都是人的自然现象，"死生，命也，其有夜旦之常，天也。人之有所不得与，皆物之情也"[5]。死亡是人生第一位的、最终无法跨越的界限，"人生天地之间，若白驹之过隙，忽然而已"[6]。正是由于此，庄子认为，人对待生死必须要有"不知说（悦）生，不知恶死"[7] 的洒脱超然的心境。如果真懂得生死不过是自然现象，人是可以无拘无束地来，又无拘无束地去的。下面呈现两处庄子对待生死的超然态度。

态度一：庄子将死，弟子欲厚葬之。庄子曰："吾以天地为棺椁，以日月为连璧，星辰为珠玑，万物为赍送。吾葬具岂不备邪？何以加此！"

---

[1] 《论语·季氏》。
[2] 《孟子·梁惠王下》。
[3] 《横渠语录》。
[4] 《道德经·第二十五章》。
[5] 《庄子·大宗师》。
[6] 《庄子·知北游》。
[7] 《庄子·大宗师》。

弟子曰："吾恐乌鸢之食夫子也。"庄子曰："在上为乌鸢食，在下为蝼蚁食，夺彼与此，何其偏也！"① 庄子快要死的时候，弟子们打算厚葬他。庄子说："我以天地为棺椁，以太阳和月亮为连璧，把星星当作珍珠，把万物当作陪葬品。我的丧葬用品难道还不齐备吗？还有比这更好的么！"弟子们说："我们担心乌鸦和老鹰吃掉你的尸体！"庄子说："天葬让乌鸦和老鹰吃，土葬让蝼蛄和蚂蚁吃，从乌鸦老鹰那里夺过来给蝼蛄蚂蚁，为什么这样偏心呢！"由此表明了庄子截然不同的生死观念。

态度二：《庄子·外篇》中记载了庄子妻子死后鼓盆而歌的典故。庄子妻死，惠子吊之，庄子则方箕踞鼓盆而歌。惠子曰："与人居，长子老身死，不哭，亦足矣，又鼓盆而歌，不亦甚乎！"庄子曰："不然。是其始死也，我独何能无概！然察其始而本无生，非徒无生也而本无形，非徒无形也而本无气。杂乎芒芴之间，变而有气，气变而有形，形变而有生，今又变而之死，是相与为春秋冬夏四时行也。人且偃然寝于巨室，而我噭噭然随而哭之，自以为不通乎命，故止也。"② 大意为，庄子的妻子死了，惠子（惠施）前往庄子家吊唁，只见庄子岔开两腿，像个簸箕似地坐在地上，一边敲打着瓦缶一边唱着歌。惠子说："你的妻子和你一起生活，生儿育女直至衰老而死，你不哭泣也就算了，竟然敲着瓦缶唱歌，不觉得太过分了吗！"庄子说："不对的，我妻子初死之时，我怎么能不感慨伤心呢！然而考察她开始原本就不曾出生，不仅不曾出生，而且本来就不曾具有形体，不仅不曾具有形体，而且原本就不曾形成气息。夹杂在恍恍惚惚的境域之中，变化而有了气息，气息变化而有了形体，形体变化而有了生命，如今变化又回到死亡，这就跟春夏秋冬四季运行一样。死去的那个人静静地寝卧在天地之间，我却呜呜地随之而啼哭，自认为这是不能通达天命，于是就停止了哭泣。"可以看到，庄子对生死有很透彻的见解，他认为："生也，死之徒，死也，生之始，孰知其纪？人之生，气之聚也；聚则为生，散则为死。"③ 人之生，也就伴随着死。宇宙间只是一气，气聚则生，气散则死，只是现象。了解了这个道理，就明白了庄子所说的"死生

---

① 《庄子·列御寇》。
② 《庄子·至乐》。
③ 《庄子·知北游》。

为一条""死生存亡一体"了。

可以说，道家学派对于生与死的问题更加具有辩证法的睿智，同时也更加理性地看待生老病死等自然现象。但是，由于道家更多地将生死齐一，相应的也必然不可避免地会消解生的价值，因而在这一点上，显然儒家"未知生，焉知死"的生死观对人而言是更具有积极意义的。

概而言之，在中华优秀传统伦理文化中，儒家和道家关于生死问题都形成了自身独到的见解，这一人生观的问题在今天空前发展的新时代仍具有闪光的可借鉴的价值。

【案例引申】

在中华优秀传统伦理文化生死观的影响下，形成了积极入世、有所作为的人生态度。以超然的生死观走向不朽的人生注定会催生出在中国传统社会积极入世、有所作为的人生态度。孔子是典型的"知其不可为而为之"[1]者，他把儒家的"仁学"与积极有为的人生态度相结合，办塾学、周游列国，一生幻想以周礼匡扶乱世，结果是"发愤忘食，乐以忘忧，不知老之将至云尔"[2]。孔子还强调知识分子要担当道义，主张"士不可以不弘毅，任重而道远。仁以为己任，不亦重乎？"[3]这些均体现出入世有所作为的积极态度。孟子进一步发挥儒家的这一人生态度，颂扬大丈夫的理想人格，将"富贵不能淫，贫贱不能移，威武不能屈"看作大丈夫的衡量标准，而这一衡量标准也是以为国为民立功而设定的。孟子所追求的人生理想境界即是"以天下为己任"："乐民之乐者，民亦乐其乐；忧民之忧者，民亦忧其忧。乐以天下，忧以天下，然而不王者，未之有也。"[4]甚至还高呼："夫天未欲平治天下也，如欲平治天下，当今之世，舍我其谁？"[5]这之后儒家的有所作为的人生态度一直影响着中国知识分子，成为无数仁人志士的人生追求和政治理想，甚至是在民族危亡之际挺身而出，不惜"杀身成仁""舍生取义"，以自己的生命诠释了忧国忧民的精神灵魂。

---

[1] 《论语·宪问》。
[2] 《论语·述而》。
[3] 《论语·泰伯》。
[4] 《孟子·梁惠王下》。
[5] 《孟子·公孙丑下》。

第四章 中华优秀传统伦理文化融入高校思政课教学案例探索

此外，中华优秀传统伦理文化的生死观也孕育出了中国悠久的谋道不谋食、安贫乐道的幸福观。"安贫乐道"的人生观同样是由孔子最早提出的，在《论语》中，孔子教导他的弟子"君子食无求饱，居无求安"①"君子忧道不忧贫"②"发愤忘食，乐以忘忧"③。在孔子看来，人生最理想的境界在于探求天下之道，而不是追求所谓的荣华富贵，当以"道"处之之时，则无论遇到什么样的困难和挫折都会乐以待之，而不会怨天尤人。《孔子家语》曾记载，子路问于孔子曰："君子亦有忧乎？"子曰："无也。君子之修行也，其未得之，则乐其意，既得之，又乐其治，是以有终身之乐，无一日之忧。小人则不然，其未得也，患弗得之，既得之，又恐失之，是以有终身之忧，无一日之乐也。"④大意为，孔子认为君子在修身实践中，当他做事没有获得成功时，会为自己有做事的意念而高兴，当他获得成功的时候，又会为自己有所作为而高兴，因此君子的一生都很快乐，没有一天是忧虑的；小人则不是这样，当他有想获得的东西而没有得到的时候，就会因得不到而不快乐，而得到了又怕失去而不快乐，因此他的一生是没有一天快乐的。荀子对此总结指出"君子乐得其道，小人乐得其欲"⑤，由此可见，"安贫乐道"认为追求生的积极意义是一种精神上的幸福感受，它可以使人体会到充实和平静的快乐感，即使物质生活匮乏，也不会影响对于道的享受，因为这是一种精神上的获得，是对"道"的领悟和认知，"乐在其中矣"。

案例二：传统伦理文化中的荣辱观与人生价值的追求

【案例介绍】

荣辱观在中华优秀传统伦理文化中虽不占主流，但却有着较多的论述。《论语》即指出，"君子疾没世而名不称焉"⑥ "君子去仁，恶乎成

---

① 《论语·学而》。
② 《论语·卫灵公》。
③ 《论语·述而》。
④ 《孔子家语·在厄第二十》。
⑤ 《荀子·乐论》。
⑥ 《论语·卫灵公》。

名"①，表明"荣"要以"仁"为前提，建立在个人成名基础之上。孟子则进一步指出判定荣辱的标准："仁则荣，不仁则辱。"② 而至荀子，对荣辱思想进行了最为详细的论述，明确提出了荣辱之大分："荣辱之大分，安危利害之常体。先义而后利者荣，先利而后义者辱；荣者常通，辱者常穷；通者常制人，穷者常制于人，是荣辱之大分也。"③ 荀子把荣辱区分为"义荣、势荣和义辱、势辱"。所谓"义荣"，是由于人们"意志修，德行厚，知虑明"等内在道德因素而获得的荣誉。所谓"势荣"，则是由于"爵列尊，贡禄厚，形势胜"等高官厚禄、权势威严等外在条件而取得的荣誉。"义辱"者，是由于人们"流淫污僈，犯分乱理，骄暴贪利"等恶行造成的。"势辱"者，"辱之由外至也"，也就是被人诬陷而遭受屈辱以至刑戮等。由此，荀子给出了结论："故君子可以有势辱而不可以有义辱，小人可以有势荣而不可以有义荣。有势辱无害为尧，有势荣无害为桀。义荣、势荣，唯君子然后兼有之；义辱、势辱，唯小人然后兼有之。是荣辱之分也。"④ 由此可以看到，孟子、荀子等对于荣辱的划分主要建立在人的道德品行之上，意在指引人们向着高尚的品性努力，获得"荣"的道德评价认可。

【案例引申】

将正确的荣辱思想作为根柢，则会使人对于自身不当言行举止产生羞耻感，进而对人的道德言行形成一定的规范作用。何为"耻"？或者说，"耻"的言行包含哪些？《论语》中关于此有过众多论述："子曰：'巧言、令色、足恭，左丘明耻之，丘亦耻之。匿怨而友其人，左丘明耻之，丘亦耻之。'"⑤ "子曰：'君子耻其言而过其行。'"⑥ "子曰：'邦有道，贫且贱焉，耻也；邦无道，富且贵焉，耻也。'"⑦ 在孔子看来，花言巧语、虚

---

① 《论语·里仁》。
② 《孟子·公孙丑上》。
③ 《荀子·荣辱》。
④ 《荀子·荣辱》。
⑤ 《论语·公冶长》。
⑥ 《论语·宪问》。
⑦ 《论语·泰伯》。

第四章 中华优秀传统伦理文化融入高校思政课教学案例探索

伪讨好，对人心藏怨恨却表面友善的人是可耻的；说得多、做得少的人是可耻的；在国家政治清明时生活贫困而地位低下是可耻的，而在国家政治黑暗时生活富有而位高权重则是可耻的。在孔子那里，耻是一种道德自我修正，是真正的道德感。

在孟子这里，"耻"也具有重要的道德意义。孟子曾指出，"耻之于人大矣""人不可以无耻。无耻之耻，无耻矣"①，意在表明羞耻感对人而言是至关重要的。孟子明确指出几种可作为"耻"的表现。第一，名誉声望超过了实际情形，"故声闻过情，君子耻之"②。第二，在朝廷做官，却不能推行自己的主张，也是耻辱，"立乎人之本朝，而道不行，耻也"③。第三，用不正当的手段去求得富贵发财，"由君子观之，则人之所以求富贵利达者，其妻妾不羞也，而不相泣者，几希矣"④。管子则把"礼、义、廉、耻"比作"国之四维"，并认为"一维绝则倾，二维绝则危，三维绝则覆，四维绝则灭。四维张则君令行，四维不张，国乃灭亡"⑤，以此指出"耻"作为国之一维的重要性。可以说，在中华优秀传统伦理文化中，"耻"是十分重要的道德条目，"知耻近乎勇"，知耻可以全人之德、可以养人之德，亦可以成人之德，其对人来说是至关重要的德性。

【案例运用】

对应教材章目：案例一和案例二可适用于"思想道德与法治"课程第一章"领悟人生真谛 把握人生方向"中第二节"正确的人生观"第二框"积极进取的人生态度"、第三节"创造有意义的人生"第一框"辩证对待人生矛盾"，第五章"遵守道德规范 锤炼道德品格"中第二节"吸收借鉴优秀道德成果"第一框"传承中华传统美德"。

案例教学建议：在青年大学生的成长过程中，不可避免地会遇到很多现实生活中的实际困难，产生各种人生矛盾，比如苦与乐、生与死、荣与辱等，如何勇敢面对而又正确地处理好各种人生矛盾，对青年大学生的成

---

① 《孟子·尽心上》。
② 《孟子·离娄下》。
③ 《孟子·离娄下》。
④ 《孟子·离娄下》。
⑤ 《管子·牧民》。

长成才是至关重要的。思政课教师在进行课堂教学时，要敢于直面大学生的困惑，积极回应与大学生最为密切的现实问题。其中正确地看待生死、荣辱问题，学会积极乐观地面对生活是大学生的必修课，思政课教师要充分利用好中华优秀传统伦理文化中的思想元素，对青年大学生进行积极的人生观和人生态度的价值引导。一方面，思政课教师要引导青年大学生明晰，虽然在现代社会伴随着科学的空前发展人们对于生死问题有了更为理性的认知，但是在某种意义上，生死问题仍然是哲学、伦理学所要讨论的终极关怀问题，每个人不同的人生态度和价值观都会影响人们形成不同的生死观，对于青年大学生而言，应正确地看待生与死的问题，牢固树立生命可贵、敬畏生命的意识，倍加爱护自己和他人的生命，理性面对生老病死等自然现象；另一方面，思政课教师还要教育青年大学生懂得在有限的生命中绽放出彩的人生价值，要向中华优秀传统伦理文化中追求不朽的精神学习，争做"立德""立言""立功"之人。在教学中，教师可结合中华民族历史上的英雄人物，向学生深刻解读"三不朽"的实践精神。"立德"即是个人道德品德方面的价值，像屈原、岳飞、霍去病、文天祥一样忠信精诚、品德高尚，使他们不仅能够成为历史现实中受人敬仰的人物，更使其在百年之后仍然受到人们的怀念和崇敬，成就了"立德"的不朽。"立功"即是为国家社稷、为百姓人家建功立业，像汉武大帝、唐宗宋祖，以及一代天骄成吉思汗，他们开疆拓土，统一中华，为子孙后代造福，成就了"立功"的不朽。而"立言"则是提出具有真知灼见的言论或是著书立说，如中华文化历史中的名言名著等。可以说，通过"三不朽"的追求，一个人的人生价值便会在这一过程中得到最完美的体现，而青年大学生要做的，即是在有限的生命中，投身中华民族伟大复兴的伟大事业中，赋予个人的生命以更大的意义。

与此同时，教师也可以将中华优秀传统伦理文化中的荣辱观在课堂教学中以案例的形式向青年大学生进行讲授。尚荣知耻一直以来即是中国传统社会所称颂的优良道德品格，将其看作育人治世的重要价值，并通过"知耻"来进行道德评价和判断。一方面，它可以培养人们正确的荣辱观，明辨是非善恶。对于荣辱内容的教育和宣传不仅表明国家、社会对个人道德的重视，同时也树立了一种道德风向标，有利于维护社会公序良俗，从而形成稳定的和谐社会。另一方面，尚荣知耻作为一种修身治世之方，是个人德性培养的内在驱动力，它可以激励人们向着更好的人格不断努力，保持人格尊严，同时还可以通过从主体到客体，又从客体返回到主体的自省或内视使人们在一定的道德认知基础上产生内疚感或正义感，从而形成激励和引导的道德动力。正是基于此，教师要结合中华优秀传统伦理文化的荣辱观教育青年大学生具备正确的荣辱观，明确是非、对错、善恶、美丑的界限，坚持以热爱祖国为荣、以危害祖国为耻，以服务人民为荣、以背离人民为耻，以崇尚科学为荣、以愚昧无知为耻，以辛勤劳动为荣、以好逸恶劳为耻，以团结互助为荣、以损人利己为耻，以诚实守信为荣、以见利忘义为耻，以遵纪守法为荣、以违法乱纪为耻，以艰苦奋斗为荣、以骄奢淫逸为耻，进而在纷繁复杂的社会生活中明确应当坚持和提倡什么、反对和抵制什么，从容走好人生之路。

【习言习语】

展望未来，我国青年一代必将大有可为，也必将大有作为。这是"长江后浪推前浪"的历史规律，也是"一代更比一代强"的青春责任。广大青年要勇敢肩负起时代赋予的重任，志存高远，脚踏实地，努力在实现中华民族伟大复兴的中国梦的生动实践中放飞青春梦想。

——2013年5月4日在同各界优秀青年代表座谈时的讲话

"为官避事平生耻。"干部就要有担当，有多大担当才能干多大事业，尽多大责任才会有多大成就。不能只想当官不想干事，只想揽权不想担责，只想出彩不想出力。

——2015年1月12日在中央党校县委书记研修班学员座谈会上的讲话

三 中华优秀传统伦理文化与公共道德、家庭美德

案例一：传统美德与社会公德

【案例介绍】

严格地说，社会公德——道德范畴在我国传统伦理文化中并非有之，而是近代以后产生的道德规范。虽无严格意义上的社会公德，却隐含着某

些关于公共生活关系的道德思想,可以说,"中国古代思想家提出的许多道德理念,正是为了克服小农社会和宗法社会的伦理局限,将个人和家族的伦理关系提升到社会和国家的层面,即由私德发展为公德"[1]。如"被之僮僮,夙夜在公"的公忠精神、儒家推己及人的"仁爱"思想、强调"公义胜私利"的"义利—公私"之辩、"有礼则安"的明礼思想等,都体现了传统道德中的"公德"内容。概括而言,中华优秀传统伦理文化中,具体的公德条目可体现为以下几个方面。

第一,仁爱。仁爱是中华优秀传统伦理文化非常重要的内容,同时也是儒家重要的道德范畴。

首先,"仁"表彰的是一种人际关系。对于"仁",许慎的《说文解字》说:"仁,亲也,从人从二。"[2] 在孔子这里,其将"仁"视为人与人亲爱关系的伦理原则,即"樊迟问仁。子曰:'爱人。'"[3] 孟子进一步继承和发展了孔子的仁爱思想,主要表现在两个方面。一是突出"仁"是人之为人的心理和情感基础,指出"仁,人心也"[4]。二是突出"仁"是天的德性,即"夫仁,天志尊爵也,人之安宅也"[5],并以"亲亲而仁民,仁民而爱物"[6] 全面展示出"仁"的多重关系。到了宋明理学阶段,儒家的仁爱思想有了进一步的发展,朱熹将其概括为"仁者,心之德,爱之理"[7],进一步表示仁是道德本心具有的普遍必然性的道德原则。可以说,"仁爱"是中华优秀传统伦理文化中调节人际关系的重要道德命题,其思想内涵表现在仁民爱众首先从"孝悌"开始,以孝敬父母、尊敬兄长为前提,进而"泛爱众",逐渐扩大,达至众人,实现"亲亲、仁民、爱物"。此外,《论语》中还有许多关于仁爱思想的论证,如"博施于民而能济众"[8] "四海之内皆兄弟也"[9],都表明了对众人的爱护。

---

[1] 刘立夫:《论中国传统的公德精神》,《道德与文明》2013年第6期。
[2] 许慎:《说文解字》卷八上,徐铉增译,文渊阁四库全书本,第115页。
[3] 《论语·颜渊》。
[4] 《孟子·告子上》。
[5] 《孟子·公孙丑上》。
[6] 《孟子·尽心上》。
[7] 朱熹:《论语集注》卷十二。
[8] 《论语·雍也》。
[9] 《论语·颜渊》。

其次，"仁"还表现为忠恕之道。孔孟"仁者爱人"的思想集中表现为"忠恕之道"，在《论语》中有一条语录与此相关。《论语·里仁》中载："子曰：'参乎！吾道一以贯之。'"曾子曰：'唯。'子出，门人问曰：'何谓也？'曾子曰：'夫子之道，忠恕而已矣！'"① 何为"忠"？即"己欲立而立人，己欲达而达人"②"己立立人""己达达人"，意在自己要站得住，也要使别人站得住；自己要事事行得通，也要使别人事事行得通，做到"将心比心""设身处地""由己推人"，表达为"为人谋""尽己"的忠的内涵。何为"恕"？就是"己所不欲，勿施于人"③，自己所不愿意的，也不要强加到别人身上，是一种具有界限性的道德法则。作为为仁之方，"忠恕"可看作普遍指导人们行为的"黄金法则"。

最后，"仁"表现为恭、宽、信、敏、惠。"子张问仁于孔子，孔子曰：'能行五者于天下，为仁矣。'请问之。曰：'恭、宽、信、敏、惠。'恭则不侮，宽则得众，信则人任焉，敏则有功，惠则足以使人。"④ 在孔子看来，恭、宽、信、敏、惠是施行"仁"的具体条件。恭就是予人恭敬。孔子说"恭则不侮"，即仪态恭敬就不会招致侮辱，要做到"与人恭而有礼"⑤。宽即宽厚，正所谓"躬自厚而薄责于人"⑥，宽厚就会得到众人拥护。信即诚信，诚信就能够得到别人的信任。敏即勤敏，"敏于事而慎于言"⑦，强调的是勤敏行事。惠即慈惠，施行恩惠、仁慈，就能差遣他人。做到了这五点，就可以算是做到了仁，成了一个仁人了。可以认为，仁爱思想是调节人际关系的重要道德范畴，是人际交往中最基本的原则，是社会公德建设必须要吸收的宝贵道德资源。

第二，尚义。"义"是中华优秀传统伦理文化中含义极广的道德范畴，《国语·周语》中有"义，所以制断事宜也"，《礼记·中庸》指出"义者，宜也"。《墨子·天志下》认为"义者，正也"，《荀子·赋篇》说

---

① 《论语·里仁》。
② 《论语·雍也》。
③ 《论语·颜渊》。
④ 《论语·阳货》。
⑤ 《论语·颜渊》。
⑥ 《论语·卫灵公》。
⑦ 《论语·学而》。

"行义以正，事业以成"。这表明，"义"即是应当、适宜，是同于人心、无所偏私的行事原则和道德规范。作为儒家"五常"之一，"义"是人之为人的本质所在，同时也是处理人际关系的基本道德准则。孔子既强调"君子义以为质"，又声称"君子义以为上"。[①] 孟子则认为"大人者，言不必信，行不必果，惟义所在"[②]，将义看作优先原则。墨家和法家赋予"义"以政治含义，看作国家治理的道德基础，墨子认为，国家"有义则治，无义则乱"[③]，法家则指出"义"是治国之道，释义为忠。

在中华优秀传统伦理文化中，"义"还是用来处理"利"的道德原则，即"利义之辩"，是正确处理道义与利益取舍的问题，关涉的代表内容主要有儒家的重义轻利思想，孔子提出"君子喻于义，小人喻于利"[④]。孟子提出舍生取义，即"鱼，我所欲也；熊掌，亦我所欲也。二者不可得兼，舍生而取义者也"[⑤]。墨家的利义合一思想，主张"义，利也"[⑥]，并指出此种利乃是"天下之利""国家之利"。荀子提出利义两有思想，即"义与利者，人之所两有也"[⑦]。综合而言，中华优秀传统伦理文化中，主体上认为义胜于利，主张舍利取义、先义后利，正是这样一种道德规范，孕育出调节人际关系的利益思考视域，维系了社会平稳发展。而在社会公德方面，"尚义"的内涵最为重要的即体现在合理地调节人与人之间的关系。《管子·五辅》指出"中正比宜，以行礼节"，意在用公正合宜的态度处理日常生活中的人际交往关系，推行礼节，管子认为，"夫民必知义然后中正，中正然后和调，和调乃能处安"[⑧]，即"义"是"中正""和调""处安"的基础，是形成和谐人际关系的重要前提。与之相近，墨子也指出，"义正者"是"大不攻小也，强不侮弱也，众不贼寡也，诈不欺愚也，贵不傲贱也，富不骄贫也，壮不夺老也"[⑨]。荀子更是指出，"义"作为伦理

---

① 《论语·阳货》。
② 《孟子·离娄下》。
③ 《墨子·天志上》。
④ 《论语·里仁》。
⑤ 《孟子·告子上》。
⑥ 《墨子·经上八》。
⑦ 《荀子·大略》。
⑧ 《管子·五辅》。
⑨ 《墨子·天下志》。

道德规范,"内节于人而外节于万物者也,上安于主而下调于民者也"①。由此可见,"义"作为传统社会公德,注重在日常交往中恪守道义,讲义守信,先义后利,对于构建和谐人际关系、调节人际紧张具有重要意义和价值。

第三,明礼。礼是中华优秀传统伦理文化的重要道德范畴,作为"国之四维"的"礼义廉耻"中有"礼",儒家"仁义礼智信"的五常中有"礼","孝悌忠信礼义廉耻"八德中也有"礼"。概括而言,"礼"在中国历史上是有着丰富内涵的概念,而其作用和功能也是多方面的,既可以表明个人所应具有的"敬""让""谦"的价值取向和生活方式,同时也指代整个社会的等级制度、法律规定和道德规范,但作为一种道德规范,其最为重要的在于要求人们在人际交往过程中秉持一种恭谦礼让的态度,保持社会人际关系交往的和谐。儒家最为看重"礼",孔子认为"人无礼不生",指出"不学礼,无以立"②。《礼记》更是指出,"人有礼则安,无礼则危"③。荀子也声称,"礼者,所以正身也"④"礼者,人道之极也"⑤。

毋庸置疑,传统伦理文化中的"礼"对于维护社会人际关系和谐具有重要价值。

第一,"礼"是一种规范,是协同社会人际关系的依据。孔子主张将人们的行为都置于"礼"之下,要求人们"非礼勿视,非礼勿听,非礼勿言,非礼勿动"⑥,进而约束和规范人们的行为,而"礼"对于国家而言,"犹衡之于轻重也,绳墨之于曲直也,规矩之于方圆也"⑦,国无礼,则势必乱,唯有在"礼"的规范下,国家和社会才能保持公正合理的秩序。

第二,"礼"是一种等级。"礼"有一个很重要的功能就是"分",从礼所蕴含的"定伦立身"的意义看,传统"礼"的思想注重人伦规范,是确定人与人之间伦常秩序的重要法则。《礼记·曲礼上》曾指出"夫礼者,

---

① 《荀子·强国》。
② 《论语·季氏》。
③ 《礼记·曲礼上》。
④ 《荀子·修身》。
⑤ 《荀子·礼论》。
⑥ 《论语·颜渊》。
⑦ 《礼记·经解》。

所以定亲疏、决嫌疑、别同异、明是非也",《汉书·公孙弘传》说到"进退有度，尊卑有分，谓之礼"，均意在强调礼在确定人与人之间亲疏关系、尊卑地位上的重要作用，强调一种明显的等级性。也正因为此，《礼记·曲礼上》指明"君臣、上下、父子、兄弟，非礼不定"。不可否认的是，这种在尊卑等级上对于"礼"含义的设定显然是一种负面功能的体现。

第三，"礼"是一种道德自觉。"礼"是人们道德精神境界的重要彰显，它体现在"礼之让""礼之谦卑"的道德行为。"礼之让"表现为对他人的尊重和谦让，最具有代表性的例子即是"六尺巷"的故事，讲述的是清朝康熙年间大学士张英收到家信，说家人为了与邻居吴家争三尺宽的宅基地，与其发生了纠纷，家人要他利用职权疏通关系打赢官司。张英阅后坦然一笑，在回信中写了四句话："一纸家书只为墙，让他三尺又何妨？万里长城今犹在，不见当年秦始皇。"家人阅罢，明白了其中含义，主动让出三尺空地。吴家见状，深受感动，也主动让出三尺，"六尺巷"由此得名。"礼之谦卑"表现为对待他人谦虚而又有礼貌，宽厚谦逊。最具有代表性的例子即为刘备三顾茅庐以及廉颇蔺相如的故事，以此体现出了"和谐""和睦""和合"。同时，礼还具有恭敬辞让、秩序人民的功用。礼的精神在于主敬，敬可看作礼的精神实质，孟子曾指出"恭敬之心，礼也"①"辞让之心，礼之端也"②，遵循主敬的礼，从内心中就产生恭敬之心，就可以产生符合道德的礼的行为。而同时，"礼"还要求做到言行有节、合乎规范，即"敬而不中礼谓之野，恭而不中礼谓之给，勇而不中礼谓之逆"③。"礼"的重要价值在于促进和谐，"礼之用，和为贵"④。礼的功能，在于维系社会和谐，"君子有礼，则外谐而内无怨"⑤ "礼至则不争"⑥ "道之以德，齐之以礼"⑦，都说明了依礼而行对于构建和谐人际关系的重要性。可以看到，"礼"所体现的个人所应具有的恭敬谦让、和合

---

① 《孟子·告子上》。
② 《孟子·公孙丑上》。
③ 《礼记·仲尼燕居》。
④ 《论语·学而》。
⑤ 《礼记·礼器》。
⑥ 《礼记·乐记》。
⑦ 《论语·为政》。

有度的内在精神，无疑是培育社会公德的个人道德基础。

【案例引申】

近代以来，西学东渐，公德私德关系的问题逐渐成为焦点之一，受到有识之士的极大关注，其中，最早提出公德私德问题的当属梁启超。梁启超将"群"的观念作为公德概念的基础，在《新民说》《论公德》篇中都指出"人人相善其群者谓之公德"[1]。后在《论私德》一文中又进一步指出，"夫所谓公德云者，就其本体言之，谓一团体中人公共之德性也；就其构成此本体之作用言之，谓个人对于本团体公共观念所发之德性也"[2]。具体说来，公德指的是个人与社会、群体、国家之间的关系，即个人对于社会、群体、国家应尽的各种道德义务。何谓私德呢？梁启超提出："夫一私人之所以自处，与一私人之对于他私人，其间必贵有道德者存。"[3] 私德就是处理个人和私人之间关系的德行，它包含两方面含义，一是"人人独善其身"的自处之道，二是"一私人与他私人交涉之道义"。概括地说，就是指个人的道德修养以及处理人与人之间关系的伦理准则。在二者如何过渡上，梁启超进一步提出了"外推论"，认为从私德过渡到公德只在"一推"，"公德者，私德之推也，知私德而不知公德，所缺者只在一推，蔑私德而谬托公德，则并所以推之具而不存也"[4]。"推"是梁启超借用孟子的思想而提出的，孟子曾言"古之人所以大过人者，无他焉，善推其所为而已矣"[5]。"推"即是人们常说的"推己及人"的心理过程，梁启超认为，公德乃是私德推演的结果，每个成熟的个人都可以依此方法做到将私德外化为公德。"外推"思想有着中国儒家文化的渊源，在中国儒家文化里，"德"与"得"都是相通的，它内设了两个路径，即"外得于人"和"内得于己"：前者可看作公德的方面，后者可看作私德的方面，在理论上，公德与私德的实现具有同质性，不同只在于具体化的范围。在这样的认识下，儒家文化为公德和私德的融通预设了一种和谐，即从个人修身

---

[1] 《梁启超全集》，北京出版社，1999，第660页。
[2] 《梁启超全集》，北京出版社，1999，第714页。
[3] 《梁启超全集》，北京出版社，1999，第661页。
[4] 《梁启超全集》，北京出版社，1999，第714页。
[5] 《孟子·梁惠王上》。

"内得于己"的私德开始，可直接引导出"外得于人"的公德实现，《大学》中从格物、致知、诚意、正心、修身、齐家、治国、平天下的八条目的论述便是最好的佐证。儒家伦理道德的核心范畴"仁"同样具有外推这一价值特点，它也是儒家私德公德转化的内在道德依据。对于"仁"的最好的表达即是"爱人"，"爱人"是"仁"的精神实质，是儒家伦理的最高原则。但是在儒家那里，爱人并不是毫无限制的行为，而是以血缘亲情为中心的行为，即"亲亲，仁也"[①] "仁之实，事亲是也"[②]。仁的具体实际围绕着人的血缘关系而展开，推己及人，"老吾老以及人之老，幼吾幼以及人之幼"[③]，进而从亲到疏、从近到远逐渐扩大开来，最后达致"泛爱众而亲仁"[④] 的公德目标。这种伦理道德的推进走向是以个人和事亲的私德为起点，最后以爱人、爱家、爱天下和泛爱众的公德为最后目的，为道德行为发展指出了明确的标注点。梁启超受此观念影响，将私德与公德的关系进行了系统论证，由此希望人人都能够主动从修养私德开始，最终实现全社会公德的建立。

【案例运用】

对应教材章目：本案例可适用于"思想道德与法治"课程第五章"遵守道德规范 锤炼道德品格"中第二节"吸收借鉴优秀道德成果"第一框"传承中华传统美德"、第三节"投身崇德向善的道德实践"第一框"遵守社会公德"。

案例教学建议：加强青年大学生社会公德教育是思政课立德树人的重要内容，当代大学生应当自觉培养公德意识，养成遵守社会公德的良好行为习惯。在中华优秀传统伦理文化中，显然存在着众多公德教育内容，思政课教师要在课堂教学中做好教学设计，将中华优秀传统伦理文化中的社会公德内容充分加以利用，做好青年大学生的社会公德培养。具体而言，在教学上可以运用中西方思想文化对比的方式突出中华优秀传统伦理文化中"仁爱""尚义""兼爱"思想的合理性。在人我关系问题上，西方一

[①] 《孟子·尽心上》。
[②] 《孟子·离娄上》。
[③] 《孟子·梁惠王上》。
[④] 《论语·学而》。

直有着悠久的利己主义传统，这一理论认为人为了生存和发展从天性而言就是利己的，这是人的自然本能特性，之后这一观点衍生出合理利己主义思想，认为人本性虽是自私的，但人会对自私之心有所克制，在追求满足个人利己之心的同时会顾及他人的利益，但从本质而言，这种羞答答的利己主义常常因利己主义的目的而在大多数情况下不得不放弃"合理"的"利他"手段而无法被真正地实现。当前，经济改革和社会主义市场经济的发展，在很多方面为利己主义思想的产生提供了现实场域，商品拜物教、货币拜物教使利己主义不断滋生，从而也造成这种利己主义在青年大学生中屡见不鲜。而在社会主义道德教育中，对集体主义、共产主义道德的过分强调，又会促使青年大学生产生一定的逆反心理，认为"大公无私""公而忘私"的共产主义道德显然是不符合现实需要的，最终物极必反，导致了青年大学生对于利己主义合理性的认可。而在这过程中，西方社会思潮渐次涌入，不断高扬利己主义的合理性，从而在一定程度上揽收了一定数量的利己主义青年大学生的信奉者。面对这一现实问题，中华优秀传统伦理文化中的"仁爱""尚义""明礼"的思想无疑是一剂治愈的良药，印证着中华优秀传统伦理文化的意义之所在。思政课教师要充分运用好中华优秀传统伦理文化中的这一思想，讲明作为社会存在的人，一定会与他人、集体和社会发生特定的关系，因此人绝不能满足于自然本能的存在，而是要超越自然本能学会爱他人、爱别人，要以"仁爱"之道成就做人、做事的境界，以"尚义"思想冲破利己主义的樊篱，以"明礼"构建人际关系的和谐，以"合义"摒弃纯粹利己主义，以"谦让恭敬"调适人与人之间的紧张关系，抛却利己主义的狭隘思维，宽容和善待自己周围的人，设身处地、将心比心地为他人着想，从而构建出一种关怀他人、对周围及社会心存感恩并懂得以礼相待的社会公德氛围，这是西方个人主义思想所不能及的道德境界，青年大学生要认识到这一问题的重要性，成就自身高尚的道德品质。

与此同时，思政课教师还可以从中华优秀传统伦理文化中关于公德和私德的辩证关系中，引导青年大学生正确认识公德与私德。在社会高速发展的今天，如何进行社会公德的培育，根本途径还在于对公共价值的弘扬和认可，要想青年大学生具备良好的公德，最为关键的是对公共价值和公共精神的认同和践行,例如关心他人、关怀社会、礼爱文明、爱护自然等,中华优秀传统伦理思想中"仁""义""礼"都可以作为公共价值培育的道德因子,但还应看到的是,强调公德培育的重要性仍需立足于个人私德品德的高尚,社会公德本身与个人品德之间不仅不冲突,儒家道德所倡导的"外推"思想反而更有利于从人的私德(个人品德)入手去培育人的社会公德认知和践行能力。因此,思政课教师在课堂讲授时,应有意识地将中华优秀传统伦理文化中的一切道德思想予以充分结合,积极引导青年大学生形成道德共识,进而内化于心、外化于行。

【习言习语】

要坚持古为今用,去粗取精、去伪存真,继承和弘扬中华民族优秀文化,促进社会主义核心价值体系建设,促进社会公德、职业道德、家庭美德、个人品德教育,弘扬中华传统美德,弘扬时代新风。

——2014 年 10 月 20 日在党的十八届四中全会第一次全体会议上关于中央政治局工作的报告

要坚持依法治国和以德治国相结合,把社会主义核心价值观融入法治建设,完善诚信建设长效机制,加大对公德失范、诚信缺失等行为惩处力度,努力形成良好的社会风尚和社会秩序。

——2020 年 2 月 5 日在中央全面依法治国委员会第三次会议上的讲话

案例二:传统家庭美德与新时代家庭道德

【案例介绍】

家庭伦理在中国传统伦理的形成和发展中具有极其特殊而又重要的作用。如果将"伦理本位"看作传统中国社会特点的话,家庭本位的伦理就是其鲜明的特征。孟子所强调的古代"五伦"关系中,除君臣、朋友外,父子、夫妇、兄弟均是家庭伦理;汉代"三纲五常"的传统伦理秩序中,三纲除"君为臣纲"之外,"夫为妻纲""父为子纲"都是家庭伦理;"仁义礼智信"五常也是从家庭伦理关系的建立开始的:"孝悌也者,其为仁之本与。"① 可以说，家庭伦理关系构成了整个社会关系的基本范式，成为转化为社会公共秩序的重要伦理基础。

在传统家庭伦理关系中以夫妇、父子二伦为核心，每个人各正其位、各尽其责。"何谓人义？父慈、子孝、兄良、弟悌、夫义、妇听、长惠、幼顺、君仁、臣忠，十者，谓之人义"②，而"父父子子、兄兄弟弟、夫夫妇妇，而家道正"③，正所谓"父不慈则子不孝，兄不友则弟不恭，夫不义则妇不顺矣"④。其中，夫妇之间的伦理是夫妇有别："家人，女正位乎内，男正位乎外，男女正，天地之大义也。"⑤ "夫义妇听。""夫和而义，妻柔而正。"⑥ 夫妻二人在家庭中有不同的道德义务，二者将稳定的情感作为维系关系的重要尺度，在传统伦理文化中形成了诸如"相敬如宾""琴瑟和鸣"的美好夫妻道德关系，这在今天依然具有重要的时代价值。同时，在家庭关系中孝悌伦理关系也具有重要的地位和价值。在家庭血缘关系中，最基本的关系有两种：一是纵向的父母与子女之间的关系，二是横向的兄弟姐妹之间的关系。前者子女敬爱父母的道德称为"孝"，后者弟敬爱兄的道德称为"悌"，一个人具备了孝敬父母、友爱弟兄的道德品质，则家庭关系和美、社会关系和谐。"孝"作为一种道德规范，最早起源于殷商的祭祀礼仪，由"尊祖"之义逐渐发展为"孝亲"，儒家对"孝"十分看重，具体的含义体现在，第一，奉养父母，竭其力，但这是最低层次的"孝"，以至于孔子说"至于犬马，皆能有养；不敬，何以别乎？"⑦ 第二，恭敬父母。父母有事，主动"服其劳"，"父母在，不远游，游必有方"⑧；父母的年龄时时记心中，一则为其高寿而"喜"，二则为其年迈而"惧"。在"敬事"父母中，还有一个"隐和谏"的问题。儒家主张为父母"隐"过，但并不主张对父母之过视而不见，子女对父母之过有"谏"的责任。

---

① 《论语·学而》。
② 《礼记·礼运》。
③ 《易·家人》。
④ 《颜氏家训·治家》。
⑤ 《易·象》。
⑥ 《左传·昭公二十六年》。
⑦ 《论语·为政》。
⑧ 《论语·里仁》。

《论语·里仁》说:"事父母几谏(微谏),见志不从,又敬不违,劳而不怨。"《礼记·祭义》说:"父母有过,谏而不逆。"《礼记·坊记》也指出:"子云:'从命不忿,微谏不倦,劳而不怨,可谓孝矣。'"同时,"行孝"与"守礼"也结合在一起,父母生前或死后,都要严格按照礼节的规定行孝,决不允许"违礼"。《论语·为政》中有一段记载:"孟懿子问孝。子曰:'无违。'樊迟御,子告之曰:'孟孙问孝于我,我对曰无违。'樊迟曰:'何谓也?'子曰:'生,事之以礼;死,葬之以礼、祭之以礼。'""无违"即无违于礼。第三,扬名立身显父母。秦汉时期的《孝经》明确提出"立身行道,扬名于后世,以显父母"是"孝"的最终要求,一个人为社会作了贡献,被后人传颂,彰显出了父母教育的成功,从而使父母具有了满足感和成就感,因此可视作"孝"。正因为此,"孝"应该"始于事亲,中于事君,终于立身"①,强调"立身"作为"孝"的内容的重要性。"悌"在中国古籍中多写作为"弟",贾谊明确提出"弟敬爱兄谓之悌"②,作为弟,要尊敬、顺从、礼让兄长,这是因为"兄姊之年,长于弟妹,则其智识经验,自较胜于幼者,是以为弟妹者,当视其兄姊为两亲之次,遵其教训指导而无敢违。虽在他人,幼之于长,必尽谦让之礼,况于兄姊耶?"③ 与"悌"对应的是"友","兄敬爱弟谓之友"④,孟子也指出"仁人之于弟也,不藏怒焉,不宿怨焉,亲爱之而已矣"⑤,表明作为兄长也要关心和爱护弟弟,这种兄弟互亲的伦理关系是维系兄弟和睦的自然基础和情感基础,它要求兄弟之间要相互关爱、相互扶持、相互帮助,最后达致"四海之内皆兄弟也"⑥ 的理想社会人际关系。可以认为,在漫长的历史发展中,中国传统社会所形成的关涉家庭的伦理道德一直给予中国社会以方方面面的深刻影响,从而成为支撑整个社会伦理道德的重要思想基础。

---

① 《孝经·开宗明义章》。
② 《新书·道术》。
③ 蔡元培:《中国伦理学史》,商务印书馆,2010,第161~162页。
④ 《新书·道术》。
⑤ 《孟子·万章上》。
⑥ 《论语·颜渊》。

第四章 中华优秀传统伦理文化融入高校思政课教学案例探索

【案例引申】

一直以来,中国社会即具有重视家教、家风的传统。据不完全统计,仅《中国丛书综录》家训部分收集的中国古代家庭教育典籍就达 117 种。周公训诫其子伯禽的《诫伯禽书》被认为是中国第一部家训,南北朝时期的《颜氏家训》被认为是中国历史上第一部完整的家训。[①] 此外,还有《包拯家训》、诸葛亮《诫子书》、《曾国藩家书》、《郑氏规范》、《谢氏家训》以及周公训子、孟母三迁、孔明诫子、岳母刺字等历史典故,这些都反映出中国社会一直所具有的重视家风、家教的悠久历史。直至近代,毛泽东、周恩来、朱德、邓小平、陈毅、董必武等老一辈革命家同样继承了中国传统家风家教的优良传统。例如,毛泽东 1947 年 10 月 8 日在致毛岸英的信中曾说道:"一个人无论学什么或作什么,只要有热情,有恒心,不要那种无着落的与人民利益不相符合的个人主义的虚荣心,总是会有进步的。"毛岸英把父亲的话语作为座右铭抄录在笔记本上,时刻激励自己,以不辜负父亲对自己的期望。1937 年 11 月 6 日,战事间隙的朱德写信给前妻陈玉珍,这封信提到了朱德四川老家的情况,他以沉痛的笔触写道:"十年来的家中破产、凋零、死亡、流亡、旱灾、兵灾,实不成样子。"他在信中向陈玉珍交代变卖老家部分产业以赡养仍然健在的生母与养母后,庄重表达自己始终未变的抗日救国的决心:"我虽老已五十二岁,身体尚健,为国为民族求生存,决心抛弃一切,一心杀敌。"可以说,重视家风、家教是家庭美德得以传承、社会道德得以生成的首要条件。在今天全社会伦理道德建设的过程中,必须要继续发扬中华优秀传统伦理文化中重视家风家教的家庭伦理优良传统,建设好家庭关系,从而使家庭成为培育社会良好风气的摇篮和基础。

【案例运用】

对应教材章目:本案例可适用于"思想道德与法治"课程第五章"遵守道德规范 锤炼道德品格"中第二节"吸收借鉴优秀道德成果"第一框"传承中华传统美德"、第三节"投身崇德向善的道德实践"第三框"弘

[①] 参见肖群忠、王苏、杨建强《中华传统美德的时代价值》,人民出版社,2020,第218页。

扬家庭美德"。

案例教学建议：青年大学生正处于人生发展的关键时期，在这一时期从恋爱到缔结婚姻、建立家庭是青年大学生必须要经历的重要人生阶段。正是因为此，对青年大学生进行家庭美德的教育，使其注重家庭、注重家教、注重家风，遵守恋爱、婚姻家庭生活中的道德规范就显得尤为重要，这将十分有利于青年大学生的健康成长和顺利成才。

从道德教化的视角看，爱可以由小及大、由近及远，通常来说，一个人具有对父母的孝心和对家的责任，则可以转化为对他人的爱和对社会的责任，直至扩大到对祖国的热爱和忠诚。蔡元培先生在《中国伦理学史》中就曾指出："人之全德为仁，仁之基本为爱，爱之原泉，在亲子之间，而尤以爱亲之情发于孩提者为最早。故孔子以孝统摄诸行。……则一切修身、齐家、治国、平天下之事，皆得统摄其中矣。"[1]由此可以看出，家庭伦理道德可作为推及职业道德、个人品德乃至惠及整个社会的最佳起点。

思政课教师在运用中华优秀传统伦理文化中的家庭伦理道德进行课堂教学时，可结合家庭伦理道德的现代意义展开讲授，案例的运用要回应新时代青年大学生的现实所需。

首先，要以家庭美德培养青年大学生的感恩意识。作为人，善心不可无，青年大学生懂得了感恩，就说明自己对他人和社会关系有着正确的认识，在这种正确的认识引导下就会对亲人、朋友乃至整个社会各种相互关联之人产生一种责任意识，进而善待他人、善待社会。传统家庭美德中的道德关系将人伦关系作为出发点，以亲亲关系为依托，是培养人的感恩意识的摇篮，特别要重视对于父母恩惠的报答，孔子的学生宰我认为为父母守孝"三年之丧"为期太久，孔子对此批判宰我说："予之不仁也！子生三年，然后免于父母之怀。夫三年之丧，天下之通丧也，予也有三年之爱于其父母乎？"[2] 一个人孩提三年内都是在父母的怀抱中生活的，并在很长的时间内受父母的养育和教育，作为子女难道不应该好好报答父母吗？教

---

[1] 《蔡元培全集》（第1卷），浙江教育出版社，1997，第477页。
[2] 《论语·阳货》。

师要善于从案例故事中做好引导,让青年大学生深刻领悟到父母的养育之恩,懂得关爱父母、尊重父母,要在满足父母物质生活的基础上,注重在精神情感方面尊敬关心父母,不断提升父母的安全感和幸福感。同时,兄弟姐妹的关怀之恩、师长的教诲之恩、朋友的帮助之恩等都是个人成长中不可或缺的道德品格。

其次,要以家庭美德培养青年大学生的尊老意识。尊敬老人、关爱老人、帮助老人是中华民族的传统美德,是传承下来的宝贵精神财富,当前随着社会竞争加剧和人际关系的疏离使敬老爱老的社会风气日益淡化,有些青年大学生尊老敬老意识不强,缺少相应的伦理关怀,孔子强调"老有所养"的理想社会,孟子也宣扬"老吾老以及人之老",这表明尊重、关爱老人是美好社会的重要体现。为此,特别需要教师在教学中积极培养青年大学生的尊老、爱老意识,形成良好的社会氛围。

最后,要以家庭美德培育为基础,促进家庭和社会的和谐。构建社会主义和谐社会是一个伟大而系统的工程,需要每个人都做出自己的努力,但是由于当前社会中人们知识结构、文化素养、年龄差异等因素的影响,不可避免地会使社会中各个阶层、群体以及家庭之间、长幼之间、老年人与青年人之间产生一定的矛盾,影响社会和谐发展,解决这些人际关系的矛盾和紧张,传统家庭美德的道德调节作用不可忽视。教师在课堂教学中,可以从维护家庭和社会关系和谐的角度出发,引导青年大学生认识到家庭美德所具有的现实意义。一方面,家庭美德是维系家庭和谐的根本,特别是"孝悌"具有安身立命、延续家族血脉荣光、弘扬先祖伦理道德的理想功用,在培养人的精神价值中具有根本作用;另一方面,家庭和谐与社会和谐密不可分,以家庭美德为核心可以促进社会关系的和谐,古人说:"爱敬之道,既立于此,则爱敬之化必形于彼,始而一家,次而一国,终而四海之大,莫不各有亲也、各有长也,亦莫不有爱敬之心也。""爱敬既立,则由家而国而天下……以感化之也。"[1] 青年大学生是未来社会家庭关系的主体,同时也是如今家庭的重要成员,要积极引导青年大学生弘扬家庭美德,感念父母养育之恩,感念长辈关爱之情,孝敬父母、尊重长

---

[1] 吴枫主编《中华思想宝库》,吉林人民出版社,1990,第346页。

辈，进而推动形成爱国、爱家、向上向善、共建共享的社会主义新风尚，不断促进和谐社会的建设和可持续发展。

【习言习语】

家庭是社会的基本细胞，是人生的第一所学校。不论时代发生多大变化，不论生活格局发生多大变化，我们都要重视家庭建设，注重家庭、注重家教、注重家风。

——2015年在春节团拜会上的讲话

无论时代如何变化，无论经济社会如何发展，对一个社会来说，家庭的生活依托都不可替代，家庭的社会功能都不可替代，家庭的文明作用都不可替代。无论过去、现在还是将来，绝大多数人都生活在家庭之中。我们要重视家庭文明建设，努力使千千万万个家庭成为国家发展、民族进步、社会和谐的重要基点，成为人们梦想启航的地方。

——2016年12月12日在会见第一届全国文明家庭代表时的讲话

广大家庭都要重言传、重身教，教知识、育品德，身体力行、耳濡目染，帮助孩子扣好人生的第一粒扣子，迈好人生的第一个台阶。要在家庭中培育和践行社会主义核心价值观，引导家庭成员特别是下一代热爱党、热爱祖国、热爱人民、热爱中华民族。要积极传播中华民族传统美德，传递尊老爱幼、男女平等、夫妻和睦、勤俭持家、邻里团结的观念，倡导忠诚、责任、亲情、学习、公益的理念，推动人们在为家庭谋幸福、为他人送温暖、为社会作贡献的过程中提高精神境界、培育文明风尚。

——2016年12月12日在会见第一届全国文明家庭代表时的讲话

第三节 中华优秀传统伦理文化与中国之治教学案例

从本质上看，中国之治是对国家上层建筑层面国家制度和制度执行能力现代化转变的有力彰显，但同时，根植于中国大地、具有深厚价值底蕴的中国文化则赋予了中国之治以精神内核。正如习近平总书记所指出："一个国家的治理体系和治理能力是与这个国家的历史传承和文化传统密切相关的。"[1] 在中国几千年的历史发展进程中，形成了丰富的关于国家制度和国家治理的传统伦理文化思想，特别是其中的德治文化经过历史长河的淬炼成为中国之治的文化底色。在思政课的课堂教学中，必须要向青年大学生解读好中国之治的治国方略和治国理念，找寻出以道德为核心的中华优秀传统伦理文化对其的重要支撑，并从中华优秀传统伦理文化中解读好中国之治的文化思想内涵，以此观照现实，明晰我国坚持依法治国和以德治国相结合的实践意义。

一 传统德治文化与以德治国

案例一：德治文化与以德治国

【案例介绍】

从中国悠久的历史文化发展历程看，"德治文化"是一个重要的伦理文化特征，是时至今日我们宝贵的精神文化遗产，从殷商时期敬天祀祖的宗教文化主流到周时期将道德引入宗教文化之中，使中国文化没有继续向宗教超越性的一面发展，反而走向道德政治化的一面，这成为一大关键。其实，从历史溯源来看，早在原始社会就已经萌发出德治实践的观念。在原始社会的氏族中，氏族首领的德行对于影响氏族成员以及管理氏族部落的公共事务具有很重要的意义。在古代神话中，不乏一些氏族部落首领实施德治的记载，如我们熟知的彰显禅让精神的尧舜以及"三过家门而不入"、体现大公无私、甘于奉献精神的大禹等，这些记载虽没有明确的关于德治的种种主张，但却具有了早期德治思想的雏形。随后德治思想在夏、商时期均有所体现，直至西周时期，思想家们总结了殷奢靡丧国的教训，大力提倡"克明峻德"，认为是否敬德是能否保有天下的根本。周代统治者有鉴于夏商时期统治者由于缺乏道德而失去权力的教训，提出了"以德配天""明德慎罚""敬德保民"的政治伦理思想，开启了中国传统德治主义的先河。周代统治者这一思想的提出还在于对殷人天命观的再认

---

[1] 习近平：《牢记历史经验历史教训历史警示 为国家治理能力现代化提供有益借鉴》，《人民日报》2014年10月14日。

识，为了确保自己的政权，周人在中国史上首次出现了王者受命于天的观念，一方面认为天命靡常，另一方面认为天仅授命于有德者，"侯服于周，天命靡常"①"惟我周王，克堪用德，惟典神天，天惟式教我用休，简畀殷命，尹尔多方"②。天命不是永久不变的，要巩固王权，获得天长久的眷顾，唯一的办法就落在修德上，所谓"若德裕乃身，不废在王命"③，统治者唯有在政治统治中重视"德"，才能确保统治权力的长久有效。

春秋战国时期，"德治"思想受到了诸多思想家的提倡和重视，《左传》指出"德，国家之基也"④。子产主张"为政必以德"⑤，而其中，以儒家的思想最具有代表性，较为完整地提出了"德治"思想。孔子认为，"道之以政，齐之以刑，民免而无耻；道之以德，齐之以礼，有耻且格"⑥，鲜明地指出"德治"优于"法治"的思想，为政者要特别注重自身的道德修养，对民进行积极的道德教化。孟子继承并发展了孔子德治观念，贯彻伦理与政治合一的思想路线来解决治理国家、统一天下的政治问题。其德治思想的核心是仁政的王道学说，包含三个方面的原理：第一，"以不忍人之心，行不忍人之政"⑦；第二，"君仁莫不仁，君正莫不正"⑧；第三，"以力假仁者霸，以德行仁者王"⑨。荀子同样主张以德治民，在国家治理方面提出了"道德之威"⑩的思想，认为以道德来治理国家，可使国家安定强盛。

秦朝灭亡以后，汉代及其以后的思想家在总结历史经验教训的基础上，对"德治"思想进行了思考，提出了一些具有代表性的观点，如《吕

---

① 《诗经·文王》。
② 《尚书·多方》。
③ 《尚书·康诰》。
④ 《左传·襄公二十四年》。
⑤ 《史记·郑世家》。
⑥ 《论语·为政》。
⑦ 《孟子·公孙丑上》。
⑧ 《孟子·离娄上》。
⑨ 《孟子·公孙丑上》。
⑩ 《荀子·强国》。

氏春秋》提出"行德爱人"①"行德去刑"②等,陆贾提出了"治以道德为上"③的治国谋略,贾谊则明确指明,一个国家和一个社会的安危,同它是否重视道德是有关的,因此应"道之以德教"④。之后,董仲舒提出了"国之所以为国者,德也"⑤,王充提出了"治国之道当任德也"⑥等。

可以说,早在西周时期,德治思想就已成为统治者的为政之道,历代思想家、政治家不断对此进行阐发和完善,从而使德治思想一直以来即成为国家治理的主导观念,发挥出了重要价值。

【案例引申】

细看以儒家为主流的德治文化思想,其内在的是将"德"作为为政的前提,包含着诸多方面的道德要求。首先,为政者即最高统治者应是一个道德高尚的人,具有良好的道德品质,注重自身的道德修养。孟子曾指出:"以力服人者,非心服也,力不赡也;以德服人者,中心悦而诚服也,如七十子服孔子也。"⑦作为君王只有自身为政以德,才能使臣民心悦诚服,政治太平。而君王本身还应注重自身的道德修养,其德行的好坏直接决定着政治的清明得失。其次,为政者要身体力行,以自己的榜样和模范行动影响民众。君王对臣民有着引导作用,犹如源与流的关系,即"上端诚,则下愿愨矣;上公正,则下易直矣"⑧,正所谓"政者,正也。子帅以正,孰敢不正?"⑨"其身正,不令而行;其身不正,虽令不从"⑩"苟正其身矣,于从政乎何有?"⑪为政者只有具备高尚的道德品质,才能在民众中享有威信,这是为政者真正的力量所在。最后,为政者要注重以德导民,重视对民众的道德教育。在儒家看来,对民众进行道德教育是为政的关

---

① 《吕氏春秋·爱士》。
② 《吕氏春秋·音律》。
③ 《新语·本行》。
④ 《汉书·贾谊传》。
⑤ 《春秋繁露·保位权》。
⑥ 《论衡·非韩》。
⑦ 《孟子·公孙丑上》。
⑧ 《荀子·正论》。
⑨ 《论语·颜渊》。
⑩ 《论语·子路》。
⑪ 《论语·子路》。

键，孟子即主张对民众"教以人伦"和"申之孝悌之义"，指出"善政不如善教之得民也。善政民畏之，善教民爱之。善政得民财，善教得民心"①。正因为此，儒家认为，为政者对民众进行道德教化是十分必要的，唯有如此，国家才能得到有效治理，形成良好的政治治理风尚。

【案例运用】

对应教材章目：本案例可适用于"思想道德与法治"课程第六章"学习法治思想 提升法治素养"中第二节"坚持全面依法治国"第二框"坚持走中国特色社会主义法治道路"，同时，也可适用于"毛泽东思想和中国特色社会主义理论体系概论"课程第十一章"'四个全面'战略布局"中第三节"全面依法治国"第三框"走中国特色社会主义法治道路"。

案例教学建议：习近平总书记曾指出，"我国今天的国家治理体系，是在我国历史传承、文化传统、经济社会发展的基础上长期发展、渐进改进、内生性演化的结果"②。可以说，传统文化能够为我们今天提供诸多治国理政的经验借鉴和智慧启示。如今，中国在承续传统德治文化的思想基础上，提出以德治国的重要方略，将其看作推进建设富强民主文明和谐美丽的社会主义现代化强国的重要基础。在我们思政课的教材中，虽没有明确的章节专门讲述以德治国的方略，但是毋庸置疑的是，这一治国方略与依法治国具有同样的重要性，在教材的多处可以看到以德育人、注重道德弘扬和道德教化的思想。为此，教师要在课堂讲授的过程中，注重对"以德治国"思想的讲解。一是向学生讲明，今天的"以德治国"的"德"注重以个人道德修养为起点，调节人与人之间的社会关系，强调以道德规范的形式对人民的行为加以约束，目的是通过加强道德建设，把提升人的道德素质作为实现社会主义现代化强国的重要环节。二是向学生讲明，"以德治国"是完全符合今天中国发展实际的新型社会主义德治，它既植根于中华优秀传统伦理文化，同时又发扬了中国共产党思想政治工作和精

---

① 《孟子·尽心上》。
② 《习近平：完善和发展中国特色社会主义制度 推进国家治理体系和治理能力现代化》，《人民日报》2014年2月18日。

神文明建设的优良传统,是社会主义民主政治的有机组成部分,将道德建设提升到了治国方略的重要高度。三是向学生讲明,今天我们谈到的"以德治国",更多的是带有社会主义性质的德治,这种德治坚持马克思主义道德观,以为人民服务为核心,以集体主义为原则,弘扬的是一种崭新类型的道德,进而推进提高全社会的道德水平,实现建成社会主义现代化强国的战略任务。四是向学生讲明,今天的"以德治国"对我们的党政领导干部也提出了严格的道德要求,更加注重加强执政者的道德素养,要求以德管理国家事务、以德行政,这也是我们国家与西方国家在治国理政方面显著的不同。

同时,作为一种治国方略,教师还要向学生讲清楚以德治国对于当代中国治国理政和社会进步所具有的重要意义和价值。首先,在今天坚持"以德治国"的方略,是与社会主义市场经济相协调一致的重要举措,教师要让学生明晰,社会主义市场经济是逐利的经济调节方式,而通过道德的调节,可以使经济行为与价值导向实现有机统一,经济效益与社会效益实现有机统一,实现市场经济与道德建设良性互动,这是单纯地依靠法律所做不到的,有助于推动社会主义市场经济健康发展,实现公平正义。其次,在今天坚持"以德治国"方略,可以推动中华优秀传统伦理文化在当代的传承和发展,更好地发挥道德在国家治理中的文化软实力作用,产生凝聚力和向心力,从而更好地推动中华民族的伟大复兴。最后,在今天坚持"以德治国"的方略,可以为现实生活中调节人与人之间的关系,化解利益冲突矛盾,促进人际关系和谐起到重要的作用。总之,思政课教师在进行课堂讲授时,可以将以德治国的思想渗透于教学中的诸多环节,在润物细无声中使学生认识到"以德治国"方略的重要性。

【案例拓展】

从传统的德治文化,到如今的"以德治国",虽然从根本上看都是将"道德"放在治国的核心位置,但是二者是有本质差别的。一方面,从阶级立场看,古代社会的德治文化很显然是为了维护封建统治阶级的利益,无论是在国家层面的"尽忠"还是在家庭层面的"孝悌",其所宣扬和认可的道德均是为了稳固封建统治阶级的阶级地位,具有明显的道德运用的局限性，一些"道德"一旦上升到国家意识形态层面，则会不可避免地成为禁锢人们的精神枷锁。但今天，我们提出"以德治国"的治国方略，这种道德不是站在为少数阶级服务的立场，而是从全社会人民的立场，构建的是社会主义的道德，这种道德既具有共产主义信念、为人民服务和集体主义的高尚道德层次，也有遵纪守法、热爱祖国、诚实劳动的基本道德要求，最为根本的是，"以德治国"所弘扬的社会主义道德既是对中华优秀传统伦理文化的承接，同时也与中国共产党人在革命战争年代创立的革命道德相延续，更是对人类优秀道德成果的吸收和借鉴，因而展现出真实而强大的道义力量，是与新时代发展相适应并符合广大人民群众根本利益的道德，其作用是不言而喻的。另一方面，从德与法的关系看，显然传统的德治文化在"德"与"法"的关系上，将"德"放在了明显高于"法"的地位，在一定程度上轻视了法的作用和价值，虽然法家思想曾经在中国历史上成为过思想的主流，但最终因秦二世而亡而退出了历史舞台的主角，自汉代以后，在中国几千年的历史中，始终把儒家的思想作为统治阶级的主流思想，由此也形成了"德主刑辅"的治国理念。今天，我们提出"以德治国"的治国方略是将"以德治国"放在与"依法治国"同等重要的位置，在中国之治的现代化进程中，既需要充分发挥伦理道德的精神支撑，同时也需要法治精神的有力保障，二者相互补充，缺一不可，犹如车之两轮、鸟之两翼，在国家整个治理体系中共同发挥各自的积极作用，相得益彰，做到法安天下、德润人心，以维护社会稳定和人伦关系和谐。

【习言习语】

国无德不兴，人无德不立。必须加强全社会的思想道德建设，激发人们形成善良的道德意愿、道德情感，培育正确的道德判断和道德责任，提高道德实践能力尤其是自觉践行能力，引导人们向往和追求讲道德、尊道德、守道德的生活，形成向上的力量、向善的力量。只要中华民族一代接着一代追求美好崇高的道德境界，我们的民族就永远充满希望。

——2013年11月24日至28日在山东考察时的讲话

国无德不兴，人无德不立。一个民族、一个人能不能把握自己，很大程度上取决于道德价值。如果我们的人民不能坚持在我国大地上形成和发展起来的道德价值，而不加区分、盲目地成为西方道德价值的应声虫，那就真正要提出我们的国家和民族会不会失去自己的精神独立性的问题了。如果没有自己的精神独立性，那政治、思想、文化、制度等方面的独立性就会被釜底抽薪。

——2014年2月17日在省部级主要领导干部学习贯彻十八届三中全会精神全面深化改革专题研讨班上的讲话

要持续深化社会主义思想道德建设，弘扬中华传统美德，弘扬时代新风，用社会主义核心价值观凝魂聚力，更好构筑中国精神、中国价值、中国力量，为中国特色社会主义事业提供源源不断的精神动力和道德滋养。

——2015年10月对全国道德模范表彰活动作出的批示，《人民日报》2015年10月14日

案例二：礼法合治与德主刑辅

【案例介绍】

在中华优秀传统伦理文化中，与德治文化具有同样影响力的政治主张即是"礼法合治"的思想，从西周的周公制礼到汉代的"引礼入律"再到唐朝的"一律准乎"，在这个过程中，虽然统治者对礼法的侧重有所不同，但经过几千年的反复实践，最终形成了礼法合治模式。从"礼"的本源看，其最早含义是原始社会人们进行求神赐福的活动仪式，东汉许慎在《说文解字》中说"禮，履也，所以事神致福也。从示，从豊"，表明礼作为一种实践活动，是一种宗教祭祀，是期望通过祭祀神灵而获得福佑的宗教活动，表现为一种对神灵的敬畏和崇敬之情。之后，随着实践对象的不断变化，逐步演变为处理氏族成员之间人际关系的行为规范礼节，成为一定的社会道德规范。夏代吸纳了原始社会"礼"的传统，对其加以改造，赋予其新的内涵和职能，使其体现为奴隶主阶级意志的道德规范和法律规范的统合。西周时期，为了更好地维护社会秩序，将"礼"和"刑"结合在一起，"礼"以一种主动的教化功能发挥作用，明确人们应该做什么以及如何去做，而"刑"则以一种被动的惩治功能发挥作用，对人们的不当言行进行制裁和处罚。这一思想的提出，很大程度上在于吸收夏商"早坠

厥命"的教训，试图将道德教化与刑罚惩治结合在一起，为西周当时的社会治理发挥了重要作用。

春秋战国时期，儒家对"礼"赋予了更加丰富的内涵，通过对"尊尊亲亲"伦理规范的宣言，规范人们的行为，营造出"长幼有序、贵贱有分"的社会秩序。其中，荀子对"礼"进行了多方面的阐释，例如"礼者，法之大分也，类之纲纪也"①"故人无礼则不生，事无礼则不成，国家无礼则不宁"②"礼者，治辨之极也，强固之本也，威行之道也，功名之总也"③"国之命在礼"④，表明礼就是人道的终极价值，是人之为人的根本标准，是社会的普遍规范，是国家的根本制度。但更重要的是，荀子在继承和改造儒家"礼"的基础之上把法家"法"的思想进行了融入，提出"隆礼尊贤而王，重法爱民而霸"⑤，并认为"听政之大分：以善至者，待之以礼；以不善至者，待之以刑"⑥。"礼"即"贵贱有等、长幼有差、贫富轻重皆有称者也"⑦，"法"即"圣人别贵贱、制爵位，立名号，以别君臣上下之义"⑧，二者都是对人们社会地位以及与此相关的权利和责任的界定。在这里，荀子不仅公开谈法，而且肯定了法治的作用。可以说，从孔孟到荀子，从重视"仁"到"施仁政"，再到隆礼重法，先秦思想家们提出了以德治国到礼法共治的重要主张，为后世治国理政理念提供了重要的思想资源。

这之后，在汉代，董仲舒提出了"厚其德而简其刑"⑨，即"德主刑辅"的主张，对后汉王朝的立法思想产生了颇为深远的影响。董仲舒把儒家思想与阴阳论进行结合，用"德阳刑阴"来论述"德"与"刑"的关系，指出"刑者，德之辅；阴者，阳之助也"⑩。通过天人关系的论证，董

---

① 《荀子·劝学》。
② 《荀子·修身》。
③ 《荀子·议兵》。
④ 《荀子·强国》。
⑤ 《荀子·大略》。
⑥ 《荀子·王制》。
⑦ 《荀子·富国》。
⑧ 《商君书·君臣》。
⑨ 《春秋繁露·基义》。
⑩ 《春秋繁露·天辨在人》。

仲舒赋予了德礼为主、刑罚为辅以神圣性和合理性,使这一思想成为中国传统社会政治治理的主导观念而一以贯之。唐代唐太宗反复将"水可载舟,亦可覆舟"作为自我警醒,在立法指导思想上总结归纳了"德礼为政教之本,刑罚为政教之用"[①] 的基本原则,强调德礼与刑罚相辅相成,不可偏废,缺一不可。明朝开国皇帝朱元璋将礼法作为加强中央集权的重要方式,提出了"礼法,国之纪纲。礼法立,则人志定,上下安"[②] "朕仿古为治,明礼以导民,定律以绳顽"[③] 的主张。

纵览我国传统的治国理念,从"礼法结合""明德慎罚""德主刑辅"到"德礼为政教之本,刑罚为政教之用""明礼以导民,定律以绳顽",体现出为政者以维护自身统治为目的,将"德""法"相结合的综合治理国家的思想,虽有其不可避免的阶级局限性,但对于今天国家"依法治国和以德治国相辅相成"的治国方略仍具有着重要的历史借鉴价值和意义。

【案例引申】

古代社会时期的德治与法治作为治理国家的两种基本方法,在历史上均成为重要的治国之方。但古代社会的德治与法治常常与"人治"联系在一起。所谓"人治",简单地说是由一个人或者少数人来掌握国家的最高权力,凭借个人的意志、好恶来管理、决策国家事务,治理国家,"其人存,则其政举;其人亡,则其政息"[④] "君贤者其国治,君不能者其国乱"[⑤] "有乱君,无乱国;有治人,无治法"[⑥],说的均是这个含义。在原始社会早期,对氏族的管理依靠的是氏族酋长在群体中的威望和能力来实现的,这是最为早期的"人治",私有制产生以后,在漫长的奴隶制和封建制社会中,所有的国家政治制度均与专制制度联系在一起,国家的基本治理方式都成为君主和皇帝的一人之治,其思想和主张凌驾于国家和法律之上,进而更进一步强化了"人治"思想。正因为此,历代各学派的代表

---

① 《唐律疏议》。
② 《明太祖实录》卷49。
③ 《大明律诰》。
④ 《礼记·中庸》。
⑤ 《荀子·议兵》。
⑥ 《荀子·君道》。

人物中都会把治理国家的关键放在圣人、君子身上,认为统治者个人道德水平的高低是与国运紧密联系在一起的,仁君、明君则兴邦,暴君、昏君则丧邦。特别是对法律而言,虽主张"法不阿贵",任何人触犯了法律均一视同仁,但皇帝和君主是在任何人之外的,皇帝和君主是法律的制定者,皇帝和君主的意志就是法律,是高于任何法律的绝对权威,甚至可以凭借个人的喜好而超出法律的范围决定一个人的生死。

总的来说,古代社会的德治和法治由于专制制度的最高权力掌握在皇帝和君主手中,出现了"人治"的必然结果,但并不是说德治和法治本身就一定是人治,如果社会制度是人治的制度,那么在这一制度下的德治和法治必然且只能是人治的德治和法治,是人治下的治国不同手段而已。[①]

【案例运用】

对应教材章目:本案例可适用于"思想道德与法治"课程第四章"明确价值要求 践行价值准则"中第一节"全体人民共同的价值追求"第二框"社会主义核心价值观的基本内容",同时也可适用于"毛泽东思想和中国特色社会主义理论体系概论"课程第八章"习近平新时代中国特色社会主义思想及其历史地位"中第二节"习近平新时代中国特色社会主义思想的科学体系"第三框"习近平新时代中国特色社会主义思想的理论特质"。

案例教学建议:不可否认的是,一直以来,我国即是一个缺少法治传统的国家,随着国家不断建设发展,党的十五大提出了"依法治国"、建设社会主义法治国家的目标,这是国家治理的一次深刻变革。那么,在坚定不移地走中国特色法治道路的进程中,思政课教师要让青年大学生明晰,我们今天所提出的全面依法治国并不是对中华优秀传统伦理文化中"德治文化"以及"德主刑辅"思想的否定,也不是对以德治国思想的削弱,而是一种继承和发展,这是至关重要的。

一方面,在课堂教学中,思政课教师要在讲授依法治国的方略时,将其与以德治国加以结合,从我们中华优秀传统伦理文化中找好教学案例资源,使学生形成正确的认识,即无论是从历史传统还是从社会实践的维度

---

① 参见罗国杰《传统伦理与现代社会》,中国人民大学出版社,2018,第409~501页。

看，我们的依法治国和以德治国都是相辅相成、相互支撑、缺一不可的。从中华优秀传统伦理文化看，历史中无论是儒家还是法家，在其思想中即使突出国家治理中"德"或"法"的效用，同样也会将"德""法"相结合，不会偏于一隅，孟子就曾指出"徒法不足以自行"①，意思是法律是不会自己去实施的，必须要将道德作为内在支撑。在社会主义建设的今天，道德和法律依然是相辅相成、相得益彰的。法律以道德为源泉和基础，为法治精神提供滋养和引导，并为法治的实施提供正当性的支持，良好的法律一定是基于合乎道德、正义，体现人类美德和善心的。反之，法律可以保障道德的践行，为良好道德的建设和发展保驾护航。

另一方面，教师在讲授依法治国的方略时，还要特别向学生讲明，我们传统的"德治文化"以及"德主刑辅"的主张虽然突出强调道德在国家治理中的重要性，但是并不会对今天我们实施"依法治国"产生影响，以德治国并不是凌驾于依法治国之上的治国方略，而是要在更加坚定实行依法治国的方略时加强以德治国，传统的"德治文化"以及"德主刑辅"的主张不但不能够对依法治国思想产生思想传统方面的削弱，反而是对依法治国强有力的支持，因为将"德"的作用予以强调本身就是对法律规范的一种强化，通过加强道德建设来巩固法律的道德基础，通过道德的正当性来保障法律的正当性，使法律更加可信和可行。通过将中华优秀传统伦理文化中德治文化的扬弃，在今天更好地实施道德建设，有助于使人们更具责任心和道德觉悟，对于更好地制定法律、实施法律和维护法律权威是极其重要的，如果忽视了道德教育和引导，不能普遍性地提升全体国民的道德素质，相信依法治国的治国方略将会是难以实施和实现的，更遑论国家的长治久安和民族复兴。概而言之，在课堂教学中，思政课教师在教学过程中不能仅按照教材内容设定对依法治国的方略进行讲授，同时还应该融合以德治国的思想加以完善和补充，要从中华优秀传统伦理文化中关于"德治文化"和"德主刑辅"的主张出发，进行创造性转化和创新性发展，用严密的逻辑和充沛的思想更好地将今天我们以德治国和依法治国的治国方略传达给学生。

---

① 《孟子·离娄上》。

【习言习语】

我国历来就有德刑相辅、儒法并用的思想。法是他律，德是自律，需要二者并用。如果人人都能自觉进行道德约束，违法的事情就会大大减少，遵守法律也就会有更深厚的基础。

——2014年1月7日在中央政法工作会议上的讲话

法律是成文的道德，道德是内心的法律。法律和道德都具有规范社会行为、调节社会关系、维护社会秩序的作用，在国家治理中都有其地位和功能。法安天下，德润人心。法律有效实施有赖于道德支持，道德践行也离不开法律约束。法治和德治不可分离、不可偏废，国家治理需要法律和道德协同发力。

法律是准绳，任何时候都必须遵循；道德是基石，任何时候都不可忽视。在新的历史条件下，我们要把依法治国基本方略、依法执政基本方式落实好，把法治中国建设好，必须坚持依法治国和以德治国相结合，使法治和德治在国家治理中相互补充、相互促进、相得益彰，推进国家治理体系和治理能力现代化。

坚持依法治国和以德治国相结合，就要重视发挥道德的教化作用，提高全社会文明程度，为全面依法治国创造良好人文环境。要在道德体系中体现法治要求，发挥道德对法治的滋养作用，努力使道德体系同社会主义法律规范相衔接、相协调、相促进。要在道德教育中突出法治内涵，注重培育人们的法律信仰、法治观念、规则意识，引导人们自觉履行法定义务、社会责任、家庭责任，营造全社会都讲法治、守法治的文化环境。

——2016年12月9日在中共中央政治局就我国历史上的法治和德治进行第三十七次集体学习时的讲话

二 传统伦理文化中的国之治理理念

案例一："以民为本"到"以人民为中心"

【案例介绍】

传统"民本"思想的历史演进。3000多年前，周人汲取殷人灭亡的教

第四章 中华优秀传统伦理文化融入高校思政课教学案例探索

训,深刻认识到"天命靡常","天"是民众意志的代表,民意即为天意,即所谓"天视自我民视,天听自我民听"①,天对于统治者的态度取决于人民对于统治者的态度。正是由于周的人民在国家政权存亡兴废中的关键作用,产生了中国早期的民本思想。到先秦诸子百家争鸣时代,民本思想在诸子学中获得了很大的发展,儒家、墨家、道家、法家等学派均对这一思想展开了思考和讨论,虽然各派思想核心和政治主张不同,但都无一例外地在其思想中包含了以民为本的政治理念,形成了一种政治共识。

儒家的民本思想在诸子百家中影响最大,探讨也最为深刻,其理论上的创造在于将"重民"观点与"仁政"实践结合起来,将"爱民保民"置于为政的政治观念核心,比如,儒家孔子主张"节用而爱人,使民以时"②。此外,诸子百家之一的墨家将"兼爱"视为民本思想的核心,认为真正的君主要以"兼爱"待民,将天下所有民都置于互爱的整体中,君主与子民没有亲疏之别、远近之分,将"兼爱"作为民本思想的重要内容;道家将自然无为作为民本之道,其思想的核心主张君主顺应百姓的本然,以自然之方治理百姓,而减少干预和干涉,老子就曾指出"圣人无常心,以百姓心为心"③;法家将民视为国家大业的基础,主张君主应顺应民心、顺应民意,管子说"政之所兴在顺民心,政之所废在逆民心"④,作为为政者,要做到"民恶忧劳,我佚乐之;民恶贫贱,我富贵之;民恶危坠,我存安之;民恶灭绝,我生育之"⑤,将此作为为政的方向和标准,国岂有不安之理?

到了汉初,贾谊对"民为邦本"的思想曾做过较为详细的论述。在《新书·大政上》中他指出,"夫民者,万世之本也""闻之于政也,民无不为本也。国以为本,君以为本,吏以为本。故国以民为安危,君以民为威侮,吏以民为贵贱,此之谓民无不为本也",在治理国家的政治原则中,人民才是国家、君主、官员的根本,因此必须要对此加以重视。之后,西

---

① 《尚书·泰誓》。
② 《论语·学而》。
③ 《道德经·第四十九章》。
④ 《管子·牧民》。
⑤ 《管子·牧民》。

汉思想家董仲舒提出了"为民立君"的思想,"且天之生民,非为王也,而天立王以为民也"①。唐代柳宗元提出了"吏为民役"的思想,明清黄宗羲提出了"天下为主君为客"②的思想等。

民本思想可看作古代统治集团在亲历王朝更迭后不断总结历史兴衰存亡的教训而形成的政治智慧。这一思想的提出在很大程度上缓解了专制统治之下君与民之间的紧张关系,减轻了专制制度所带来的消极影响,发挥出了一定程度的制约君权的作用,古代的绝大多数君王都认可民力可畏、不可与民为敌的主张,从而使君臣在治国的实践中能够以民本思想自律,对权力的运用有所顾忌。对此梁启超先生曾指出:"我国有力之政治思想,乃欲在君主统治之下,行民本主义之精神。此理想虽不能完全实现,然影响于国民意识者既已甚深,故虽累经专制摧残,而精神不能磨灭。"③

传统"民本"思想的重要内涵。传统"民本"思想的内涵主要体现在三个方面:一是从人民在国家中的作用和地位的角度,蕴含"民为邦本"的含义;二是从君主施政的角度,蕴含"执政为民"的含义;三是从民与君的关系角度,蕴含"民贵君轻"的含义。

首先,"民为邦本"思想。"民为邦本"思想概括而言,指的是肯定和承认人民在国家中的地位和作用,提倡重民、爱民等。《尚书》最早即提出"民惟邦本,本固邦宁"④,将民作为国家之本,就是要将人民看作国家立国的保障和根基,如孟子说:"诸侯之宝者三:土地、人民、政事。宝珠玉者,殃必及身。"⑤ 这里,孟子明确指出,人民是国家之宝,是关涉国家存亡的重要元素。与此同时,"民为邦本"的思想还体现为君与民休戚与共。《礼记》提出"民以君为心,君以民为体。心庄则体舒,心肃则容敬。心好之,身必安之;君好之,民必欲之。心以体全,亦以体伤。君以民存,亦以民亡"⑥,表明了君与民融为一体的观念。

---

① 《春秋繁露·尧舜不擅移 汤武不专杀》。
② 《明夷待访录·原君》。
③ 梁启超:《先秦政治思想史》,东方出版社,1996,序论第5页。
④ 《尚书·五子之歌》。
⑤ 《孟子·尽心下》。
⑥ 《礼记·缁衣》。

第四章 中华优秀传统伦理文化融入高校思政课教学案例探索

其次,"执政为民"思想。执政为民的思想更多地体现在国君治国理政的过程中,认为国君在治理国家时,要设身处地地从人民的立场出发,既要保民恤民,爱民如子,也要树立富民教民的意识,把提高人民的生活质量和人民的道德素质作为执政方向和目标,只有人民富有了,国家才能安定长久,即"养生丧死无憾,王道之始也"①。同时还要重视民心民意,国君想"平治天下",归根到底是要得民心,即得到民众的拥护,"得天下有道:得其民,斯得天下矣。得其民有道:得其心,斯得民矣"②。只有受到人民的爱戴和拥护,国君的统治才能长久,从历史发展历程看,往往是越重视民心民意的国家越能发展出国家盛世。

最后,"民贵君轻"思想。从《尚书》伊始,古代思想家们就提出了君为民而存在的思想,"天佑下民,作之君,作之师,惟其克相上帝,宠绥四方"③,即是说,上天为了人民而立君,君主就是要以民为上,代天保护和管理好人民。显然,在这一思想下,君主处于从属地位。孟子更是提出了"民为贵,社稷次之,君为轻"④的思想。可以说,民贵君轻的思想基本上奠定了中国主流为政者的执政观念,使得在中国历史上相继出现了西汉"文景之治"、唐朝"贞观之治""开元盛世"等为政景象,这些与民贵君轻的思想不无关系。⑤

【案例引申】

古代民本思想遵循政得其民,具有了丰富的实用意义。中国共产党沿袭这一执政伦理思想,汲取其营养进行创造性地转化,使民本思想经由时代转换深深融入中国共产党治国理政的实践中。从中国共产党成立伊始,"人民"以其内涵上的积极进步性和阶级基础上的广泛性,成为表达党的历史使命的重要话语。作为马克思主义中国化的第一个理论成果,毛泽东思想在其形成过程中,始终坚持把人民摆在核心的位置。毛泽东指出,每

---

① 《孟子·梁惠王上》。
② 《孟子·离娄上》。
③ 《尚书·周书·泰誓上》。
④ 《孟子·尽心下》。
⑤ 参见张岂之《中华优秀传统文化核心理念读本》,学习出版社,2014,第182~188页。

一个中国共产党人心中的上帝"就是全中国的人民大众"[①]。因此，中国共产党人的一切言论行动，必须将合乎最广大人民群众的最大利益作为最高标准，共产党人的一切使命均要围绕人民的利益而展开，全心全意为人民服务。之后，党的七大把全心全意为人民服务作为党的唯一宗旨写入了党章，成为中国共产党人使命意识的核心内容。新中国成立后，以邓小平同志为主要代表的中国共产党人，吹响改革开放的号角，创立了邓小平理论。邓小平理论坚持把人民作为其思想的核心要义，把党的利益同人民的利益融为一体，邓小平指出，"中国共产党员的含意或任务，如果用概括的语言来说，只有两句话：全心全意为人民服务，一切以人民利益作为每一个党员的最高准绳"[②]，体现了人民至上的思想。"三个代表"重要思想则将"是否始终代表中国最广大人民的根本利益"确定为共产党人的重要课题之一。江泽民同志指出："最大多数人的利益是最紧要和最具有决定性的因素。"[③] 因此，党所进行的一切奋斗，归根到底都是为了最广大人民的根本利益，只有人民才是中国共产党人工作价值的最高裁决者。以胡锦涛同志为主要代表的中国共产党人接续奋进，提出了以人为本的科学发展观，把人民群众放在了突出位置。坚持以人为本，就是坚持以最广大人民群众的根本利益为本，"把实现好、维护好、发展好最广大人民的根本利益作为党和国家一切工作的出发点和落脚点，尊重人民主体地位"[④]。科学发展观进一步丰富和深化了共产党人全心全意为人民服务的宗旨，使共产党人的事业获得了深厚的力量源泉。

进入中国特色社会主义新时代，以习近平同志为核心的党中央砥砺奋进，继续倡导以人民为中心的执政思想，始终把为人民谋幸福作为中国共产党人全部工作的出发点和落脚点。"以人民为中心"的发展思想以满足群众需求为主旨，聚焦社会主义建设发展过程中的重点难点问题，精准发力，使受益群体逐步扩大至全社会，不断增强人民群众的获得感、幸福感、安全感。实践证明，以习近平同志为核心的党中央不仅继续推进并保

[①] 《毛泽东选集》（第3卷），人民出版社，1991，第1102页。
[②] 《邓小平文选》（第1卷），人民出版社，1994，第257页。
[③] 《江泽民文选》（第3卷），人民出版社，2006，第280页。
[④] 《十七大以来重要文献选编》（上），中央文献出版社，2009，第12页。

证了人民当家做主的地位，使人民群众的获得感、幸福感和安全感持续增强，而且切实感受到国家发展所带来的一系列红利，物质生活和精神生活水平得到了有效提升，增加了对社会的认可和对党和国家的信任。习近平总书记指出："党的根基在人民、党的力量在人民。"[①] 因此，中国共产党人要与人民群众保持血肉联系，与人民风雨同舟，始终把人民群众放在心中、脑中，牢牢抓住关系人民群众切身利益的关键问题。在党的二十大报告中，习近平总书记明确指出，"维护人民根本利益，增进民生福祉，不断实现发展为了人民、发展依靠人民、发展成果由人民共享"是前进道路上的重要原则，中国共产党近100多年的历史，就是一部为人民谋发展、谋幸福的历史，中国共产党始终把"人民对美好生活的向往"看作自身奋斗的目标，多谋民生之利，多解民生之忧，全心全意践行为人民服务的根本宗旨。

【案例运用】

对应教材章目：本案例可适用于"毛泽东思想和中国特色社会主义理论体系概论"课程第一章"毛泽东思想及其历史地位"中第二节"毛泽东思想的主要内容和活的灵魂"第三框"毛泽东思想活的灵魂"，第六章"'三个代表'重要思想"中第二节"'三个代表'重要思想的核心观点和主要内容"第二框"'三个代表'的主要内容"，第六章"科学发展观"中第二节"科学发展观的科学内涵和主要内容"第一框"科学发展观的科学内涵"，第八章"习近平新时代中国特色社会主义思想及其历史地位"中第二节"习近平新时代中国特色社会主义思想的科学体系"第三框"习近平新时代中国特色社会主义思想的理论特质"，第十章"'五位一体'总体布局"中第四节"加强以民生为重点的社会建设"第一框"在发展中保障和改善民生"，同时，也可适用于"马克思主义基本原理概论"课程第三章"人类社会及其发展规律"第三节"人民群众在历史发展中的作用"第一框"人民群众是历史的创造者"。

案例教学建议：可以肯定的是，中华优秀传统伦理文化中的民本思想有着丰富的凸显人的地位的思想内涵，其对于人的价值的肯定，对人的力量的重视都与中国共产党所提出的以民为本的思想具有相通性。思政课教

---

① 《习近平谈治国理政》（第2卷），外文出版社，2017，第40页。

学内容中关涉人民群众重要性的内容有很多,教师可以有的放矢地结合中华优秀传统伦理文化中的民本思想进行深入浅出的演绎。在教学过程中,需对教学案例的运用注意两点。

一是传统民本思想对人民的重视与我们今天从理论和实践高度认识到人民群众是社会发展的创造者是存在本质区别的,尚达不到以唯物史观的高度来看待人民群众对于历史发展的决定性力量。从唯物史观的视角树立起"人民主体"思想是马克思恩格斯的伟大理论创造。马克思恩格斯明确提出了"人民群众是历史创造者"的观点,指出"历史的活动和思想就是'群众'的思想和活动"[①],充分表明了人民创造历史的重要作用。在马克思恩格斯看来,历史活动本质上是人民群众的活动,历史最终是由人民群众的创造性活动来决定的。人民群众不仅是社会物质财富的创造者,同时也是精神财富的创造者,人民群众的实践活动构成了社会一切精神产品的源泉。同时,人民群众的实践活动还会决定整个人类社会历史发展的方向,成为社会发展的根本性力量。因此,只有人民才是创造世界历史的动力,是社会变革的主力军。传统伦理文化中的民本思想本质上并不属于群众史观,而是一种英雄史观,虽然在民本思想中强调并看到了"民"的重要性和价值,但是在专制体制之下根本也不可能认识到人民群众的历史主体地位,更不可能看到只有人民才是历史发展的决定力量,而仅仅把对人民作用的肯定作为维护自身王权统治的手段和方式。中国共产党所坚持的人民主体思想是马克思主义与中华民族寻求自身独立解放和伟大复兴实践过程中的思想产物,其与传统伦理文化中的民本思想有着根本差别,是对古代民本思想的超越。可以认为,中国共产党之所以能够跳出"历史周期律",群众观点和群众路线是其中的关键,"将人民放在最重要的位置,以人民为中心"像一条红线,始终贯穿中国革命、建设、改革的发展道路过程中。特别是在新时代,"以百姓之心为心"作为重要价值准则,中国共产党将"民心"问题看作党执政的根本问题,成为党和国家立足历史维度与实践维度,对社会发展主体的规律性认识,并孜孜以求地在制度框架内保障人民群众的根本利益,真正从发展层面践行了人民当家做主。为此,思政课教师

---

① 《马克思恩格斯文集》(第1卷),人民出版社,2009,第286页。

在课堂教学运用案例的时候,不可将我们党今天所提倡的"以人民为中心"的思想直接地与传统伦理文化中的民本思想同日而语,自然而然地认为与传统民本思想本质一致,以免给学生造成认识误区,既不能正确认识传统民本思想的本质内涵,也不能较好地将其与我们今天党的执政主旨相联系。

二是思政课教师要旗帜鲜明地传承和弘扬好我们的中华优秀传统伦理文化,无论是从性质上还是从功能上说,中国特色社会主义以人民为核心的政治文化就是为人民谋福祉的文化,离不开民本思想的人文气质、教化观念和道德理念。可以肯定地说,中国共产党的"人民主体"思想是对传统伦理文化中民本思想的汲取和借鉴,虽然两个思想不可同日而语,但传统伦理文化中的民本思想对中国共产党的"人民主体"思想不乏有益启示,也是其重要的源泉。比如,习近平总书记"以人民为中心"思想的叙事风格,包含了对古代民本思想典籍的旁征博引、经典名句的创造性运用,构建起以人民为中心的话语坐标;我们治国理政思想提出的"加强以民生为重点的社会建设""不断满足人民群众对于美好生活的向往"等思想都蕴含了古代民本思想中"政在养民"的思想内涵。面对这些传统伦理文化,思政课教师在运用教学案例时,一定要从培养青年大学生文化自信的角度,将中华优秀传统伦理文化与新时代中国共产党"以人民为中心"的思想有机融合,张弛有度地做好课堂教学,以传承中华优秀传统民本思想所延续的文化基因为宗旨,实现中华优秀传统伦理文化中的民本思想在新时代治国理政实践中的华丽展现。

【习言习语】

"天视自我民视,天听自我民听。"今天,全党同志无论职位高低,都要把人民拥护不拥护、赞成不赞成、高兴不高兴、答应不答应作为衡量一切工作得失的根本标准。我们的工作和决策必须识民情、接地气,以人民利益为重、以人民期盼为念,真诚倾听群众呼声,真实反映群众愿望,真情关心群众疾苦。

——2016年11月29日在纪念朱德同志诞辰130周年座谈会上的讲话

古人说:"天地之大,黎元为本。"人民是我们党执政的最深厚基础和最大底气。为人民谋幸福、为民族谋复兴,这既是我们党领导现代化建设的出发点和落脚点，也是新发展理念的"根"和"魂"。只有坚持以人民为中心的发展思想，坚持发展为了人民、发展依靠人民、发展成果由人民共享，才会有正确的发展观、现代化观。

——2021年1月11日在省部级主要领导干部学习贯彻党的十九届五中全会精神专题研讨班上的讲话

中国古人说："为治之本，务在于安民；安民之本，在于足用。"推动发展、安居乐业是各国人民共同愿望。为了人民而发展，发展才有意义；依靠人民而发展，发展才有动力。世界各国应该坚持以人民为中心，努力实现更高质量、更有效率、更加公平、更可持续、更为安全的发展。要破解发展不平衡不充分问题，提高发展的平衡性、协调性、包容性。要增强人民发展能力，形成人人参与、人人享有的发展环境，创造发展成果更多更公平惠及每一个国家每一个人的发展局面。

——2021年10月25日在中华人民共和国恢复联合国合法席位50周年纪念会议上的讲话

人民性是马克思主义的本质属性，党的理论是来自人民、为了人民、造福人民的理论，人民的创造性实践是理论创新的不竭源泉。一切脱离人民的理论都是苍白无力的，一切不为人民造福的理论都是没有生命力的。我们要站稳人民立场、把握人民愿望、尊重人民创造、集中人民智慧，形成为人民所喜爱、所认同、所拥有的理论，使之成为指导人民认识世界和改造世界的强大思想武器。

——2022年10月26日在党的二十大上的讲话

案例二："尊贤重才"的人才观

【案例介绍】

从本义来看，"贤"指的是有德行和有才能的人。自古以来，中华民族就有着重视人才的传统美德，进而形成了"尊贤重才"的伦理文化，成为历代治国的重要思想。总体而言，在中华优秀传统伦理文化中，"尊贤重才"的人才观主要体现在以下几个方面。

首先，重贤之道。在原始社会的尧舜禹时代，世袭制产生以前，氏族

第四章　中华优秀传统伦理文化融入高校思政课教学案例探索

部落首领之位即通过禅让的方式进行传递，出现了"选贤与能"的传说。作为古代帝王的典范，尧不用其子丹朱而传位于德才兼备的舜；舜效仿尧的方式，同样让贤不传子，传位于治理洪水的禹，可以说"尧舜之行，爱亲尊贤。爱亲故孝，尊贤故禅"①，体现了中华民族早期重贤的思想历史。对于贤才的重要性，《礼记·中庸》记载说："哀公问政。子曰：'文武之道，布在方策。其人存，则其政举；其人亡，则其政息。'"表明了贤才对于决定国家政事兴衰的重要性。春秋前期的齐国政治家管仲在其《管子·霸言》里强调："夫争天下者，必先争人。明大数者，得人；审小计者，失人。"孟子则说："不信仁贤则国空虚。"②《论语·子路》中曾记载："仲弓为季氏宰，问政。子曰：'先有司，赦小过，举贤才。'"这表明，要治理好一个国家，首要的问题是选用贤才。作为墨家学派的创始人墨子，专门写了《尚贤》上、中、下三篇，指出"尚贤者，为政之本""国有贤良之士众，则国家之治厚；贤良之士寡，则国家之治薄"③。秦汉以后，中国重贤的传统人才观进一步发展，吕不韦在《吕氏春秋》中说到"身安、国安、天下治必贤人""得贤人，国无不安，名无不荣；失贤人，国无不危，名无不辱"④。唐太宗李世民结合自己的治国体会，提出了"为政之要，惟在得人"的著名论断。明太祖朱元璋在《求贤令》中说："贤才不备，不足以为治。"清圣祖康熙皇帝总结指出："自古选贤任能，为治之大道。"因此，"致治之道，首重人才"。可以说，中国自古以来就有着尊贤重才的政治伦理，将其上升到治国的战略高度，使国家与人才之间形成了相得益彰、相互促进的局面，推动了中国历史的不断发展。

其次，选贤之道。在选贤之道上，最具有代表性的是墨子，墨子提出"有能则举之，无能则下之"⑤的选贤主张。儒家从维护宗法家族的伦理准则出发，较为注重"笃于亲"，主张在不破坏宗宗亲亲关系的情况下，为

---

① 《唐虞之道》。
② 《孟子·尽心下》。
③ 《墨子·尚贤》。
④ 《吕氏春秋·求人》。
⑤ 《墨子·尚贤上》。

服务于新兴地主阶级政治需要"举贤才"。墨家反对这种原则，主张选贤要"不党父兄，不偏贵富，不嬖颜色"①，只要是"贤者""能者"就"举而上之，富而贵之，以为官长"。这样，无论是农夫也好，百工、商人也罢，只要德才兼备，都有机会被赏识和重用。可以说，墨家的选贤主张打破了儒家血缘和阶级的界限，为战国时期众阶级的崛起奠定了思想基础。在其之后，尚贤逐渐成为一种社会潮流，被历朝历代普遍推行。例如，三国时期的曹操为维护中央集权，提出了"唯才是举"的特殊政策，用人标准强调尚能、尚实、尚智，不拘小节。曹操在《求贤令》中说："夫有行之士，未必能进取，进取之士，未必能有行也。"因此，他公开宣称"不廉""不仁不孝"都无关紧要，只要"忠能勤事，心如铁石"，便可称为"国之良吏"。

最后，用贤之道。重贤、选贤的最终目的在于用贤，"尚贤使能"。墨家认为在官吏任用上要施行公平和平等原则，要坚持"事能"原则，即因材施用。对待贤者要做到一视同仁，要听其言、观其行，根据个人的能力大小和特点而量才适用。荀子同样提出"论德而定次，量能而授官"②，主张根据品德的高低来确定贤人使用的等级地位，衡量才能的大小来授予官职。后人司马光主张要依据贤人的不同长处来发挥其能力，"使有德行者掌教化，有文学者待顾问，有政术者为守长，有勇略者为将帅。明于礼者典礼，明于法者主法，下至医卜百工，皆度材而授任，量能而施职"③。北宋欧阳修则指出："用人之术，任之必专，信之必笃，然后能尽其才，而后可成其事。"④

总之，从部族首领到帝王将相，从诸子百家到流派学家，一以贯之地提出了关于任人唯贤的丰富理论并进行了历史实践，形成了中华民族优良的"敬贤、重贤、爱贤"的传统。

【案例引申】

纵观中国几千年的历史，"国以人兴，政以才治""能安天下者，唯在

---

① 《墨子·尚贤中》。
② 《荀子·君道》。
③ 《资治通鉴》。
④ 《为君难论上》。

第四章　中华优秀传统伦理文化融入高校思政课教学案例探索

用得贤才"的观点成为为政者治国重要思想,在中国历史上曾出现过诸多关于重贤、用贤的故事。例如,春秋五霸齐桓公拜见一个叫稷的小吏,一天去了三次也没有见到。随从的人说:"作为拥有万辆兵车的大国君王见一个平民百姓,一天去了三次却未见到,也可以停止了。"齐桓公说:"不是这样的。有才能的人傲视爵位、俸禄,当然也会轻视他们的君王;君王如果轻视霸主,自然也会轻视有才能的人。就算士子小臣稷看不起爵位俸禄,我又怎敢看不起中原霸主的大业呢?"齐桓公去了五次,终于见到了稷。天下贤者听说了这件事后,纷纷来到齐国,诸侯也都来朝见齐桓公,而齐桓公的求贤若渴、礼贤下士,使他能够多次联合诸侯,一统天下,成为春秋五霸之首。又如,汉高祖刘邦平定天下后,在总结他能战胜项羽取得天下的原因时,他认为是由于能够重用张良、萧何、韩信等贤才,为此他说道:"夫运筹策帷帐之中,决胜于千里之外,吾不如子房;镇国家,抚百姓,给馈饷,不绝粮道,吾不如萧何;连百万之军,战必胜,攻必取,吾不如韩信。此三者,皆人杰也,吾能用之,此吾所以取天下也。"而项羽本有贤才如陈平、韩信、彭越、英布,却不懂得任人唯贤,仅有的谋臣范增也不受重用,最后只能以失败告终。回看历朝历代的兴亡迭代,人才是其中的一个非常重要的因素,也正是因为此,龚自珍在目睹世危时艰的现状时,发出了他"我劝天公重抖擞,不拘一格降人才"的呐喊;陈独秀痛感国之危亡将近,欲挽狂澜于既倒,着手创办了《新青年》,以期唤醒一批"敏于自觉,勇于所为"的新青年,以此为苦难的中国开辟一条光明的道路。总之,中华优秀传统伦理文化中"重贤""尚贤""任贤使能"等人才思想具有跨越时空永恒的思想光辉,在今天仍具有重要的借鉴价值。

【案例运用】

对应教材章目:本案例可适用于"思想道德与法治"课程绪论"担当复兴大任　成就时代新人"中的第二框"新时代呼唤担当民族复兴大任的时代新人","毛泽东思想和中国特色社会主义理论体系概论"课程第九章"坚持和发展中国特色社会主义的总任务"中第一节"实现中华民族伟大复兴的中国梦"第三框"奋力实现中国梦",以及"马克思主义基本原理概论"课程第三章"人类社会及其发展规律"第三节"人民群众在历史发展中的作用"第二框"个人在社会历史中的作用"。

案例教学建议：习近平总书记指出，"'两个一百年'奋斗目标的实现、中华民族伟大复兴中国梦的实现，归根到底靠人才、靠教育"①，为我们明确指出了中华民族伟大复兴与优秀人才之间的密切关系。青年大学生是国家发展的重要人才战略储备，在国际竞争中，哪个国家能够培养、造就一大批青年人才，哪个国家就能够在国家竞争中占据优势。立足于国家强盛和民族复兴的伟大目标，青年人才在民族未来发展中具有举足轻重的重要作用，青年一代的理想信念、精神状态、综合素质不仅能够体现出一个国家的发展活力，最为重要的还在于是影响国家核心竞争力的重要因素。为此，在思政课教学过程中，教师要结合传统伦理文化"尊贤重才"的人才观从三个方面做好课堂讲授。

一是要让青年学生认识到我们国家历来就有重视人才的优良传统，这一传统沿袭至今，如今党和国家为青年的成长成才创设了良好的舞台，党的二十大报告中明确提出："全党要把青年工作作为战略性工作来抓。"培养和造就大批优秀青年人才，是关系党和人民事业持续发展的根本大计，一直以来，党和国家就极度关注对青年人才的培养，如今，党和国家在人才的发现、培养、举荐、支持等方面不断铺路搭桥，破除论资排辈、求全责备等陈旧观念，从而能够使青年优秀人才不断脱颖而出，这些时代为青年人才发展搭建的舞台，都将是未来青年大学生成长成才的广阔天地，思政课教师要在课堂教学中积极引导好青年大学生，并对他们予以鼓励，告诫青年大学生要善于、勇于抓住时代机遇，展现自己的抱负和激情，书写出奉献青春的时代篇章。

二是要让青年大学生懂得自身肩负的职责和使命，努力使自己成为堪当民族复兴大任的青年人才。习近平总书记十分肯定青年人才的重要价值和作用，长期关注、关心、关爱青年人才的培养工作，并在多次讲话、评论、批示、回信当中，强调青年人才的重要性。他曾指出："青年最富有

---

① 习近平：《做党和人民满意的好老师——同北京师范大学师生代表座谈时的讲话》，《人民日报》2014年9月10日。

第四章 中华优秀传统伦理文化融入高校思政课教学案例探索

朝气,最富有梦想,是未来的领导者和建设者。中国重视、关怀、信任青年,支持青年发展自身、贡献社会、造福人民,在实现中国梦的历史进程中放飞青春梦想。"[1] 面对这样的历史重任,思政课教师要在课堂教学中结合中华优秀传统伦理文化"尊贤重才"的人才故事和传统,向青年大学生讲清楚,一个人怀揣成才的能力对于自己而言是发展的前提,是成就一番事业的底气,青年人应具备崇高远大、坚定不移的理想信念,具备敢于担当、时不我待的责任意识,具备勇于创新、改变世界的伟大魄力和具备脚踏实地、锐意进取的实干精神,通过胸怀理想不断锤炼品格,通过艰苦奋斗不断增强本领才干,使自己变得越来越好。而同时,一个人具备成才的能力对于国家而言是希望,是重托,是支撑。不同时代赋予了青年不同的历史使命,在革命战争年代,青年的使命是求得民族独立和人民解放;在新时代,青年的使命是实现中华民族伟大复兴的中国梦,国家的前途、民族的命运、人民的幸福,是当代青年必须和必将承担的重任。如今,时代已经为青年提供了建功立业、实现梦想的广阔舞台,广大青年要迎刃而上,融入社会发展的浪潮中,与时代同行,与历史同向,努力使自己成为新时代的弄潮儿,创造伟大历史。

三是要让青年大学生懂得成就人才要以德为先,德才并重。对于"才"的理解,从中华优秀传统伦理文化"尊贤重才"的人才观中,我们可以发现"德才"总是合一而论的,这充分表明贤才不仅要练就过硬的本领,同时还要有高尚的品格,而后者显然是更为重要的。习近平总书记特别看重"德"对于人才的重要性,多次强调"要成才,必须先学做人。人而无德,行之不远。没有良好的道德品质和思想修养,即使有丰富的知识、高深的学问,也难成大器"[2]。对于青年大学生而言,思政课教师在课堂中要引导他们逐渐意识到成才重要性的同时,还要教育他们形成良好的品格,加强自身的修养,树立正确的世界观、人生观和价值观,做一个对国家、人民和社会负责任的人,这是在思政课教学过程中最为重要的一点。

---

[1] 《习近平主席在联合国教科文组织第九届青年论坛开幕式上的贺词》,《人民日报》2015年10月27日。
[2] 习近平:《之江新语》,浙江出版联合集团、浙江人民出版社,2013,第64页。

【习言习语】

科技人才培育和成长有其规律，要大兴识才爱才敬才用才之风，为科技人才发展提供良好环境，在创新实践中发现人才、在创新活动中培育人才、在创新事业中凝聚人才，聚天下英才而用之，让更多千里马竞相奔腾。

——2016年5月30日在全国科技创新大会、两院院士大会、中国科协第九次全国代表大会上的讲话

硬实力、软实力，归根到底要靠人才实力。全部科技史都证明，谁拥有了一流创新人才、拥有了一流科学家，谁就能在科技创新中占据优势。

——2018年5月28日在中国科学院第十九次院士大会、中国工程院第十四次院士大会上的讲话

把青年一代培养造就成德智体美劳全面发展的社会主义建设者和接班人，是事关党和国家前途命运的重大战略任务，是全党的共同政治责任。各级党委和政府、各级领导干部以及全社会都要充分信任青年、热情关心青年、严格要求青年，关注青年愿望、帮助青年发展、支持青年创业，做青年朋友的知心人、青年工作的热心人、青年群众的引路人。

——2019年4月30日在纪念五四运动100周年大会上的讲话

要把培育国家战略人才力量的政策重心放在青年科技人才上，给予青年人才更多的信任、更好的帮助、更有力的支持，支持青年人才挑大梁、当主角。各类人才培养引进支持计划要向青年人才倾斜，扩大支持规模，优化支持方式。

——2021年9月27日在中央人才工作会议上的讲话

培养造就大批德才兼备的高素质人才，是国家和民族长远发展大计。功以才成，业由才广。坚持党管人才原则，坚持尊重劳动、尊重知识、尊重人才、尊重创造，实施更加积极、更加开放、更加有效的人才政策，引导广大人才爱党报国、敬业奉献、服务人民。完善人才战略布局，坚持各方面人才一起抓，建设规模宏大、结构合理、素质优良的人才队伍。加快建设世界重要人才中心和创新高地，促进人才区域合理布局和协调发展，着力形成人才国际竞争的比较优势。加快建设国家战略人才力量，努力培养造就更多大师、战略科学家、一流科技领军人才和创新团队、青年科技

人才、卓越工程师、大国工匠、高技能人才。加强人才国际交流，用好用活各类人才。深化人才发展体制机制改革，真心爱才、悉心育才、倾心引才、精心用才，求贤若渴，不拘一格，把各方面优秀人才集聚到党和人民事业中来。

——2022年10月26日在党的二十大上的讲话

第四节　中华优秀传统伦理文化与和谐社会建构教学案例

中华优秀传统伦理文化包含着丰富的关于小康、和谐、大同社会的思想，同时也蕴含着构建内外一体、协和万邦共同体的精神内核。在中华优秀传统伦理文化中，世界是和谐共生的整体，万物合一、人与社会共存、国家与国家共生，进而演化出具有和合智慧的文化精神，为构建和谐社会、追求共产主义理想、打造人类命运共同体积淀了深厚的历史文化底蕴。在思政课的课堂教学中，要从社会发展和建构新型国际关系的视角出发，向青年大学生深刻解读好中华优秀传统伦理文化对于今天解决人与自然的矛盾关系，实现共产主义理想所具有的文化价值，并立足于中华优秀传统伦理文化中"协和万邦"的思想解读好习近平主席构建人类命运共同体思想的重要意义和价值，以此充分彰显出中华优秀传统伦理文化饱含着的天下情怀和对人类生存与发展状况的整体关怀。

一　中华优秀传统伦理文化与和谐社会发展

案例一：中华优秀传统伦理文化中的生态伦理思想

【案例介绍】

中华优秀传统伦理文化一直以来即有着充沛的生态伦理思想，主要体现在儒家的"天人合一"思想和道家的自然和谐观。

儒家"天人合一"思想。儒家认为，人与天、地、万物具有一致性，因此人与自然是和谐统一的。

首先，在儒家看来，"天"是具有客观性的"自然之天"。孔子指出，

"天"有其自身演化运行的规律,即"天何言哉,四时行焉,百物生焉,天何言哉!"[1]天按照四时运行,百物按照规律生长,人的职责是"观乎天文,以察时变"[2]。荀子则指出,"天行有常,不为尧存,不为桀亡,应之以治则吉,应之以乱则凶,……天有常道矣,地有常数矣"[3]。天是客观存在的自然界,运行变化有其客观规律,不以人的意志为转移。

其次,儒家认为,人是自然界的一部分,人性与天道是可以相通的。儒家学者一直把自己看作自然的一部分,"赞天地之化育",孟子指出,"尽其心者,知其性也;知其性,则知天矣"[4]。知性即能知天,人性就是对天性的彰显。张载则提出,"乾称父,坤称母;予兹藐焉,乃混然中处。故天地之塞,吾其体;天地之帅,吾其性。民,吾同胞,物,吾与也"[5],从而揭示了天地万物同体之意。

最后,儒家指出,人与天地万物息息相关,要做到仁爱万物、尊重万物的规律。从孔子伊始,儒家就确立了以"仁"为核心的道德范畴,"仁"的思想不仅包含人与人之间的仁爱关系,同时也蕴含着人与天地万物的和谐思想,为此,孟子提出了"亲亲而仁民,仁民而爱物"[6]的观点,"爱物"即是要遵循自然之物的自然法则,通过"仁"的中介将人与自然融为一体,充分尊重自然的发展规律。在其之后,荀子提出了"制天命而用之"的观点,指出在对待自然的关系上,要"知其所为,知其所不为",做到"其行曲治,其养曲适,其生不伤",[7]要在掌握自然规律的基础上发挥人的作用,达到"知天""至人"的境界。

道家的自然和谐观。从道家思想的特点看,它以崇尚自然、以道立思,追求人道与天道的统一为思想核心,其中"道"是万事万物的本源,"自然"是万事万物本然的状态。道家顺物自然的思想映射出丰富的生态和谐的思想。

---

[1] 《论语·阳货》。
[2] 《易传·象上》。
[3] 《荀子·天论》。
[4] 《孟子·尽心上》。
[5] 张载:《西铭》。
[6] 《孟子·尽心上》。
[7] 《荀子·天论》。

第四章　中华优秀传统伦理文化融入高校思政课教学案例探索

首先，道家思想蕴含着道生万物、人与自然本源同根的观点。"道生万物"是道家思想的重要命题，老子《道德经》指出："道生一，一生二，二生三，三生万物。万物负阴而抱阳，冲气以为和。"① 庄子也指出"道"是万物产生的本源，将其称为"本根"，"夫道，有情有信，无为无形，可传而不可受，可得而不可见，自本自根，未有天地，自古以固存。神鬼神帝，生天生地，在太极之先而不为高，在六极之下而不为深。先天地生而不为久，长于上古而不为老"②，充分表明道作为万事万物的总根源，化生天地万物。既然"道"化生了万物，那么从"道"的视域看，万物都是平等、毫无贵贱之分的，每一个存在的事物都有按照自己本然之性存在的价值和意义，这便得出了人与自然万物相互依存、"并行而不害"的和谐共生画面。

其次，道家思想主张自然无为的发展观，在顺应自然的基础上实现人的目标。"自然"是道的本性，是指葆有事物本身所固有的自然而然的存在状态，人应该遵循事物的自然内在规律，让事物的自然之性充分彰显。在具体做法上，就应"无为"。"无为"不是什么都不作为，而是不要去妄为，从人与自然的关系角度看，就是"万物作焉而不辞，生而不有，为而不恃，功成而弗居"③。人不要过多地去干扰自然，而是要因顺自然万物之本性，不可破坏自然的本性。

最后，在处理人和自然的紧张关系中，道家主张"少私寡欲，知足知止"。自然作为人重要的物质来源，常常因人类的过度索取而导致生态失衡，资源耗尽，进而遭到大自然的报复，对此道家提出"知足""寡欲"等主张。老子主张"见素抱朴，少私寡欲"，指出"知足不辱，知止不殆，可以长久"；④ 庄子提出"恬淡寡欲"，要求人们减损欲望，过一种有约束的生活，从节制人的欲望角度构建人与自然的和谐共生。同时，道家还提出"知足""知止"，即限制人在自然中无节制地开发和利用，懂得适可

---

① 《道德经·第四十二章》。
② 《庄子·大宗师》。
③ 《道德经·第二章》。
④ 《道德经·第四十四章》。

而止,"祸莫大于不知足,咎莫大于欲得,故知足之足,常足矣"①。人应该明确对自然强取豪夺这一错误思想的危害,时刻珍惜自然带给人的恩惠,尽量从人类的角度化解人与自然的矛盾冲突,使人与自然长久共存。

【案例引申】

中华优秀传统伦理文化中所蕴含的生态伦理思想一直以来都是树立中国生态文明思想的重要思想源泉,党的十八大以来,以习近平同志为核心的党中央在构建社会五位一体的治国实践中高度重视社会主义生态文明建设,对中华优秀传统生态伦理文化进行创造性转化和创新性发展,提出了生态文明建设一系列新观点和新主张,实现了中华优秀传统生态伦理文化跨越时空的思想价值。

从"天人合一"到"人与自然和谐共生"。习近平生态文明思想深受传统生态伦理文化中"天人合一""和谐共生""顺应自然"等思想的影响。2015年11月30日《在气候变化巴黎大会开幕式上的讲话》中,习近平主席强调指出,"'万物各得其和以生,各得其养以成。'中华文明历来强调天人合一、尊重自然"②。进而从永续发展的思路出发,习近平总书记深刻而全面地诠释了人与自然和谐共生的重要性和必要性,指出尊重自然规律、保护自然、顺应自然是人类唯一正确的选择。其中,最能够彰显习近平总书记运用传统生态伦理文化阐释生态文明观点的是著名的"两山"理念,即我们"既要绿水青山,也要金山银山""绿水青山就是金山银山",提出人们要树立保护生态环境的理念,形成绿色发展方式和生活方式,坚定走生产发展、生活富裕、生态良好的文明发展道路,建设美丽中国。

从"道法自然"到"尊重自然、顺应自然、保护自然"。道家"道法自然"的生态观为解决人与自然之间的相互关系问题提供了传统智慧,在中国文化思想史上最为鲜明地站在了自然立场,为人们如何看待和处理人与自然的矛盾关系指明了出路。习近平生态文明思想以道家"道法自然"的观点为基础,将其与现代社会进行融合,针对中国建设发展进程中出现

---

① 《道德经·第四十六章》。
② 习近平:《从巴黎到杭州,应对气候变化在行动》,载《习近平二十国集团领导人杭州峰会讲话选编》,外文出版社,2017,第17页。

第四章 中华优秀传统伦理文化融入高校思政课教学案例探索

的部分毁林开荒、乱砍滥伐、过度放牧等有损自然环境、破坏生态的现象，明确告诫我们要尊重自然规律，进而在开发利用自然上少走弯路，不断开创生态文明建设的新高度。

从知足知止到节约优先、取用有度。"知足""寡欲"是我国传统生态伦理所彰显出的中国智慧，面对大自然有限的资源，人应该树立一种全面协调可持续发展的生态理念，珍惜大自然的馈赠，保护好生态资源，而从人的角度看，就是要力避奢侈浪费、无度消费，做到对自然资源开发有理有节，防止对有限资源的浪费。习近平生态文明思想主张要合理高效地开发和使用自然资源，一方面，从人类工业化进程中发生的过度开发自然资源的历史惨痛教训出发，强调坚决不能犯竭泽而渔的错误思想，要坚持节约优先、保护优先、自然恢复为主的方针，走绿色循环低碳发展之路；另一方面，从现实出发，动员在全社会固牢勤俭节约的消费观，"树立节能就是增加资源、减少污染、造福人类的理念，努力形成勤俭节约的良好风尚"[1]，要积极培育绿色生活方式，努力形成勤俭节约的良好社会风气。

【案例运用】

对应教材章目：本案例可适用于"毛泽东思想和中国特色社会主义理论体系概论"课程第十章"'五位一体'总体布局"中第五节"建设美丽中国"第一框"坚持习近平生态文明思想"以及第二框"推动绿色发展，促进人与自然和谐共生"。

案例教学建议："生态兴则文明兴，生态衰则文明衰。"习近平总书记的这一思想深刻指出了生态环境发展对于社会文明建设的重要性。当前，建设美丽中国已成为全社会国人心之所向，顺应时代发展的新要求，必须要将生态文明教育观念内化到每一位青年大学生的心中，使青年大学生不断养成树立生态文明观的自觉性，这不仅是促进青年大学生实现全面发展的必然要求，同时也是国家构建生态文明社会的内在动力。思政课教师在进行建设美丽中国课程内容讲授时，可以从以下角度予以展开。

---

[1] 中共中央文献研究室编《习近平关于社会主义生态文明建设论述摘编》，中央文献出版社，2017，第118页。

首先,加强理论的解读,以理服人。培养青年大学生树立良好的生态文明思想必须要对青年大学生讲透其理论的真理性,从而以理论更好地指导实践。一方面,要从中华优秀传统生态伦理文化出发,为学生讲清楚我们有着悠久的生态文明思想历史,这些内容丰富的生态文明思想不仅内涵博大精深,而且闪耀着中国智慧,是我们今天建设美丽中国的思想源泉和有利借鉴。当然,在课堂讲授过程中一定要对传统生态伦理文化进行客观的解读,不可过分渲染其思想的价值。另一方面,要观照现实,加强对马克思主义生态观以及习近平生态文明思想的解读,特别是习近平生态文明思想深刻回答了"为什么建设生态文明、建设什么样的生态文明、怎样建设生态文明"的重大理论和实践问题,是对我们当前"五位一体"总体布局中"生态"布局的深刻阐释,是重要的行动指南。通过史与今的贯通、传统与现代的延展,引导青年大学生树立正确的新时代生态价值观,过健康绿色的生态生活。

其次,营造生态环境保护的真实氛围,树立正确生态价值观。如何彰显生态文明教育的重要性,真实而又具体的情境是最具有教育效果的,思政课教师在进行课堂教学时,可充分利用现代信息技术将现实中生态环境被严重污染和破坏的案例真实地展现在学生面前,同时将美丽中国环境保护所取得的丰硕成果予以呈现,通过鲜明的对比使学生产生强大的思想冲击力,既感受到生态环境破坏对人的不良影响,同时也深刻体会到美丽环境对我们每个人健康成长、对国家建设发展的重要性。在教学过程中,还要特别注意理论价值的回归,即落脚到美丽中国建设所取得的重要成就关键在于我们传统生态伦理文化以及马克思主义生态观、习近平生态文明思想的重要支撑和指导,从而使青年大学生真正认识到树立生态文明价值观的重要性,自觉加以践行。

【习言习语】

绿水青山就是金山银山,贯彻创新、协调、绿色、开放、共享的发展理念,加快形成节约资源和保护环境的空间格局、产业结构、生产方式、生活方式,给自然生态留下休养生息的时间和空间。

——2018年5月在全国生态环境保护大会上的讲话

生态文明建设是关系中华民族永续发展的根本大计。中华民族向来尊重自然、热爱自然,绵延5000多年的中华文明孕育着丰富的生态文化。生态兴则文明兴,生态衰则文明衰。

——2018年5月在全国生态环境保护大会上的讲话

要倡导尊重自然、爱护自然的绿色价值观念,让天蓝地绿水清深入人心,形成深刻的人文情怀。

——2019年4月28日在2019年中国北京世界园艺博览会开幕式上的讲话

生态兴则文明兴。我们应该携手努力,共同推进人与自然和谐共生,共建地球生命共同体,共建清洁美丽世界。

——2022年12月15日向《生物多样性公约》第十五次缔约方大会第二阶段高级别会议开幕式的致辞

案例二:大同社会的理想旨归

【案例介绍】

春秋战国时期正值中国社会由奴隶制向封建制的转型时期,社会呈现出"礼崩乐坏"、动荡不已的状况。出于对社会现实的实际反思,儒家经典著作《礼记·礼运》为人们描绘出了"大同社会"的崇高理想蓝图:"大道之行也,天下为公,选贤与能,讲信修睦,故人不独亲其亲,不独子其子,使老有所终,壮有所用,幼有所长,鳏寡孤独废疾者,皆有所养。男有分,女有归,货恶其弃于地也,不必藏于己,力恶其不出于身也,不必为己。是故谋闭而不兴,盗窃乱贼而不作,故外户而不闭,是谓大同。"《礼记·礼运》篇对于"大同社会"的描述将"天下为公"四个字作为初试命题,提出了一个实行全民公有的理想社会愿景。这个社会将"选贤与能"作为重要措施,依靠贤人为天下人谋福利,管理国家事务。同时,社会讲信和睦,人与人之间具有良好的人际关系,每个人各得其所,都能得到社会的关怀,"老有所终,壮有所用,幼有所长,鳏寡孤独废疾者,皆有所养"。在大同社会中,人人都具有高度的责任心,以高度的自觉劳动主动回报社会,物尽其用,人尽其力,社会和谐。

中国社会对大同理想社会的追求从未停歇过,中国近代爆发的太平天国运动作为中国封建社会农民运动的最高峰,将"大同"理想社会的构想推到了顶点。其纲领性文件《天朝田亩制度》主张建立一个"天下大家,处处平均""有田同耕,有饭同食,有衣同穿,有钱同使",做到"无处不均匀,无人不饱暖""天下人人不受私,物物归上主"的"大同"理想社会。虽然这一主张由于缺乏稳定的基层农民政权加之战争动乱的客观现实无法最终实现,但却从另外一个侧面反映出了农民阶级对于平等公正、公有和谐社会的渴望。近代在"西学东渐"的背景下,康有为结合西方进化论思想、资产阶级民主主义以及欧洲空想社会主义的观点,在发掘中国传统"大同"理想合理内核的基础上,提出了一个"无邦国,无帝王,人人平等,天下为公"的大同社会。《大同书》指出:"大同之道,至平也,至公也,至仁也,治之至也,虽有善道,无以加此矣。"与以往大同理想社会不同的是,《大同书》站在全人类的高度,要求消灭国家,把大同社会建立在高度的物质文明和精神文明基础上,为此康有为设计了人类社会从"据乱世"经"升平世"(小康)再到"太平世"(大同社会)的发展路径,并提出了实现男女平等,取消家庭私有,追求人权、自由、平等、独立和个性解放,用改良的方式实现大同目标的一系列举措。可以说,康有为的《大同书》是中国思想史上最为详尽的"大同"方案。在康有为之后,孙中山作为激进的资产阶级民主主义者将原始共产主义的大同观念与资产阶级民有、民享、民治的民主主义以及无产阶级的社会主义结合在一起,提出了"新三民主义"纲领,主张"平均地权""联俄、联共、扶助农工",做到"耕者有其田",创立了"天下为公"的主观社会主义学说。这个社会主义国家,集种种物产归为公有,使每个社会成员的教育、就业、生老病养有保障,使人民有充分的自由权利,在人与人之间建立起平等、友爱的新型关系。[1]

概而言之,"大同社会"的理想自中国古代社会就已存在,且"一以贯之""一脉相承",成为中华优秀传统伦理文化的重要精神内涵,虽然这一主张带有浓厚的"理想主义"色彩,但中国人接受社会主义思想再接受

---

[1]《孙中山全集》(第2卷),中华书局,1982,第523~524页。

马克思主义都是与中华优秀传统伦理文化中的"大同"思想密不可分的，通过对"大同"理想的不断阐释，使其成为中国共产党人的一个重要命题。可以说，在中华民族的发展史上，真诚信仰"大同"理想，并能把"大同"理想付诸实践的唯有我们的中国共产党人，"天下为公"的共产主义同"大同"理想社会糅合在一起构成了中国共产党人矢志不渝的奋斗目标。

【案例引申】

一种外来文化如果想在其他民族文化中落地生根、扎根成长，必然要经历与其他民族融合并进行民族化的过程。毋庸置疑，马克思主义从本质而言，与中华优秀传统伦理文化有着诸多契合之处，其中马克思主义所宣扬的没有剥削、没有压迫，去私有化、公平平等的共产主义社会与中国自古以来所倡导和追求的"大同社会"有着异曲同工之处，这是在面对社会发展的实际境况时人们所设想出的理想蓝图，一个是没有贫富、没有剥削、没有压迫，有地同耕、有衣同穿、有饭同吃的"大同社会"。在这个"大同社会"中，人人为公、各尽其力，人们讲信修睦，人际关系和谐，同时"老有所终，壮有所用，幼有所长，鳏寡孤独废疾者，皆有所养"。另一个是物质财富极大丰富，人们的精神境界极大提高，社会"各尽所能，按需分配"，没有剥削，没有阶级，最终实现人自由而又全面发展的社会。相似的目标，相近的设想，必然使中国人更容易接受马克思主义，使马克思主义在中国能够开花结果。

与此同时，在马克思主义传入中国的过程中，最早接触社会主义思想的仁人志士，也都是在对"大同"社会理想的阐释中将其与社会主义联系在一起的，他们对社会主义思想进行贯古通今式的思考，并最终接受了社会主义。这里举一个案例，即郭沫若先生在《马克思进文庙》一文中所描绘的马克思见孔子的谈话。

孔子：啊啊，有朋自远方来，不亦乐乎呀！你来到庙里来，有什么见教呢？

马克思：我是特为领教而来。我们的主义已经传到你们中国，我希望在你们中国能够实现。但是近来有些人说,我的主义和你的思想不同。因此我便来直接领教你:究竟你的思想是怎么样?和我的主义怎样不同?

孔子:你的理想的世界是怎样的呢?

马克思:我的理想的世界,是我们生存在这里面,万人要能和一人一样自由平等地发展他们的才能,人人都各能尽力做事而不望报酬,人人都各能得生活的保障而无饥寒的忧虑,这就是我所谓"各尽所能,各取所需"的共产社会。

孔子:你这个理想社会和我的大同世界竟是不谋而合。"大道之行也,天下为公,选贤与能,讲信修睦……是谓大同",这不是和你的理想完全是一致的吗?

马克思:我的理想和有些空想家不同。我的理想不是虚构出来的,也并不是一步可以跳到的。我们先从历史上证明社会的产业有逐渐增殖之可能,其次是逐渐增殖的财产逐渐集中于少数之手中,于是使社会生出贫乏病来,社会上的争斗便永无宁日。

孔子:我从前也早就说过"不患寡而患不均,不患贫而患不安"的呀!

马克思:我不想在两千年前,在远远的东方,已经有了你这样的一个老同志!你我的见解完全是一致的,怎么有人曾说我的思想和你的不合,和你们中国的国情不合,不能施行于中国呢?[1]

可以看到,郭沫若的这一作品隐喻了孔子的思想与马克思主义的汇通之处,从另一个侧面表达了先进中国人对社会主义和马克思主义的某种认可,进而打开了马克思主义中国化的大门。我们说,任何一种思想只有与传统相贯通并与现代社会相结合,才能形成其实际的生命力,进而在现代社会中发挥作用。马克思主义在中国的成功,最根本的在于马克思主义是一个与中华优秀传统文化互读、融合并形成中国特色的过程。"大同"社

---

[1] 摘编自郭沫若《马克思进文庙》,载《郭沫若全集·文学编》(第10卷),人民出版社,1985,第162~171页。

第四章　中华优秀传统伦理文化融入高校思政课教学案例探索

会理想是中国古代人们所向往的目标,中国共产党人以传统"大同"社会理想为旨归,将其与马克思主义的共产主义学说相结合,既坚持共产主义的远大理想,同时又赋予其中国精神的基因,并将这一远大理想与中国特色社会主义共同理想有机结合起来,使实现共产主义的社会理想一步步地成为现实。

【案例运用】

对应教材章目:本案例可适用于"思想道德与法治"课程第二章"追求远大理想 坚定崇高信念"中第二节"坚定信仰信念信心"第一框"增强对马克思主义、共产主义的信仰","马克思主义基本原理概论"第七章"共产主义崇高理想及其最终实现"中第一节"展望未来共产主义新社会"第二框"共产主义社会的基本特征"等。

案例教学建议:在青年大学生中,不乏会有一些人认为共产主义理想离现实太远,是无法实现的。在他们看来,共产主义即是"乌托邦",是一种空想。基于此,思政课教师在讲授与共产主义相关的课程内容时,要直面学生的疑问,从中华优秀传统伦理文化中的"大同"社会理想讲起,将其与共产主义社会进行对照性分析,并立足于社会现实引导学生认识到共产主义远大理想既是面向未来的,又是指向现实的,不仅反映了人们对未来社会的美好向往,更是一个从现实的人出发,不断满足人的现实利益需求、推进人的全面发展、推动社会发展进步的历史过程与现实运动。主张"共产主义理想离现实太遥远,是无法实现"的观点,实际上割裂了共产主义远大理想与现实的辩证统一关系。事实上,共产主义的思想和实践早已存在于我们的现实生活中,那种认为"共产主义是渺茫的幻想""共产主义没有经过实践检验"的观点,是完全错误的。

思政课教师可从"乌托邦"的空想意义讲起,让学生意识到,"乌托邦"并不是一种消极概念,恰恰相反,它具有积极的内涵,就其一般意义而言,"乌托邦""一是指与现实社会不同的、消除了痛苦与邪恶的、充满公平与和谐的理想社会设计或对这种理想社会的描绘,二是指在对理想社会追求中体现出来的对现实社会超越的批判精神"[1]。这种批判精神反映着

---

[1] 李宗桂等:《中国优秀传统文化的现代价值》,人民出版社,2019,第430~431页。

人们改变现实的历史使命感和将理想作为参照系不断鞭笞社会，致力于以知识和智慧构建美好社会的愿景。正因为此，我们可以说"乌托邦"有着克服现存社会不足，为人和社会走向完美新境界提供设计与规划的人文关怀。它既表达着人们对于现实社会的批判，同时也表达着人们对于理想社会的追求，这种批判和追求可以成为一种动力，引导人们不断向着自己所向往的理想社会的奋斗目标而努力。讲到这里，教师可以将中华优秀传统伦理文化中的"大同"社会理想与"乌托邦"思想进行融合，可以说，从古代社会起，中国的"大同"社会理想就有着"乌托邦"的积极意义，这种包含着天下为公、人人平等、人道关怀的"大同"社会理想不断激励着中华儿女在理想光环引导下，克服社会种种现实困难，探索实现美好社会的现实途径，进而在向目标奋斗的进程中不断处理好身与心、物质与精神、理论与实践等之间的矛盾，成为一种积极健康的社会追求。也正是缘于此，当马克思主义所包含的共产主义"乌托邦"传入中国时，中国人能以最大的包容性接受它，将其看作超越"大同"社会理想的、基于中国新的发展实际的长远奋斗目标。所不同的是，这种共产主义的远大理想基于唯物史观的立场、观点和方法论证了其历史必然性和科学性，同时，指出了在中国实现共产主义远大理想的现实道路和实际步骤——共产主义远大理想与中国特色社会主义共同理想的有机结合，即从建立新民主主义社会开始，把新民主主义社会转变为社会主义社会，再由社会主义为其向共产主义过渡创造物质条件，由此形成了中国社会发展至今的社会主义革命、建设、改革阶段，开创了中国特色社会主义事业，使其成为真正的科学学说，具有了一步步变为现实的可能性。党的十九大以来，以习近平同志为核心的党中央擘画了新时代中国特色社会主义发展的清晰战略安排，即从全面建成小康社会到基本实现现代化，再到全面建成社会主义现代化强国，开启了新时代中国特色社会主义的新征程。可以认为，当中国社会主义现代化强国目标实现之时，将会使科学社会主义第一次建立在较为发达的生产力基础之上。到那时，中国无论经济核心竞争力还是经济总量以及市场规模都将处于世界前列，全体人民将实现共同富裕的目标，中国将成为具有高度物质文明和精神文明的先进国家，历经发展，发达的社会主义国家终将变为现实。这也将是继苏联开辟社会主义发展道路之后世界社会主义运动发展史上又一次伟大的里程碑式的飞跃，不仅在理论上丰富和完善了马克思主义对共产主义社会的思考，而且最重要的还在于为通向共产主义"大同"社会开辟了"天堑变通途"的实际道路，意义深远。这是思政课教师必须要向青年大学生传达好的重要思想观点。

【习言习语】

共产主义决不是"土豆烧牛肉"那么简单，不可能唾手可得、一蹴而就，但我们不能因为实现共产主义理想是一个漫长的过程，就认为那是虚无缥缈的海市蜃楼，就不去做一个忠诚的共产党员。革命理想高于天。实现共产主义是我们共产党人的最高理想，而这个最高理想是需要一代又一代人接力奋斗的。如果大家都觉得这是看不见摸不着的东西，没有必要为之奋斗和牺牲，那共产主义就真的永远实现不了了。我们现在坚持和发展中国特色社会主义，就是向着最高理想所进行的实实在在努力。

——2015年1月12日在中央党校县委书记研修班学员座谈会上的讲话

95年来，共产主义远大理想激励了一代又一代共产党人英勇奋斗，成千上万的烈士为了这个理想献出了宝贵生命。"砍头不要紧，只要主义真"，"敌人只能砍下我们的头颅，决不能动摇我们的信仰"，这些视死如归、大义凛然的誓言生动表达了共产党人对远大理想的坚贞。理想之光不灭，信念之光不灭。我们一定要铭记烈士们的遗愿，永志不忘他们为之流血牺牲的伟大理想。

——2016年7月1日在庆祝中国共产党成立95周年大会上的讲话

二 中华优秀传统伦理文化与人类命运共同体

案例一："和而不同"的思想共识

【案例介绍】

实现人类的和平与发展一直以来都是全人类共同的奋斗目标。党的十八大以来，以习近平同志为核心的党中央提出了"人类命运共同体"这一科学思想，为破解人类社会发展难题贡献了中国智慧和中国方案。"人类命运共同体"思想有着深厚的中华优秀传统伦理文化的智慧，其中"和而不同"即是其中的重要文化底蕴。

据考证,早在3000多年前,中国的甲骨文、金文中就有了"和"字,《尚书》中曾多次提到"和",比如,"九族既睦,平章百姓。百姓昭明,协和万邦"①,强调首先把自己的宗族治理好,使之团结和睦;然后治理自己的诸侯国并协调各诸侯国之间的关系,这样一来,天下臣民友好如一家。又如,"庶政惟和,万国咸宁"②,强调统治国家要使各项政策都很合适,这样天下的万国都会得以安宁。可以看到,这里的"和"既有着各邦国关系的和谐,也有着国家政事和谐的含义。

对"和"做进一步阐述的是西周末年的太史史伯。史伯第一次把"和""同"作为概念进行辩证理解,他指出,在治理国家的问题上,应存和去同,这样国家便可以和谐存在而发展,但如果取同去和,则国家就会僵化,进而走向衰落。据《国语·郑语》记载,郑桓公问史伯:"周其弊乎?"(周朝是否要走向衰亡?)史伯回答说:"殆于必弊者也。《泰誓》曰:'民之所欲,天必从之。'今王弃高明昭显,而好谗慝暗昧;恶角犀丰盈,而近顽童穷固,去和而取同。夫和实生物,同则不继。以他平他谓之和,故能丰长而物归之;若以同裨同,尽乃弃矣。"在史伯看来,事物的发展是建立在多样性的基础之上的,和谐才能生成万物,同一就不能发展。把不同的东西调和起来,就能丰富发展而使万物归于统一;如果把相同的东西相加,用尽了之后就完了。周王取同去和,必将给国家带来灾难。

在此基础上,《论语·子路》正式提出了"君子和而不同,小人同而不和"的命题。在孔子看来,真正有修养的君子,不仅乐于听取与自己不同的意见,而且善于吸收其优点改进自己、提高自己;或者听到不同意见时,不盲从附和,敢于提出自己的见解。只有缺乏道德修养的"小人"才不愿听取与自己不同的意见,排斥、打击与自己意见不同的人,或者在听到与自己不同的意见时,处处盲从附和,不敢提出自己的见解。孔子提倡"和而不同",看到了差异的互补性,并在差异的基础上追求统一和谐,他反对"同而不和",逐渐将"和而不同"的思想从解决人自身修养的视域

---

① 《尚书·尧典》。
② 《尚书·周官》。

扩展为国家与社会治理的行动指南。

"和"与"同"是两个既有联系又有区别的概念,"和"是承认差别的统一状态,"同"则是排斥差异性的绝对相同。"和同之辩"体现了独特的辩证智慧,从本质上揭示出包含着差异和对立的统一,是一种多样性的统一,"和"不仅是一种表面上的和谐,更是在承认"不同"差异基础上的一种和谐,以和为贵,要在尊重"不同"的前提下,将"和"作为最终的旨归。"和而不同"思想以宽广的视野和深刻的思考,在哲学层面为我们指出了不同文明的相处之道,即文明是多彩的、包容的、平等的,面对世界文明的多样性,应当以开放的态度理解差异,尊重各民族文明。而与此同时,在尊重文化多样性的同时,还应充分寻求不同文化之间的共性,以兼收并蓄的方式进行文化的交流与传播,以同一性吸纳差异性,通过文化桥梁的搭建,在潜移默化中构筑文化认同的新思维,进而达至"各美其美,美人之美,美美与共,天下大同"的理想境界。可以认为,正是"和而不同"的观念共识,为人类命运共同体思想的应运而生提供了强大的思想支撑。

【案例引申】

2017年,习近平主席通过世界经济论坛2017年年会开幕式上的主旨演讲《共担时代责任 共促全球发展》以及在联合国日内瓦总部的主旨演讲《共同构建人类命运共同体》,向世界人民全面、系统地阐述了人类命运共同体理念。如今,"坚持推动构建人类命运共同体"被写入党的十九大、二十大报告,"构建人类命运共同体"多次被写入联合国决议,已在全球范围产生了强大感召力。面对当今全球范围内的分歧、对立,"人类命运共同体"思想提出了开放、包容、普惠、共赢的理念,成为解决国际问题的典范思维。

在博弈论中,众所周知的一个概念即是"零和博弈",指的是在严酷的竞争下,一方的收益必然意味着另一方的损失,博弈各方的收益和损失相加总和永远为"零",这种思维方式来源于欧洲历史及其生成的文化。公元400多年,修昔底德就根据当时的伯罗奔尼撒战争得出了所谓的"修昔底德陷阱";随着社会结构向重商主义转变,以及新航路的开辟,西方各国更是在"零和博弈"思维主导下,在世界掀起了战争与侵略。可以看到,自14世纪开始,从最初的西班牙、葡萄牙通过殖民掠夺和海上贸易获得世界头号霸权,到后来的荷兰取代西班牙和葡萄牙成为"海上马车夫",再到英国取代荷兰成为当时的日不落帝国,种种的侵略和掠夺都是将零和博弈的思维作为实践,最终因帝国主义对世界殖民地争夺以及反对法西斯主义而引起两次世界大战。两次世界大战后,美国跃居世界头号强国,依然在零和博弈的思维下与苏联进行了长达40余年的冷战,并在此思维基础上形成了强烈的冷战思维,虽然冷战随着苏联解体、东欧剧变而终结,但美国的冷战思维并没有终结,反而随着世界形势的变化以及中国综合国力的显著提升而有所强化,将其"首要关切"对准了中国,形成了愈演愈烈的趋势。之后,面对世界多极化的发展趋势,美国将冷战思维进行调整,依靠其意识形态的渗透继续在全世界范围内开展冷战。例如,披着"普世价值"的外衣,裹挟"民主、自由"等意识形态,宣扬共产主义思想"反民主、专制集权"的危险观念;通过扮演"世界警察"的角色大肆对其他国家进行政治打压和政治干涉等。总之,无论是零和博弈还是冷战思维,其实质都是对抗、冲突、遏制、封闭,而不是合作、交流、互鉴、开放,这种思维是导致当前世界范围内国家与国家之间、民族与民族之间关系紧张、隔阂不断的思想根源,不仅不会有利于推动世界的和平发展,反而会加剧世界文明间的矛盾与误会,对世界的和平发展带来极为不利的影响。习近平总书记指出"一花独放不是春,百花齐放春满园",国与国之间的交往是可以在多方共赢、相互促进中携手并进的,中国的"一带一路"、亚投行均是鲜明的例证。而如今,"构建人类命运共同体"思想的提出,再次表征中国始终做世界和平的建设者、全球发展的贡献者、国际秩序的维护者的承诺。相信在构建人类命运共同体思想的指导下,东方欲晓,将不仅是"风景这边独好",更是会"百花齐放春满园",零和博弈和冷战思维终将会退出人类社会的历史舞台。

【案例运用】

对应教材章目:本案例可适用于"毛泽东思想和中国特色社会主义理论体系概论"课程第十三章"中国特色大国外交"中第二节"坚持走和平发展道路"第二框"推动构建新型国际关系"、第三节"推动构建人类命运共同体"第一框"人类命运共同体"。

案例教学建议：习近平主席指出，"当今世界正经历着百年未有之大变局"，伴随着世纪疫情的交织叠加，人类社会进入了一个"不稳定不确定显著上升"的动荡变革期，国与国之间、民族与民族之间的对立和隔阂不断加深，进而使世界各国人民追求幸福生活的呼声越来越强烈。为此，习近平主席在多次国际场合表达其人类命运共同体的思想。例如，2013年在莫斯科国际关系学院发表演讲时、2015年在纽约联合国总部出席第70届联合国大会一般性辩论时、2019年在亚洲文明大会开幕式上、2020年在第75届联合国大会一般性辩论时以及2021年在世界经济论坛"达沃斯议程"对话会上的致辞中，均提到了构建人类命运共同体的思想，此外，在处理与各国的外交关系时，也不断阐述其人类命运共同体理念，从而为处理当今世界国与国之间的关系提供了中国智慧和中国方案。

当今青年大学生极其关注国际社会的时政热点，尤其对中美关系、中欧关系、中日关系关注频繁，思政课教师在教学过程中要做好对青年大学生正确看待国际关系的引导，以客观、实际的态度为青年大学生讲清楚"维护世界和平、促进共同发展"的中国外交政策宗旨，讲明推动建设相互尊重、公平正义、合作共赢的新型关系是我国立足于时代发展潮流和我国根本利益做出的战略选择，反映了中国人民和世界人民的共同心愿。其中最为重要的是，要向青年学生讲明，无论是习近平主席所提出的"人类命运共同体"理念还是我国"维护世界和平、促进共同发展"的外交政策，都有着深厚的中华优秀传统伦理文化"和而不同"的思想渊源，是中华民族宝贵的精神财富。这再一次向我们证实，中华优秀传统伦理文化有着强大的生命力和思想的深邃性。同样的，人类命运共同体思想为中华优秀传统文化在新时代的创造性转化和创新性发展提供了机遇，体现了对中华优秀传统伦理文化的赓续和弘扬。思政课教师要善于从中华优秀传统伦理文化的"和而不同"思想价值入手，讲明其与人类命运共同体的延续性和一致性，从而使青年大学生更加坚定对于中华优秀传统伦理文化的文化自信，促进青年大学生对中华优秀传统伦理文化进行传播和弘扬。

【习言习语】

中华民族历来是爱好和平的民族。中华文化崇尚和谐，中国"和"文化源远流长，蕴涵着天人合一的宇宙观、协和万邦的国际观、和而不同的社会观、人心和善的道德观。在5000多年的文明发展中，中华民族一直追求和传承着和平、和睦、和谐的坚定理念。以和为贵，与人为善，己所不欲、勿施于人等理念在中国代代相传，深深植根于中国人的精神中，深深体现在中国人的行为上。

——2014年5月15日在中国国际友好大会暨中国人民对外友好协会成立60周年纪念活动上的讲话

我们要促进和而不同、兼收并蓄的文明交流。人类文明多样性赋予这个世界姹紫嫣红的色彩，多样带来交流，交流孕育融合，融合产生进步。

文明相处需要和而不同的精神。只有在多样中相互尊重、彼此借鉴、和谐共存，这个世界才能丰富多彩、欣欣向荣。不同文明凝聚着不同民族的智慧和贡献，没有高低之别，更无优劣之分。文明之间要对话，不要排斥；要交流，不要取代。人类历史就是一幅不同文明相互交流、互鉴、融合的宏伟画卷。我们要尊重各种文明，平等相待，互学互鉴，兼收并蓄，推动人类文明实现创造性发展。

——2015年9月28日在第七十届联合国大会一般性辩论时的讲话

坚持交流互鉴，建设一个开放包容的世界。"和羹之美，在于合异。"人类文明多样性是世界的基本特征，也是人类进步的源泉。世界上有200多个国家和地区、2500多个民族、多种宗教。不同历史和国情，不同民族和习俗，孕育了不同文明，使世界更加丰富多彩。文明没有高下、优劣之分，只有特色、地域之别。文明差异不应该成为世界冲突的根源，而应该成为人类文明进步的动力。

——2017年1月18日在联合国日内瓦总部的演讲

要高举人类命运共同体大旗，依托我国发展的生动实践，立足五千多年中华文明，全面阐述我国的发展观、文明观、安全观、人权观、生态观、国际秩序观和全球治理观。

——2021年5月31日在十九届中央政治局第三十次集体学习时的讲话

推动文明交流互鉴，推动构建人类命运共同体。中华文明自古就以开放包容闻名于世，在同其他文明的交流互鉴中不断焕发新的生命力。中华文明五千多年发展史充分说明，无论是物种、技术，还是资源、人群，甚至于思想、文化，都是在不断传播、交流、互动中得以发展、得以进步的。我们要用文明交流交融破解"文明冲突论"。

——2022年5月27日在十九届中央政治局第三十九次集体学习时的讲话

案例二："协和万邦"的价值追求

【案例介绍】

协和万邦是"和合"思想在国家交往层面的展现和应用，《尚书·尧典》指出："克明俊德，以亲九族。九族既睦，平章百姓。百姓昭明，协和万邦，黎民于变时雍。"这里的"协"意为协调、协助，是方式和手段，"和"即为和平、和睦、和谐，是目的。"协和万邦"是指通过协调、协助使万邦诸侯能够和谐合作、友好往来。这一理念为历代政治家和思想家所传承与弘扬，被运用于处理与周边国家及其他民族之间的关系上。之后，《周礼·天官冢宰》中有"以和邦国，以统百官，以谐万民"之说。《周易》提出"保合太和，乃利贞。首出庶物，万国咸宁"，主张达到"太和"境界，赋予天下大道的"和"以规律性。《左传·隐公六年》中记载"亲仁善邻，国之宝也"，表明了以和平的方式和谐万国的思想。春秋战国时期，孔子提出了"礼之用，和为贵。先王之道，斯为美。小大由之，有所不行。知和而和，不以礼节之，亦不可行也"[1]，并指出"四海之内皆兄弟"[2]，蕴含了睦邻友好的期许。墨子也提出："今天下无大小国，皆天之邑也。……大不攻小也，强不侮弱也，众不贼寡也，诈不欺愚也，贵不傲贱也，富不骄贫也，壮不夺老也。是以天下之庶国，莫以水火、毒药、兵刃以相害也。……天下兼相爱则治，交相恶则乱。"[3]《荀子·议兵》中云："四海之内若一家。"由此可见，"协和万邦"的理念认为要协调不同国家之间的关系，反对斗争，以和平、合作的方式让世界各国相互尊重、共同发展。

---

[1] 《论语·学而》。
[2] 《论语·颜渊》。
[3] 《墨子·兼爱》。

【案例引申】

美国历史学家伯恩斯与拉尔夫合著的《世界文明史》在论证中国文明"一旦出现,它就延续"的内在机理时,将其归结为"和平主义"的伦理价值观,认为"中国在它的大部分历史时期,没有建立侵略性的政权。也许更重要的是,中国的伟大的哲学家和伦理学家的和平主义影响使它的向外扩张受到约束"。这种"和平主义"的伦理价值观使得中国"很少激起周围国家的敌意与反抗",中国人很少用武力把他们的意志强加给其他民族,相反却修文德睦邻四方,把同化其他民族使之成为"他们的高级伦理制度的受益者当作自己的天职"。①

英国哲学家、思想家伯特兰·罗素对中国的和平主义伦理文化以及中国人热爱和平的品质给予了高度的肯定,"在中国人所有的道德品质中,我最推崇的是他们平和的气质,这种气质使他们在寻求解决争端时更多地是讲究平等公正,而不是像西方人那样喜欢仰仗实力"②,中国文明是"世界上几大古国文明中唯一得以幸存和延续下来的文明"③。

德国哲学家马克斯·韦伯在《儒教与道教》一书中称儒教为"和平主义",直言儒教具有"和平主义的本质",在现实的生活中去追求"作为美好的社会伦理的'仁'"已成为诸多"士大夫们坚定不渝的信仰"。④ 这些观点强化了和平主义的伦理价值导向,使得中国的和平主义得到了来自政治制度和教育制度的多重支持。

日本著名学者、东方历史研究奠基人桑原骘藏认为,中国文化和中华民族的一个本质特点就是和平主义:"中国自古以来的学说一般都鼓吹了和平思想。"⑤ 他首先肯定了以孔子为代表的儒家崇尚"和为贵",在"足

---

① 〔美〕爱德华·麦克诺尔·伯恩斯、菲利普·李·拉尔夫:《世界文明史》(第1卷),罗经国等译,商务印书馆,1987,第173页。
② 〔英〕伯特兰·罗素:《东西方文明比较》,载《罗素文集》,王正平译,改革出版社,1996,第50页。
③ 〔英〕伯特兰·罗素:《东西方文明比较》,载《罗素文集》,王正平译,改革出版社,1996,第46页。
④ 〔德〕马克斯·韦伯:《儒教与道教》,洪天富译,商务印书馆,1995,第183页。
⑤ 〔日〕桑原骘藏:《中国人的文弱与保守》,载何兆武、柳卸林主编《中国印象:外国名人论中国文化》,中国人民大学出版社,2011,第548页。

第四章　中华优秀传统伦理文化融入高校思政课教学案例探索

食""足兵""民信之矣"这三项治国基本要素中首重"民信之矣",凸显了道德在治国价值体系中的至上地位。此外,道家、墨家"都主张极端的和睦主义。老子主张'不争',墨子主张'兼爱',他们视军备为无用,反对战争是理所当然的事情"[①],同样涵盖了和平主义的思想因子。[②]

从上述国外学者的研究可以看出,中华优秀传统伦理文化中,一直以来即蕴含着追求和平的价值指向,这一价值指向成为一种内在的精神象征,引领着中国文化的发展走向,形成了"以和为贵""协和万邦""和而不同"的文化传统。从张骞出使西域开辟丝绸之路,到郑和下西洋到访30多个国家,始终传递着中国和平友善的声音,留下了同沿途人民友好交往和文明传播的佳话,盛世唐朝更是与当时世界上70多个国家建立起了友好往来的关系,可以说,"协和万邦"的传统伦理文化所彰显的和平观念持久而深刻地表达了中华民族与世界各国和平友好的诚意与历史实际。如今,进入新时代,"人类命运共同体意识光大了中国和平主义伦理文化'协和万邦'和四海一家精神,是对中国和平主义伦理文化的创造性继承与发展。建设一个持久和平的世界其实就是当代社会的'协和万邦'与'万国咸宁',需要弘扬中国和平主义伦理文化协和万邦'与'万国咸宁'的精神并以此作为基本的价值共识和价值追求"[③]。相信中华优秀传统伦理文化中"协和万邦"的和平伦理观念定会为建设一个开放和谐的世界提供有价值的思想借鉴。

【案例运用】

对应教材章目:本案例可适用于"毛泽东思想和中国特色社会主义理论体系概论"课程第十三章"中国特色大国外交"中第二节"坚持走和平发展道路"第二框"推动构建新型国际关系"、第三节"推动构建人类命运共同体"第一框"人类命运共同体"。

案例教学建议:作为中华优秀传统伦理思想中"和"文化的重要内容,"协和万邦"一直以来都是中国古代处理国与国之间关系的基本准则,

---

① 〔日〕桑原骘藏:《中国人的文弱与保守》,载何兆武、柳卸林主编《中国印象:外国名人论中国文化》,中国人民大学出版社,2011,第548~549页。
② 王泽应:《中国和平主义伦理论纲》,《求索》2018年第3期。
③ 王泽应:《中国和平主义伦理论纲》,《求索》2018年第3期。

直至今日，这一思想仍散发着智慧的光芒，成为中国处理对外关系的底线思维。自 21 世纪起，伴随着中国综合国力的显著提升，"中国威胁论"的观点在世界范围内甚嚣尘上，给中国的和平崛起带来诸多负面影响，对此习近平主席在一些重要国际场合中坚持强调，"中华民族历来爱好和平。无论发展到哪一步，中国都永远不称霸、永远不搞扩张，永远不会把自身曾经经历过的悲惨遭遇强加给其他民族"①。中国始终不渝坚持走和平发展道路，反对"国强必霸"的陈旧逻辑，坚持国家不论大小、强弱、贫富一律平等，尊重各国自主选择的社会制度和发展道路。正是由于这一主张，我们提出了构建人类命运共同体思想，提出了"一带一路"倡议，特别是将共建"一带一路"作为构建人类命运共同体的重要引擎，充分彰显了中华民族"协和万邦"的传统文化理念，是中国"和"文化对世界的贡献，目的是推动世界经济朝着更加开放、包容、普惠、平衡、共赢的方向发展。这正如习近平主席 2020 年 6 月 18 日在给"一带一路"国际合作高级别视频会议的书面致辞中所指出的："我们愿同合作伙伴一道，把'一带一路'打造成团结应对挑战的合作之路、维护人民健康安全的健康之路、促进经济社会恢复的复苏之路、释放发展潜力的增长之路。通过高质量共建'一带一路'，携手推动构建人类命运共同体。"② 用切实的实践体现了人类命运共同体的精神实质，成为在新时代世界共谋发展格局下的全新范式。

思政课教师在课堂讲授过程中，要善于从"协和万邦"所蕴含的外交理念视角出发，向学生讲清楚这一中华优秀传统伦理文化观念在中国古代社会和新时代所具有的价值意义。经济全球化的今天，恐怖主义、粮食安全、网络安全以及核危机等不安定因素此起彼伏，中国之所以不断强调这一中华优秀传统伦理文化的思想精髓，最为根本的即在于这是解决人类面对的共同问题的正确之道。建构和谐稳定的国际关系，解决国与国之间的矛盾冲突，只能通过协商、沟通、对话、协作等方式，唯有如此，才能够实现人类永久和平、推进国与国之间的政治互信，进而促进人类社会可持续发展。同时思政课教师还要结合当今国际形势，从中国积极参与国际安

---

① 《习近平谈治国理政》（第 2 卷），外文出版社，2017，第 446~447 页。
② 《习近平向"一带一路"国际合作高级别视频会议发表书面致辞》，中国政府网，https：//www.gov.cn/xinwen/2020-06/18/content_5520353.htm。

第四章　中华优秀传统伦理文化融入高校思政课教学案例探索

全秩序建构、处理好中国同世界各个国家的关系视角，用鲜明的案例向学生旗帜鲜明地表达中国是如何努力构建互利、合作、共赢的国际新秩序，并在国际事务中发挥积极建设作用，为发展中国家创造良好发展环境的，以此表征中国作为负责任的大国从一而终地贯彻"协和万邦"的伦理价值。

【习言习语】

中华民族是爱好和平的民族。一个民族最深沉的精神追求，一定要在其薪火相传的民族精神中来进行基因测序。有着5000多年历史的中华文明，始终崇尚和平，和平、和睦、和谐的追求深深植根于中华民族的精神世界之中，深深溶化在中国人民的血脉之中。中国自古就提出了"国虽大，好战必亡"的箴言。"以和为贵""和而不同""化干戈为玉帛""国泰民安""睦邻友邦""天下太平""天下大同"等理念世代相传。中国历史上曾经长期是世界上最强大的国家之一，但没有留下殖民和侵略他国的记录。我们坚持走和平发展道路，是对几千年来中华民族热爱和平的文化传统的继承和发扬。

——2014年3月28日在德国科尔伯基金会的演讲

中华文明是在同其他文明不断交流互鉴中形成的开放体系。从历史上的佛教东传、"伊儒会通"，到近代以来的"西学东渐"、新文化运动、马克思主义和社会主义思想传入中国，再到改革开放以来全方位对外开放，中华文明始终在兼收并蓄中历久弥新。亲仁善邻、协和万邦是中华文明一贯的处世之道，惠民利民、安民富民是中华文明鲜明的价值导向，革故鼎新、与时俱进是中华文明永恒的精神气质，道法自然、天人合一是中华文明内在的生存理念。

——2015年5月15日在亚洲文明对话大会开幕式上的主旨演讲

和平发展思想是中华文化的内在基因，讲信修睦、协和万邦是中国周边外交的基本内涵。近代以来，外敌入侵、内部战乱曾给中国人民带来巨大灾难。中国人民深知和平的宝贵，绝不会放弃维护和平的决心和愿望，绝不会把自身曾经遭遇的苦难强加于他人。

——2015年11月7日在新加坡国立大学发表的题为《深化合作伙伴

关系 共建亚洲美好家园》的演讲

  中华民族传承和追求的是和平和睦和谐理念。我们过去没有，今后也不会侵略、欺负他人，不会称王称霸。中国始终是世界和平的建设者、全球发展的贡献者、国际秩序的维护者、公共产品的提供者，将继续以中国的新发展为世界提供新机遇。

  ——2021年9月21日在第七十六届联合国大会一般性辩论上的讲话

第五章　中华优秀传统伦理文化融入高校思政课教学创新

习近平总书记在全国高校思想政治工作会议上指出："要充分挖掘和利用课堂教学这个途径，在改进过程中强化思想政治理论课课堂的教育，使其更具针对性和亲和力，能够充分满足学生身心成长和发展的诉求。"① 新时代，高校思政课已经进入高质量发展阶段，如何更好地提升思政课的教学效果，使学生在课堂教学中有更多的"获得感"，成为当前高校思政课改革创新的重要目标。将中华优秀传统伦理文化融入思政课，教学创新至关重要，要在教学内容、教学方式、教学环境、教学评价以及渠道融合方面协同联动，形成具有高质量的教学内容、多样化的教学方式、全程发力的教学环境、个性化过程化的教学评价以及思政课程与课程思政协同联动的"五维教学创新模式"，更好地实现将中华优秀传统伦理文化融入思政课的教学目标。与此同时，办好思政课，关键在教师，在于充分发挥教师的积极性、主动性和创造性，思政课教师要主动修身修为，以"六个要"为基本要求，以"八个相统一"为教学遵循，在教学创新的主旨下，不断丰富课堂维度，更好地将中华优秀传统伦理文化融入思政课的教学。总之，要积极探索中华优秀传统伦理文化融入高校思政课的教学创新实践，在教学不断反思的进程中提升高校思政课的教学实效性。

---

① 习近平：《在全国高校思想政治工作会议上的讲话》，《人民日报》2016年12月9日。

第一节 "五维协同联动":中华优秀传统伦理文化融入高校思政课教学模式创新

习近平总书记指出:"思政课的教学目标、课程设置、教材使用、教学管理等方面有统一要求,但具体落实要因地制宜、因时制宜、因材施教,结合实际把统一性要求落实好,鼓励探索不同方法和路径。"[1] 立足于中华优秀传统伦理文化的优质教学资源,推动高校思政课高质量发展,要在现有教学实际的基础上,探索"五维协同联动"的思政课教学模式,用有深度、有温度、有高度的思政课激发出与新时代新青年的化学反应,实现立德树人的教育目标。

一 教学内容创新:课程教学内容进行系统重构,打造高阶课堂

在思政课教学过程中,教学内容是教学的中心主旨,将中华优秀传统伦理文化融入思政课教学,一定要在现有教材教学内容的基础上,运用中华优秀传统伦理文化的融入对教学内容进行系统重构,打造思政课高阶课堂。

(一)以教学内容为主旨,对课程内容进行系统重构

创新性地挖掘中华优秀传统伦理文化的教学资源,将其与教学内容进行融合,是高校思政课进行有效教学输出的关键。将中华优秀传统伦理文化融入思政课,增强思政课的教学吸引力,"不仅从课堂组织、教学方式和方法等方面去探索,还要从思想政治教育和思想价值引领的内容整合入手,从新时代思政课文化构建的角度,去用好优秀传统文化资源,探索创新思政课的内容、模式和实践方式"[2]。通过对教学内容进行创造性转化,可以解决现有教学理念陈旧、教学内容固化的问题,赋予思政课教学内容以"文化深度、厚度、高度"的崭新呈现,从而让学生深刻领会思政课的

---

[1] 习近平:《思政课是落实立德树人根本任务的关键课程》,《求是》2020年第17期。
[2] 黄梓根:《将中华优秀传统文化更好融入思政课建设》,《经济日报》2020年10月28日。

课程魅力，增强思政课的吸引力和抬头率。

在具体做法上，可通过"破—立""特色—前沿"两大维度对思政课课程教学内容进行系统重构。

一是破除高校思政课课程内容输出惯式，立足新时代高校学生学情特点规划和整合教学内容，将青年大学生"熟知"的教学内容通过中华优秀传统伦理文化的融入进行"新阐释"，将中华优秀传统伦理文化资源作为教学内容的有益补充，这样的教学内容不仅具有理论的深度，而且具有历史的厚度，能够将课堂教学中的难点和重点问题通过崭新的方式予以呈现，实现"以文化人""以文育人"的目标。

二是基于教材又高于教材，结合中华优秀传统伦理文化在新时代所具有的育人价值以及特色育人元素，完成课程内容创新性改造，将可融入中华优秀传统伦理文化的教学内容进行整合，唤起所需掌握的内容"应知"。当前，高校主要四门思政课即"思想道德与法治""中国近现代史纲要""马克思主义基本原理概论""毛泽东思想和中国特色社会主义理论体系概论"的教学内容所涵盖的理论知识点各有侧重，且所体现的学理性程度不一，思政课教师在将中华优秀传统伦理文化融入思政课教学时，必须要立足于教材，做好教学理论点与中华优秀传统伦理文化的对接，不能面面俱到、广撒网、全覆盖，而是要善于提炼和把握可运用中华优秀传统伦理文化教学内容的知识点，做到精准施教，以此为切入点，帮助学生吃透教材，理解教学理论要点，形成高于教材的教学起点。

（二）多样融合，打造课程教学内容新高度

习近平总书记指出："对历史文化特别是先人传承下来的道德规范，要坚持古为今用、推陈出新，有鉴别地加以对待，有扬弃地予以继承。"[①]将中华优秀传统伦理文化融入思政课，教学目的在于提高思政课教学吸引力，同时更好地培养青年大学生的文化自信。中华优秀传统伦理文化蕴含着丰富的育人、塑人的教学资源，但其中与思政课教学内容相契合、能够更好地提升教学效果的内容需要思政课教师进行有目标的选择，积极主动

---

① 《习近平谈治国理政》，外文出版社，2014，第164页。

地通过多样融合，对中华优秀传统伦理文化可融入思政课的内容进行"精挑细选"，打造课程教学内容新高度。

一是要加强师生课程教学内容的共建，进行视角转换。要将思政课的教学内容与当前青年大学生的文化知识盲点相结合，凸显教学内容的"新"。要善于激发当前青年大学生爱思考、善思考的特点，将思政课所学内容与中华优秀传统伦理文化思想相融合，提出新思考、新主张、新认识，激发青年大学生参与课程教学的积极性。

二是要加强中华优秀传统伦理文化融入思政课的学理支撑，要善于将中华优秀传统伦理文化与马克思主义基本原理相结合。将中华优秀传统伦理文化融入思政课并不是毫无章法，背后的理论支撑至关重要。思政课作为高校立德树人的关键课程，真理的感召力、思想的吸引力、价值的引导力是其最为重要的核心魅力，无论进行何种形式的教学内容改造，马克思主义的理论引导是根本，这是思政课的灵魂所在。因此，无论什么时候，思政课教师在运用中华优秀传统伦理文化开展课堂教学时，都要在坚持"以理服人"的基础上，尽可能地将中华优秀传统伦理文化与马克思主义基本原理无缝对接，以凸显教学内容的"深"。

三是要立足现实，将中华优秀传统伦理文化与国家发展大势相融合，不断适应时代的需要、语境的需要。时代是思想之母，时至今日，我们能够坚定地将中华优秀传统伦理文化融入思政课的教学之中，重要的原因在于中华优秀传统伦理文化仍具有解答时代难题、解决思想困惑的重要价值和意义。正因为此，运用中华优秀传统伦理文化打造思政课课堂教学的新高度应坚持立足于时代，在回答时代新课题、回应发展新需求的过程中不断彰显中华优秀传统文化的时代魅力，进而凸显思政课教学内容的"高"。

四是要善于回应困惑，将中华优秀传统伦理文化融入思政课应坚持与学生所思所想和成长需求相契合。中华优秀传统伦理文化融入思政课的教学目的在于思政课教师能运用中华优秀传统伦理文化的思想更好地阐释思政课的教学内容，但是实现这一教学目的还需以满足当代青年大学生的需求为基础，在思政课的课堂如果只是单纯地进行理论讲述，即便是青年大学生对中华优秀传统伦理文化有一定的认知积累，也难以激发起学生学习的兴趣，进而给学生造成一种枯燥乏味的感觉。可以肯定的是，中华优秀传统伦理文化是当今时代解决青年大学生思想困惑的重要思想源泉,不仅蕴含着个人立德修身、安身立命的精神养分,而且在面对人生发展困惑、面临人生成长难题时都可以为青年大学生找到解决人生之惑的"密码",这些是增强思政课思想性和获得感的重要支撑,同时也有助于提升思政课的亲和力,有效激发起青年大学生的思想共鸣。为此,思政课教师要善于将中华优秀传统伦理文化的思想价值与当前青年大学生的思想需求相糅合,予教学内容以"实用意义",从而凸显思政课教学内容的"准"。

五要坚持通过运用中华优秀传统伦理文化与青年大学生产生情感共鸣,将思政课的教学内容与价值观引导相和合。思政课教师提升课堂教学内容的吸引力,要基于现有教学内容而又"胜于"教学内容。"胜"在何处?胜在不用纯粹的理论术语教育青年大学生树立正确的世界观、人生观和价值观,也胜在不用满口的说教让青年大学生麻木地接受价值观教育,而是要充分利用好中华优秀传统伦理文化的"精、气、神",细致挖掘蕴含着丰富人生寓意和人生哲理的中华优秀传统伦理文化,将其与思政课的教学内容融合在一起,润物无声地形成青年大学生的思想认同和政治认同。中华优秀传统伦理文化虽然"传统",但却富含"经典的思想精华",饱含着人文精神、道德规范、修身治世的主张以及民本思想、平等意识、和平理念等,思政课教师一定要善于运用这些思想内涵,将其融入教学内容中,以凸显教学内容的"意"。

总之,思政课教师要充分利用好中华优秀传统伦理文化,将其更好地与思政课的教学内容相融合,通过视角转换、学理支撑、立足现实、回应困惑、情感共鸣的多样融合,形成教学内容的"新""深""高""准""意",打造课程教学内容新高度。

二 教学方式革新:立足于案例教学,综合多种教学方式

近年来,随着思政课教学改革的不断创新,在教学方式上有了很大的提升。如何在现有教学方式的基础上,立足于高校思政课高质量发展的诉求,将中华优秀传统伦理文化通过精湛的"工艺"和时尚的"包装",采用学生喜闻乐见的方式融入思政课的教学,进而以教学方式的转变督促学生产生学习思政课的浓厚兴趣十分重要。对于将中华优秀传统伦理文化融

入高校思政课的教学方式而言，可以在充分利用案例教学的基础上，综合运用多种教学方式，以提升思政课的教学质量。

（一）将中华优秀传统伦理文化融入高校思政课坚持做好案例教学

在现有教学方式中，能够将中华优秀传统伦理文化较好地融入高校思政课的教学方式即是案例教学，通过在思政课教学中准确使用教学案例，可以有效激发学生的学习兴趣，充分调动学生参与课堂的积极性；同时还可以更好地传承和弘扬中华优秀传统伦理文化，推动中华优秀传统伦理文化创造性转化和创新性发展，不断增强青年大学生的文化自信。

1. 当前中华优秀传统伦理文化融入高校思政课案例教学的现状

习近平总书记在学校思想政治理论课教师座谈会上指出，很多学校在思政课上积极采用案例式教学、探究式教学、体验式教学、互动式教学、专题式教学、分众式教学等，运用现代信息技术等手段建设智慧课堂等，取得了积极成效。这些都值得肯定和鼓励。[①] 可以说，将案例教学作为思政课提质增效的重要教学方式一直以来即深受广大教师和青年学生的欢迎，在一定程度上有效提升了课堂教学效果，同时也增进了教师与学生的相互关系。

将中华优秀传统伦理文化以教学案例的方式予以呈现，可以有的放矢地将中华优秀传统伦理文化融入其中，同时也较好地传承和弘扬中华优秀传统文化。但从当前教学实效性看，将中华优秀传统伦理文化融入高校思政课进行案例教学还存在很大程度上的不足，存在一些需要调整和注意的问题。

第一，由于大中小课程教学内容设定的重复性，在将中华优秀传统伦理文化作为思政课教学案例时，常常会造成课堂讲授内容具有很大的重复性，对于一些历史人物、一些道德条目、一些伦理精神青年大学生往往耳熟能详，这在一定程度上降低了学生的学习兴趣，加之对思政课本身较低的学习情绪进而影响了将中华优秀传统伦理文化融入思政课的教学效果。

第二，以案例的方式将中华优秀传统伦理文化融入思政课，部分教师

[①] 习近平：《思政课是落实立德树人根本任务的关键课程》，《求是》2020 年第 17 期。

第五章　中华优秀传统伦理文化融入高校思政课教学创新

倾向于举例教学或事例教学，将中华优秀传统伦理文化的"思想内容性"作为讲授的侧重点，对于中华优秀传统伦理文化背后的思想引导和理论辨析以及对马克思主义中国化与中华优秀传统伦理文化的融通解读在课程讲授过程中投入较少，进而导致学生对中华优秀传统伦理文化的基本内容了然于心，但对其背后的思想意义则知之甚少，没有实现将中华优秀传统伦理文化融入思政课教学的真正目的。

第三，在思政课开展中华优秀传统伦理文化案例教学时，部分教师存在案例呈现方式单一化的问题，普遍采取简单的语言描述，仅仅停留在对于案例的直观堆砌，忽视了对于学生参与课堂的积极性和主动性的调动，导致教学案例并没有发挥其最为理想的教学效果。

第四，将课堂作为主渠道进行中华优秀传统伦理文化的案例教学与青年大学生重实际、重实践的"实用派"学习诉求相抵牾，课堂中的传统文化教育虽然是必不可少的教育内容，但青年大学生更愿意走出课堂，以亲身所见、所感来解读中华优秀传统伦理文化的真谛，把理论知识学习转化为一种实践创造，显然，这样的学习取向在一定程度上也会影响思政课将中华优秀传统伦理文化作为教学案例开展教学的效果。

2. 中华优秀传统伦理文化融入高校思政课案例教学的实践理路

中华优秀传统伦理文化在思政课课堂教学中的运用是实现"以文化人、以文育人"的必要环节。在具体开展案例教学的过程时，要在坚持马克思主义科学世界观和方法论的前提下，通过课前准备、课中实践、课后评价等环节，实现将中华优秀传统伦理文化融入思政课的教学目标。

首先，将中华优秀传统伦理文化融入思政课开展案例教学要做好课前准备，主要围绕选择和编写案例、解读案例展开。"案例是案例教学的核心，案例是具有一定情节和理论逻辑的实事，是能够证明这门课程所涉及的理论、原理和观点以及路线、方针、政策科学性和合理性，增进学生对这门课内容的认可、接受和理解的例子。"[①] 在将中华优秀传统伦理文化以案例教学的形式融入思政课的教学时，一定要将教材的理论观点作为前提出发点，以实现教学目标、解读理论内涵、回应学生需求、观照社会现实

---

① 项福库：《论思政课案例教学中案例选择应遵循的原则》，《教育探索》2012年第1期。

等方面为基本标准，对案例进行设计和解读，并加以优化，进而形成有效、实用的教学案例。

其次，将中华优秀传统伦理文化融入思政课开展案例教学要进行课中实践，这也是案例教学的具体实施过程。思政课教师要在前期案例编写的基础上，通过案例呈现、案例分析、案例总结等几个环节充分发挥中华优秀传统伦理文化教学案例在思政课教学中的重要作用。在最初的案例呈现环节中，思政课教师要尽可能地第一时间吸引学生的注意力，多维立体地呈现案例，增强案例的教学效果。"案例呈现可以是一段视频资料导入，也可以是PPT展示的文字材料，或是教师或者学生讲故事引入，也可以用翻转课堂提前制作微课，要求学生课前了解，将学生带入生动逼真的教学情境中，力求展现由教师精心设计的典型而又具体的案例，使学生迅速进入状态，引导学生产生疑问。"[1] 对于中华优秀传统伦理文化而言，如何将具有传统内涵的文化内容进行创造性地呈现需要教师根据所要讲授的教学内容开展不同方式的尝试，要通过多种方式激发起青年大学生对案例的学习兴趣，并有针对性地进行教学内容的输出。在案例分析环节，要结合教学案例的设计开展相应的案例解读，这一阶段是将教学案例的内容有效转化为学生内在认知的关键环节，特别是对于中华优秀传统伦理文化的教学案例，要突破以往对思想内容堆砌性的内容讲解，更多地侧重于理论分析和现实观照。在具体实施阶段，可以采取角色主导切换的方式，组织学生在课堂中预设教学案例的讨论和议题调研，鼓励学生研究相应材料，进行充分的案例学习准备，包括对所要学习的中华优秀传统伦理文化教学案例进行总结和反思，进而从被动接受转换为主动学习，真正从主动参与中明朗中华优秀传统伦理文化在思政课教学中的价值和意义，强化对于中华优秀传统伦理文化的认知，形成文化价值认同。在这一过程中，教师要做好积极引导，允许不同学生进行不同观点的表达，在多样思想的碰撞中，确立中华优秀传统伦理文化的文化自信。

最后，在案例总结环节，思政课教师要结合前述两个环节开展的实际

---

[1] 王仕民：《新时代高校思想政治理论课教学方法研究》，暨南大学出版社，2021，第135页。

效果，进行有针对性的教学评价，这本身也是教学反思的重要环节，通过这一环节的总结思考，教师能够准确判断自己设计的关于中华优秀传统伦理文化的教学案例是否得当，是否引发了学生的学习兴趣，是否准确回应了学生所思所想，以及是否紧扣了教学内容，从而为日后进一步完善教学案例奠定重要基础，形成良性循环。同时，在这一环节中，教师还要对前述环节学生的讨论进行总结，通过正向和反向的评价，帮助青年学生更好地理解中华优秀传统伦理文化的意义和价值，再进一步准确认知课堂内容的真正含义，以此提升案例教学的质量，帮助学生树立正确的世界观、人生观和价值观。

在进行中华优秀传统伦理文化融入思政课的案例教学时，要有一个核心的主线一以贯之，即是教师要鼓励学生进行启发式教学。孔子在《论语·述而》中曾指出："不愤不启，不悱不发，举一隅不以三隅反，则不复也。"意思是教导学生，不到他苦思冥想仍不得其解的时候，不去开导他；不到他想说却说不出来的时候，不去启发他。给他指出一个方面，如果他不能由此推知其他三个方面，就不再教他了。意在表明教育的主旨在于激发学生主动思考的能力，让受教育者独立思考，而教师则要善于把握时机，因势利导。不同于其他的教学案例，中华优秀传统伦理文化教学案例本身具有一定的特殊性，它既要求教师有一定的传统文化积累，能够将传统伦理文化的内容进行准确输出，同时也要避免将传统伦理文化毫无新意地一味呈现。思政课教师要发挥"不愤不启，不悱不发"的教学精髓，在将中华优秀传统伦理文化融入思政课时，以能够产生"思想困惑""思考兴趣"的教学案例引发学生主动寻求参与中华优秀传统伦理文化融入思政课教学案例的学习，形成对于中华优秀传统伦理文化的思考和讨论，提出相应的思想困惑，再由教师带动学生将思考、讨论引向深入，紧扣教学内容的理论主旨，最后经教师的因势利导达到"以文化人""以文育人"的教学目标。

当然，完整教学案例的实施不能仅限于课堂教学的时段，还应在课后进行充分的教学反思。站在学生的视角，要对课堂中所运用的中华优秀传统伦理文化教学案例进行收获和疑惑的反馈，帮助教师补充课堂教学中的缺失，有针对性地答疑解惑。同时，也可以根据学生的反馈情况掌握学生对教学案例的吸收程度,进而形成"有效教学"。站在教师的视角,特别需要对案例教学展开全方位的总结。一是要总结选取的中华优秀传统伦理文化的案例内容是否得当,是否存在与教学内容不相称的情况,以及选取的中华优秀传统伦理文化内容能否有助于实现思政课"立德树人"的价值目标,在此基础上思考如何进行案例补充、案例完善以及案例提升。二是要总结运用中华优秀传统伦理文化教学案例在思政课课堂教学中的亮点与暗点,亮点以充分发挥教学案例的教学价值为主旨,将教学案例的闪光之处做好经验积累;暗点以教学案例的实际效果为标准,发现不足,补齐短板。三是要总结开展中华优秀传统伦理文化案例教学时学生的反应情况以及教师的把控情况。学生的反应情况最能够说明案例的质量,包括内容质量和方式质量,教师要积极与学生沟通,并及时观察学生对教学案例的回应。同时,教师本身要善于对课堂中运用中华优秀传统伦理文化教学案例进行自我回顾与总结,特别是针对学生的反馈,反思自身的理论知识储备、教学技能的运用以及教学案例的设计等,从而找到自身的薄弱环节并有针对性地加以强化,不断走向"高效教学"和"魅力教学"。

3. 中华优秀传统伦理文化融入高校思政课案例教学的关键认知

在将中华优秀传统伦理文化融入高校思政课开展案例教学时,教师一定要形成一个关键认知,即案例教学的运用要有理有节。一方面,中华优秀传统伦理文化融入高校思政课的案例教学要坚持"有理"。"理"在何处?在于基于教材的教学内容。将中华优秀传统伦理文化作为典型性的教学案例对学生进行学理性和价值性的引导,要在有效传承和弘扬中华优秀传统伦理文化的同时,做到以"案"论理、以"案"说理、以"案"明理,潜移默化地将学生带入需要讲解的教学内容之中,实现教学目标。另一方面,中华优秀传统伦理文化融入高校思政课的案例运用要坚持"有节"。"节"在哪里?要保持好将中华优秀传统伦理文化融入课堂教学中的限度。一是思政课教师要谨记课堂案例教学重在为教学内容和教学目标服务,教学案例的运用切忌本末倒置、喧宾夺主,特别是对于中华优秀传统伦理文化,很多内容对于青年大学生而言耳熟能详,如果在课堂讲授过程中不能推陈出新反而不断地"炒冷饭",不但达不到运用案例"吸睛"的效果,反而会适得其反,降低课堂的教学效果。二是思政课教师要以理论

第五章　中华优秀传统伦理文化融入高校思政课教学创新

敏感度注重以焦点问题为导向有效运用中华优秀传统伦理文化的教学案例。教师要善于把教材中的理论知识点、重点难点与中华优秀传统伦理文化结合起来，特别是将一些具有思考热度的问题作为导向开展课堂教学，例如中华优秀传统伦理文化中的"民本"思想与今天的中国式"民主"的关系，中华优秀传统伦理文化中的爱国主义思想与今天的个体主义和民族主义思潮的区别，中华优秀传统伦理文化中的生态伦理观，中华优秀传统伦理文化中"和而不同""协和万邦"的思想与习近平总书记提出的人类命运共同体思想的关系等。通过将中华优秀传统伦理文化与当前青年大学生最为关注的热点问题进行结合，把控整个教学案例，以弘扬中华优秀传统伦理文化和思政课的理论真知和价值立场。三是中华优秀传统伦理文化融入高校思政课的案例教学要坚持政治性和学理性、价值性和知识性的统一。教师要时刻谨记在运用中华优秀传统伦理文化作为教学案例时，以为教学主旨服务为宗旨，要以马克思主义理论为重要指导，加强政治的意识形态引导和理论的透彻分析，用知识性和学理性的强大真理力量吸引学生，使案例成为"理论中的案例"、理论成为"案例中的理论"。同时，充分挖掘中华优秀传统伦理文化所蕴含的价值性意蕴，培养学生树立正确的世界观、人生观和价值观，以及关心社会现实、关心民族和国家命运以及人类世界的情怀，成为堪当民族复兴大任的时代新人，从而使思政课教师在运用中华优秀传统伦理文化教学案例展开教学时实现其真正的案例价值和案例意义。

此外，思政课教师还应该重视对于中华优秀传统伦理文化教学案例运用的主导性、典型性、启发性等。主导性即是要充分发挥教师在教学案例运用中的引导作用，重视对教学案例的选择，并营造充分运用中华优秀传统伦理文化教学案例的课堂氛围，设计好相应的流程，将教师的主导能力充分发挥出来；典型性即是要使中华优秀传统伦理文化教学案例的运用更贴近教学内容和学生需求，使教学案例与课堂教学的理论知识无缝对接，同时顺应学生的特点和需要，积极回应现阶段青年大学生最为关心和关注的问题；启发性则是要使中华优秀传统伦理文化教学案例的运用有价值，不仅能够使学生对已了解的中华优秀传统伦理文化思想有全新的认识和思考，同时也能够观照社会现实，能够帮助青年大学生更好地理解马克思主义及其中国化对中国特色社会主义建设的重要意义,能够运用中华优秀传统伦理文化的思想精华看待和解决当前个人成长过程中的各种人生矛盾,加强道德修养,同时对解决中国社会发展的现实问题以及正确了解世界发展大势均有所裨益。总之,将中华优秀传统伦理文化融入高校思政课开展案例教学是一个不断探索的精心设计过程,特别需要思政课教师准确理解案例教学的精髓,产生理想的教学效果。

(二)将中华优秀传统伦理文化融入高校思政课要积极进行教学方式革新

毛泽东曾经说过:"我们不但要提出任务,而且要解决完成任务的方法问题。我们的任务是过河,但是没有桥或船就不能过。不解决桥或船的问题,过河就是一句空话。不解决方法问题,任务也只是瞎说一顿。"[1] 将中华优秀传统伦理文化融入思政课的教学,教学方法的不断创新就是过河的"桥"和"船",是实现教学目的的关键。为此,要在遵循现有传统教学方法的基础上,转换教学思路,增加一些具有感召力、渗透力和吸引力的新方法,以精湛的"工艺"和时尚的"包装"使中华优秀传统伦理文化更好地助力高校思政课的教学。

首先,凸显学生的主体地位,立足课堂,探索中华优秀传统伦理文化融入高校思政课的新方式。教学方法的创新,贵在"有效",要以学生的真实获得感为基本导向,且不可盲目求新而忽视了学生的主体需要。当前,在现有思政课教学方式的基础上,要主动贴合学生的特点,充分调动学生学习的积极性和参与性,以增强学生的"存在感"为目标,激发学生的主体意识。在具体做法上,可以充分采用"以问题范式为主,以演绎法、互动法为辅"的三位一体教学方法,将中华优秀传统伦理文化的亲和性作为教学的有效引导,基于"有趣""有意义""有价值"的主旨不断引发学生对课堂教学内容的深度思考,将中华优秀传统伦理文化的创造性转化和创新性发展作为破解思政课教学内容理论抽象性的密钥,彰显思政课课堂教学的学理性。其一,以问题范式为主,即是要围绕激发主动性、

---

[1] 《毛泽东选集》(第1卷),人民出版社,1991,第139页。

凸显高阶性的教学目标以及以学生为主体的教学原则，以"提出问题—引导问题—解决问题"的问题链方式引导学生进行自主思考：结合中华优秀传统伦理文化的思想内容，学生提出问题，教师予以回应，逐个破解学生长期以来关于中华优秀传统伦理文化以及思政课学习中的种种知识困惑（盲点），使学生深刻领会课堂教学内容的重要性。其二，推行演绎法，即按照"基于教材—高于教材—突出特色"的原则，运用中华优秀传统伦理文化的教学资源结合教材内容演绎教学内容，演绎的方式可以为教学案例，也可以为专题论述，还可以为教学微视频，从而以高质量的教学凸显课堂教学的"高大上"。其三，坚持互动教学。一是利用教学智能 App 进行多维课程学习活动设计（如手机参与评分、弹幕、互动答题、投票等），以灵活多样的方式，为课堂教学增添学习乐趣，调动学生参与课堂活动的积极性。二是按照教学挑战性的要求，将中华优秀传统伦理文化与思政课教学重点和难点进行匹配，创设多个授课主题，教师围绕授课主题组织课堂讨论。课堂讨论宜精不宜多，既要"精"在议题上，紧扣学生所思所想，回应中华优秀传统伦理文化所具有的现实价值；也要"精"在过程中，鼓励学生通过小组学习，分工合作、相互启迪，讨论宜简不宜长；同时还要"精"在展示里，在设置议题的前提下，教师可优选代表性观点予以充分点评，发挥评价的正向激励和榜样示范效应，形成良性循环，环环相扣，以启发进一步讨论。

其次，要迎合网络信息技术时代需要，发扬新媒体技术在中华优秀传统伦理文化融入思政课教学中的优势，通过技术赋能，以现代信息技术推动思政课教学质效提升。以移动互联网技术、计算机通信技术、大数据等为代表的现代信息技术的高速发展，带来了高等教育教学的信息化革命，同样也催生了现代信息技术与思政课高度融合发展的需求。2019 年中共中央办公厅、国务院办公厅印发的《关于深化新时代学校思想政治理论课改革创新的若干意见》明确指出，要"大力推进思政课教学方法改革，提升思政课教师信息化能力素养，推动人工智能等现代信息技术在思政课教学中应用"，为新时代现代信息技术与思政课深度融合发展指明了方向。当前，现代信息技术与思政课的融合呈现出较为广泛的多渠道形态，如运用移动客户端、微信公众号、门户网站等实现教学资源共享，集合成思政课教学辅助平台；利用网络信息技术和自媒体功能推进网络课程建设，打造出了如慕课、微课、融媒体思政公开课等在线开放课程；运用大数据、人工智能、云计算等进行个性化教学，创造出了具有针对性教学需求的智慧教室等思政课课堂教学服务平台；运用虚拟现实技术（VR）、增强现实技术（AR）、混合现实技术（MR）等开展跨媒体交互体验式教学，形成了"虚拟课堂""虚拟实践中心""虚拟仿真思政课体验教学中心"等数字化场景教学等。可以认为，现代信息技术与思政课的融合发展已成为新时代思政课教学的重要支撑，面对如何更好地将中华优秀传统伦理文化融入高校思政课的教学诉求，要在厘清当前现代信息技术与思政课融合发展现实境遇的基础上，探寻以现代信息技术推动中华优秀传统伦理文化与高校思政课进一步深度融合的优化路径。

如今现代信息技术融入思政课课堂教学已成为不可阻挡的必然趋势，运用现代信息技术之于思政课课堂教学最为重要的是要坚持"旨于需求"，即应立足于满足教师改进课堂教学生态、优化课堂教学管理、提升课堂教学效果等教学需求，合理地处理好技术与教学之间的关系，最大化地发挥现代信息技术之于课堂教学的优势，让运用现代信息技术成为教师教学的愉快体验。在将中华优秀传统伦理文化融入思政课的教学中时，思政课教师要尽可能地从现有课堂教学环节入手，通过现代信息技术的载体平台，实现中华优秀传统伦理文化与思政课的立体互融。一方面，要借助于现代信息技术打破传统教学在课堂教学时空视域上的限制，只要青年大学生对于中华优秀传统伦理文化兴趣盎然，都可以运用现代信息技术形成课前、课中、课后处处可学、时时可学的学习情境，满足学生跨课堂学习的需求，将思政课教学课堂延伸到随处可见；另一方面，要依靠现代信息技术不断赋予教师在课堂教学的生机活力，借由先进技术平台模块化功能，开展多样化、多元化的课堂教学尝试，让思政课的课堂教学变得时尚灵动，使技术成为教师教学的"武器"、学生抬头的"利器"。教师可以运用大数据了解当前学生对于中华优秀传统伦理文化的认同度和认知度，实施个性化教育，提升中华优秀传统伦理文化融入高校思政课教学的针对性。还可以运用 VR、AR 等现代信息技术视觉、听觉、触觉等多感官同步呈现的技术效能，积极创设体验式教学情境，形成集虚拟现实、全息投影、多屏互联、大数据、人工智能等多种技术于一体的课堂教学体验，开展跨媒体交互体验式教学，在学生闻其声、见其形、入其境的意境下，将关涉中华优秀传统伦理文化的课堂教学内容变得可视化、形象化和趣味化，打造关于中华优秀传统伦理文化的沉浸式数字教学，增强思政课身临其境的场景感、真实感和历史感。与此同时，教师可立足于互动性、协作性、实时性的教学思维，不断开发移动互联技术在互动性教学上的技术延展，在现有发言、弹幕、话题讨论等方式的基础上增添如及时抢答、实时播报、同侪互评等更加丰富多彩、形式多样的互动方式，不断增强学习中华优秀传统伦理文化的乐趣。此外，在课堂教学管理、课后辅导答疑等教学环节均可充分运用现代信息技术，使思政课的课堂教学流程变得更加规范化、合理化和灵活化。

如今现代信息技术已经成为高校思政课的重要辅助教学方式，在开放、透明、多元的网络时代，学生对于"一张嘴、一支粉笔、一块黑板"的传统教学模式已经漠然甚至反感，适当引入现代信息技术，适度采用多样化的教学方法，有利于调动青年大学生的学习积极性，吸引他们更多地参与到教学中来。特别是将青年大学生熟知的优秀传统伦理文化融入思政课教学，更需要通过运用新媒体技术打破课程内容的枯燥性，增强吸引力，进而"以学生的积极参与提升现代信息技术的教学效果，有效克服学习倦怠、被动盲从的异化状态"[1]。

但还需明确的是，借由现代信息技术促进中华优秀传统伦理文化融入思政课的教学应在满足教学需求的基础上，做到适度、适用、适恰。既然是一种教学形式，就需要做好科学定位，无论何时都要将现代信息技术视作思政课教学中的"最佳配角"，择取得当地做好为教学内容的服务，切不可喧宾夺主，学生被绚烂多彩、迷人眼球的技术应用所吸引，且参与度很高，但对将中华优秀传统伦理文化融入思政课的真正教学内容意兴阑珊甚至是"过眼无痕"，最终导致课堂低效教学甚至是无效教学，这是极为需要注意的问题。

---

[1] 赵庆寺：《现代信息技术与高校思政课深度融合的异化及其超越》，《学习论坛》2018年第5期。

三 教学环境出新：探索课前、课中、课后全程发力的高效课堂

对于现有思政课教学而言，打造良好的教学环境至关重要，这不仅是有效浸润青年学生学好思政课的重要支撑，同时也有助于将中华优秀传统伦理文化更好地融入思政课的教学之中，是思政课教师开展好教学的重要保障。从现有思政课的教学现状看，绝大多数高校开展的思政课更多地倾向于课中时段的教学，在课前与课后阶段延展性不够，这其实对提高思政课的教学效果并无益处。将中华优秀传统伦理文化更好地融入思政课，需要尽可能地扩大教学环境视域，构建课前、课中、课后全程发力的高效课堂。

（一）课前与课中相继发力，实现中华优秀传统伦理文化融入思政课的理想课堂

将中华优秀传统伦理文化融入思政课教学，要充分利用现代信息平台在课前进行有目的性和针对性的课程内容预设，教师可以将结合中华优秀传统伦理文化的授课核心内容经由教学智能 App 向全体学生进行传达，鼓励学生预设自己对于教学内容的相关疑点和兴趣点，及时反馈给教师，教师在课堂中积极对学生的疑点和兴趣点进行解答，实现对教学内容的高效回应，以激发学生的学习主动性，营造沉浸式的学习氛围。之后，结合课前教学环境的铺垫，在课中，教师可以根据课程内容、性质、难易程度等设计教学策略和方法。深挖关涉中华优秀传统伦理文化的教学元素，巧思设计环节，面对不同层级的教学内容进行分级定点匹配，例如，针对核心知识点，采用"课堂设问+深度讲授"的方式，深度剖析中华优秀传统伦理文化的思想精髓，形成理论厚度，满足学生对于课程低阶思维供给；针对热点问题，采用"小组讨论"的方式，以中华优秀传统伦理文化引导学生关切国家大事，了解中华优秀传统伦理文化的时代意义，提升学生观照现实的能力，树立文化自信。

将中华优秀传统伦理文化融入高校思政课，其中的教学难点即是教师如何处理好传统与现实之间的教学关系，以及如何能够深度挖掘具有千年历史价值的传统文化所包含的现代价值，或者说，该如何以一种崭新的教

学情境的创设让学生深切地感受到他们所"熟知"的传统伦理文化在今天所能焕发出的新的魅力。我们都知道,中华优秀传统伦理文化产生于中国古代社会,有着鲜明的历史传统性,伴随着时代发展,传统文化中的一些糟粕思想已经落入历史的尘埃,不再具有重要的价值,但应肯定的是,传统文化中的一些伦理思想(中华优秀传统伦理文化)时至今日依然有其历久弥新的价值意蕴,是构筑中华民族精神家园的重要精神支撑,是青年大学生修德立身的精神源泉,也是今天治国理政的思想财富,是今天中国特色社会主义道德文化建设的有源之水和有本之木。可以肯定地说,中华优秀传统伦理文化教学资源的价值是不言而喻的。为此,思政课教师要充分利用好课中教学的主渠道作用,最大限度地将中华优秀传统伦理文化的育人价值予以充分发挥。

(二)课后立足于实践教学,打造中华优秀传统伦理文化融入思政课的行走课堂

实践教学作为课堂主渠道教学的延伸拓展,是巩固学生对思政课吸引力的重要方式。实践教学具有课堂教学所不能比拟的优势,良好的实践教学不仅有助于学生深化思政课课堂教学的理论认知,加深对教学重点难点问题的理解和掌握,而且可以进一步检验课堂学习效果,提高理论联系实际、分析问题和解决问题的能力,进而内化于心、外化于行。推动中华优秀传统伦理文化融入思政课走深、走实,需要立足于实践教学,构建"行走的课堂",将中华优秀传统伦理文化从课堂搬到课下,大力推广现场体验式教学方式,让思政课"活"起来、课堂体验"强"起来,而这本身也是创设教学环境的"最后一公里"。

从现有"00后"的学生特点看,他们思想活跃,接受新观念、新事物快,对实践教学特别感兴趣,最能够迎合他们的学习需求,这就需要在打造中华优秀传统伦理文化融入思政课的实践教学时,不能仅仅拘泥于"传统",更要立足于现实,让大学生体会到"历史"与"时代"的融合碰撞。那么,该如何开展实践课堂充分将中华优秀传统伦理文化融入思政课呢?

一方面,在实践内容上,要把准实践教学的着力点,围绕中华优秀传

中华优秀传统伦理文化融入高校思政课教学创新研究

统伦理文化的教学内容，根据教育规律和学生认知规律创设实践环节任务，预设以中华优秀传统伦理文化为基点的学习议题并向社会大课堂延伸，将思政课小课堂同社会大课堂相结合，帮助学生完成自身实践能力构建。习近平总书记指出："思政课不仅应该在课堂上讲，也应该在社会生活中来讲。"① 坚持将"思政小课堂"同"社会大课堂"结合起来，让思政课教学变得生动鲜活起来，这是思政课不同于其他课程的鲜明特征。高校思政课教师在将中华优秀传统伦理文化融入思政教学时，要善于充分挖掘中华优秀传统伦理文化的时代因子，把握时代发展的脉搏，紧跟时代发展的步伐，立足时代之问，结合时代背景，及时、准确地开展实践教学，尽可能地做到课前、课中和课后诸环节相贯通，整个过程既要充分体现出思政课实践教学的"味道"，也要让学生真正参与进来、喜欢进来。

另一方面，在方式上，"要注重文化浸润、感染、熏陶，既要重视显性教育，也要重视潜移默化的隐性教育，实现入芝兰之室久而自芳的效果"②。实践教学的开展既不是配套也不是形式，而是真正的思政课课程的主阵地，要以重视学生的感性体验为主，让学生在实践教育中破解课堂学习中的疑难点和困惑点，突出解决大学生的现实困惑，引导大学生用行动化解难题，实现由"大水漫灌"向"精准滴灌"的转变，使实践教学成为课堂教学的有益补充。开展中华优秀传统伦理文化融入高校思政课的实践教学，形式可以不断创新。例如，可以立足于城市传统文化资源，精心设计传统文化研学线路，让学生从时代与历史碰撞的实践教学中得到思考和启发；可以利用城市博物馆、大剧院、图书馆、名人故居等文化设施布局，重点挖掘可用于推进高校思政课教学的物质资源，构建传统文化与现代社会相交融的思政课教学内容，拓展思政课大视野，厚植"大思政课"教育底蕴；可以城市传统重大文体活动、传统重大节日和纪念日活动为载体，用好沉浸式"大思政课"，营造常态化、持续化育人格局；可以"千年流转中的文化之美"为主题，按时间脉络，以丰富的史料，探寻伟大传统历史人物，挖掘中华优秀传统伦理文化千百年来的精神底蕴，以"第二

---

① 杜尚泽：《"'大思政课'我们要善用之"》，《人民日报》2021年3月7日。
② 《关于教育，这是习近平的最新思考》，《光明日报》2017年1月3日。

课堂"增强思政课的教育感染力,如此等等。

当然,在开展中华优秀传统伦理文化融入思政课的实践教学时,特别要注重教师在实践过程的参与和指导,把控整个实践流程,使实践教学的开展有利、有效、有收获。只有切实可行、行之有效并充实合理的实践教学才能让学生真正从中华优秀传统伦理文化的学习中受教育、有收获,在学生心中落地生根,达到将中华优秀传统伦理文化融入思政课的真正目标。总之,创新中华优秀传统伦理文化融入思政课的教学方式,在教学环境上要通过课前、课中、课后全程发力,努力构建培养学生"知识、能力、素养、人格"全面发展的高阶性课堂。

四 教学评价立新:以动态化、个性化为引导,主以过程化的评价方式

科学的教学评价不仅有助于提升教学质量,更有助于带动学生学习的主动性和积极性。围绕高校立德树人的根本任务,思政课要立足于增强学生"获得感"的需要,不断探索能够有效激发学生学习兴趣、主动参与教学活动的教学评价方式。可以说,一个好的、得当的教学评价方式,是实现思政课入耳、入脑、入心的重要推手。正是基于此,将中华优秀传统伦理文化融入思政课的教学,要在教学方式的创新中加强对教学评价的重视,达到以评促学、以评促教。

(一) 基于"三维视角",以教学评价促进学生提升获得感

教育部在《2017年高校思政课教学质量年专项工作总体方案》中提出:"打一场提高高校思政课质量和水平的攻坚战,切实增强大学生思想政治教育的获得感。"[①] 至此,提升学生的"获得感"成为思政课的重要旨归,指向不断满足学生的主体需要,使学生切实感受到思政课是学有所得、学有所用、学有所值的课程。思政课以提升大学生"获得感"为目标,是以"获得"为主体内化表征,以"感"为内心真实体验的一种认知过程,充分体现出大学生在思政课课程活动中的主体性地位,是思政课课

---

① 《高校思政课要打好质量攻坚战》,《光明日报》2017年4月21日。

程教学价值的重要体现。充分满足学生的"获得感"彰显学生的主体地位，一定要"虚功实做"，将理念与行动相结合，使学生真切感受到自己在思政课的课堂中"被需要"，以及思政课对自己的成长成才具有重要的现实意义。正是基于这样一种思路，在将中华优秀传统伦理文化融入思政课的教学时，要围绕"获得感"，在知识、能力和人文素养三个维度做好教学评价，回应思政课集知识传授、能力培养以及价值观塑造的课程定位。

一是以教学评价促进学生思想知识的提升。"大学是立德树人、培养人才的地方，是青年人学习知识、增长才干、放飞梦想的地方。"[1] 大学重在思想知识的传授，这不仅是各类高校共同的使命和任务，也是大学作为高等学府的价值体现，培养学生扎实的理论知识和高水平的专业素养是高校重要的办学方向之一。这里，思想知识既包含与专业课程相关的系统科学知识，也包含大学生不可或缺的马克思主义理论知识和文史哲政知识，而后者正是大学生较为缺乏但却可以通过将中华优秀传统伦理文化融入思政课予以补充学习的知识内容。为此，开展思政课的教学评价要通过科学、合理的评价体系提升学生知识素养，善于广泛地汲取中华优秀传统伦理文化的丰富内容，并与马克思主义理论知识相结合，引导学生掌握中华优秀传统伦理文化所蕴含的哲理，以造就知识充沛、素质全面的时代新人。

二是以教学评价促进学生能力的提升。将所学知识有效转化为青年大学生认识问题、分析问题和解决问题的能力是高等教育的重要目标。任何一门所学知识，如果单纯为了知识而知识，而不是转化为认识世界和改造世界的能力，就犹如束之高阁，毫无价值和意义。相比于专业课知识，中华优秀传统伦理文化知识在转化为解决问题的能力方面效果并不明显，进而造成了多数青年大学生对传统文化的忽视和忽略。其实，作为中华优秀传统文化的重要组成部分，中华优秀传统伦理文化对人而言具有很大的"实用价值"，重点体现在"细"，即细在"润物细无声"，它可以在人安身立命、面对人生困境时提供解决困难的方法和调节身心的路径，而这本

---

[1] 习近平：《在北京大学师生座谈会上的讲话》，《人民日报》2018年5月3日。

身就是认识世界和改造世界的能力。为此，实施思政课的教学评价要通过科学、合理的评价体系增强学生认识问题、解决问题的能力，引导青年大学生既能够运用马克思主义的立场、观点、方法去分析问题和解决问题，又能够运用中华优秀传统伦理文化的思想精神去调适身心矛盾，以文化智慧解决人生难题，从而不断提升与时代发展相适应的能力，养成终身受用的辩证思维、历史思维与创新思维等。

三是以教学评价促进学生人文素质的提升。《关于加强大学生文化素质教育的若干意见》中指出："大学生的基本素质包括四个方面：思想道德素质、文化素质、专业素质和身体心理素质。"其中，思想道德素质和文化素质可以统称为人文素质，是培养大学生素质的基础。对于新时代青年来说，人文素质是一个人所应具备的基本品质和基本态度，是正确处理个人与他人、个人与自然及个人与社会关系的必要前提和重要条件，更是一个人内在精神的重要体现。人文素质缺乏不仅会导致大学生理想信念缺失、人际关系淡漠，而且会使得大学生缺少人文关怀、精神匮乏，难以形成良好的人格。基于这样一个认识，实施思政课的教学评价要通过科学、合理的评价体系尽可能地提升学生的人文素养，借由中华优秀传统伦理文化融入思政课，以评价引导大学生在提高思想政治素质、丰富精神生活、拓展文化视野、提升精神境界等方面发挥作用，使思政课能够对青年大学生建构合理的知识结构、创造丰富的情感体验、塑造完善的人格精神发挥出独特的价值，彰显出其特殊意义之所在。

（二）创设"多维评价体系"，考查学生不同能力层级

基于前述开展教学评价的主旨，高校思政课教师要坚持将中华优秀传统伦理文化融入思政课教学时形成多维评价体系，以动态化、个性化为引导，主以过程化考核，考查学生不同能力层级，从而使课程成绩评定更贴近于学生的学习需求。

其一，对学生基础知识掌握情况进行评价。紧扣课堂教学内容，了解学生对思政课教学内容的认知情况，掌握学生对于中华优秀传统伦理文化的了解情况、传统知识积累情况，在这一方面评价学生学习效果的方式可以通过回应课堂教师提问的积极性来予以实现，教师要善于抓住不同时

机，有针对性地进行课堂提问，观察学生的反应，以此获取有效教学评价。

其二，对学生道德情感、价值观进行评价。基于对中华优秀传统伦理文化融入思政课教学内容的解读，以"学"为中心，积极引导学生将学习内容内化于心，产生道德和价值观的认知，评价学生学习效果的方式可以通过主动参与课堂互动、对教学案例进行讨论来予以实现，重点考察学生的回应度和积极性，以此获取真实教学评价。

其三，对学生实践能力进行评价。围绕课堂教学，注重对学生运用理论指导实践能力进行考察，评价学生学习效果的方式可以通过课程实践活动议题展示予以实现。教师根据中华优秀传统伦理文化的内容设置好实践议题，学生组队通过收集资料—选题论证、分工调研—整理思路、课堂汇报—点评总结这三个阶段，充分参与到思政课的学习中去，再通过班级互评50%+教师评定50%的方法以评促学，考核学生是否将所学内容充分运用到认识问题和解决问题中来。

此外，还要通过成绩评定坚持以动态化、个性化为引导，主以过程化考核。一是运用教学智能App信息化手段，实时监测学生学习行为和学习积极性，选择重点指标及时预警并提供针对性帮扶，改善整体学习行为。二是了解不同专业学生学习中华优秀传统伦理文化的兴趣，进行课程教学案例和学习任务专业定点匹配，激发学习潜力，改善整体学习行为，增强思政课在运用中华优秀传统伦理文化开展教学的针对性。同时要积极运用过程化考核，创设"即期（综合表现：课堂参与度+思考难点发布+出勤率）—近期（课后作业+社会实践）—远期（期末测试）"三阶段学习评价，远近结合、难易互补，按照不同完成度，给予相应的分值，整个过程要重点强调学习过程的反思，循序渐进地提升学生在知识、能力、人文素养方面的获得感，充分激发青年学生积极学习的动机和持续学习的动力。总之，教学评价的设定旨在帮助教师更好地了解学生对于将中华优秀传统伦理文化融入思政课的学习效果，以及运用中华优秀传统伦理文化助力思政课教学的可行性，以此不断改进教学思路和教学方式，实现理想化教学目标。

五　思政课程和课程思政渠道融合出新：以同向同行产生协同效应

当前，伴随着高校育人的不断改革创新，课程已成为一项重要载体并在高校思想政治教育方面发挥着越来越重要的作用。为此，习近平总书记在全国高校思想政治工作会议上明确指出："要用好课堂教学这个主渠道，思政课要坚持在改进中加强，提升思想政治教育亲和力和针对性，满足学生成长发展需求和期待，其他各门课都要守好一段渠、种好责任田，使各类课程与思政课同向同行，形成协同效应。"[①] 将中华优秀传统伦理文化融入高校思政课，提升思政课的育人效果，要跳出以往固有的教学视域，树立大思政课的思维格局，充分发挥思政课程与课程思政同向同行的协同效应。

（一）坚持思政课程与课程思政同向同行，完成文化育人目标

将中华优秀传统伦理文化融入高校思政课的教学，仅仅拘泥于思政课的教学课堂显然是不够的，特别要发挥好思政课程和课程思政两个渠道的同向同行，"同向"即是要形成"育人合力"，"同行"即是要确保两个渠道行得稳、行得准。

首先，思政课程与课程思政同向而育人。科学、完善、全面的课程体系是高校建设发展的重要指标之一，好的课程不仅可以向大学生有效传授最新、最准的知识内容，培养学生的学术才能，提高大学生对专业学习的认可度和认同感，同时还可以进一步拓展课程功能向度，实现理论教育与价值塑造的有机结合。在课程教学过程中，不同课程由于性质的差异，往往表现为相异的教学目标和教学内容。例如，理学、工学类课程主要以科学理论思维和实践能力塑造为主，注重对大学生知识与技能的培养；文史哲类课程致力于培养大学生的人文精神和历史思维，引导学生积淀人文素养；医学类专业课程主要以基础医学和临床医学的理论教育为主，并辅以

[①] 习近平：《把思想政治工作贯穿教育教学全过程　开创我国高等教育事业发展新局面》，《人民日报》2016年12月9日。

医疗诊断和实践的训练培养；经管类课程主要将市场作为认知对象，培养学生宏观、微观的经济理论和管理等实践能力。思政课作为高校一门必修课，其教学目标主要是对大学生进行马克思主义理论教育，帮助其形成和确立正确的世界观、人生观、价值观，树立"四个自信"，是高校所有课程中具有思想政治教育导向功能的核心主干课程。

从本质而言，任何课程都是集知识性与价值性的统一，知识性表现在课程独有的内容客观性和真理性，价值性则表现在课程设置的导向性，即课程所含有的思想启迪和价值引导功能，蕴含着丰富的思想育人重要资源。正因为此，各学科专业课程可以作为思想政治教育的重要依托与思政课一起发挥育人合力。既然有"合力"，就必然会有方向，不管是思政课还是各学科专业课程，发挥课程思想政治教育功能关键在"育"。"育"在何处？即是要透过课程本身围绕解决"培养什么人、怎样培养人、为谁培养人"这一根本问题来推进课堂教育，以塑造德智体美劳全面发展的社会主义建设者和接班人为课程教育任务，帮助学生树立爱党、爱国、爱社会主义、爱人民、爱集体的理想信念和道德情操，最终形成全员全程全方位的育人大格局，显然，在这一点上，无论是思政课还是各学科专业课都可以充分将中华优秀传统伦理文化融入其中，实现价值性与知识性的统一。

其次，思政课程与课程思政同行而共振。思政课程和各学科专业课程，在育人过程中均呈现为一门"行"的课程。所谓"行"，意指在课程设置和实践过程中，教师以恰当的教育方法通过言传身教，将深奥的理论知识和正确的价值观念向学生予以传授，经由教学互动，确保课程教育落地落实、见功见效，这既是一个教学相长的过程，也是一个育人推进的过程。课程"行"的特质本身表明了思政课与学科专业课程均能够通过将中华优秀传统伦理文化融入其中达到育人目标。

与此同时，在发挥思政课与专业课程的合理效应时，还需保证各门课程之间行得"稳"，以及要确保各门课程之间行得"准"。

一方面，思政课与学科专业课程在对大学生进行中华优秀传统伦理文化的相关教育时不可操之过急，要通过找准恰当方式，做到有声有色。相比于思政课所天然具有的以文育人功能，学科专业课程理念还比较新，虽然自高校建立起，在课程设置和开展上就天然蕴含了思想政治教育相关的隐性功能，但是以系统、全面、正式的方式提出课程思政还是首次。这就要求各高校、所有学科专业课程在全面推进课程思政时一定要做好顶层设计，"稳"字当头，在总结经验、找准方法后渐次予以创新，形成特色，做到既充分发挥好传统思政课在立德树人方面的强势，形成"惊涛拍岸"的声势，也要积极调动各学科专业的优势，产生"润物细无声"的效果，最终行稳致远。

另一方面，运用思政课以外的学科专业课程发挥文化育人功能，纳入思想政治教育的"大熔炉"，目的并不仅仅是扩大思想政治教育的覆盖面，也要使其他学科专业课程与思政课一起发挥每门课程的课程优势，形成优势互补，最终达到立德树人的目标，这是一个"准确"的靶向，即"课程思政实质是一种课程观，不是增开一门课，也不是增设一项活动，而是将高校思想政治教育融入课程教学和改革的各环节、各方面，实现立德树人润物无声"[①]。从本质而言，课程思政与思政课程在教育方向上有着"最大公约数"，都是为了更好地"培养人"，从文化育人功能看，思政课居于"引领"地位，是主渠道，具有显性教育功能；各学科专业课程则是思政课的有益拓展，是次要渠道，体现着隐性教育功能。这就需要在推进两类课程同行的过程中，把准主次，有重有轻，既"发挥思政课的'群舞中领舞'作用"，同时也实现"所有高校课程的'共舞中共振'效应"[②]。

（二）坚持思政课程与课程思政同向同行，形成文化育人效果

充分发挥中华优秀传统伦理文化的育人效果，要做好思政课程和课程思政双向融合的可行性和必要性论证，确立精准化实施方案，以理念统领思政课程和课程思政渠道融合的开展，使中华优秀传统伦理文化的育人因子予以充分发挥。从高校人才培养实践看，受现代科学技术发展和知识创新重要性的历史影响，一直以来多数高校在对大学生的培养过程中，仍以专业知识教育为主，人文道德教育处于从属地位，从而造成青年学生理性

---

① 高德毅、宗爱东：《课程思政：有效发挥课堂育人主渠道作用的必然选择》，《思想理论教育导刊》2017年第1期。

② 高德毅、宗爱东：《课程思政：有效发挥课堂育人主渠道作用的必然选择》，《思想理论教育导刊》2017年第1期。

思维发达而人文素养阙如。爱因斯坦曾经说过："用专业知识教育人是不够的。通过专业教育，他可以成为一种有用的机器，但是不能成为一个和谐发展的人。要使学生对价值有所理解并且产生热烈的感情，那是最基本的。他必须获得对美和道德上的善的鲜明的辨别力。"[①] 这充分表明，教师需要转变以往的教育思路，利用好思政课与学科专业课程两个渠道，将重专业知识讲授的单维知识理性向深层的价值精神不断延伸。一方面，必须仍要继续充分肯定以学科专业教育为核心的课程在知识传授上的重要性，各专业课程要"守好一段渠""种好责任田"，满足大学生对于真理和专业知识汲取的需要，培养知识理性和专业技能，学会用先进的理论武装自己，但切记"过度"导向，使知识教育凌驾于价值精神教育之上；另一方面，要用好学科专业课程受众强、覆盖深的优势，在思政课的引导示范下，拓展思维，充分发挥学科专业课程在文化育人方面的作用，将中华优秀传统伦理文化融入其中，使知识教育与更深层次的价值精神培养相结合，在潜移默化中播下"真善美的种子"，最终通过思政课程和课程思政双渠道共同发力，达到培养具有健全人格、创新思维、坚定政治方向和社会责任感的新时代大学生的教育目标。

充分实现思政课程和课程思政同向同行，运用中华优秀传统伦理文化以文育人，要坚持从平面的课程体系向立体的教学体系转化。在教学设计上，要将思政课和各学科专业课程中关涉中华优秀传统伦理文化的共性和个性内容进行梳理归纳，依托中华优秀传统伦理文化赋能课程创新，重点运用高校在思政课程和课程思政双渠道融合建设过程中蕴含的中华优秀传统伦理文化特色精神资源和历史文化精神，从内容到方法做到精准、匹配、自然、独到，切忌不可为了课程思政而课程思政，尽可能地做到以中华优秀传统伦理文化提升专业课程文化育人效果的行云流水、润物无声，并将实践教学充分融入。在教学实施上，做好传承与创新，要互相挖掘思政课与学科专业课程合理的课程教学内容，将中华优秀传统伦理文化育人资源予以融入，把准二者之间的融合限度，并从顶层设计和基础教学方面予以环环推进，守住高校立德树人人才培养的共性，发挥思政课在运用中

---

① 《爱因斯坦文集》（第二卷），范岱年译，商务印书馆，1977，第155页。

华优秀传统伦理文化"铸魂育人"中的靶向引领作用,挖掘各类学科专业课程在"铸魂育人"中的助推器作用,以践行促落实。同时,凸显个性,依托高校主干学科打造"非同质化"基因式个性"思政课+专业课"学科模式,将中华优秀传统伦理文化以形式多样的方式融入每门课程之中,形成文化育人的"品牌效应",丰富课程育人画卷。最后,在教学反馈上,要积极开展思政课程和课程思政渠道融合的督查和评价,思政课教师要主动为之,做好对学科专业课程教师的帮助,引导专业课程教师在运用中华优秀传统伦理文化开展教学时避免出现"两张皮"现象,同时,学科专业课程教师也要将教学中的好经验及时分享,更好地运用在思政课的课堂中,及时做到反馈和调整同步进行。总之,通过思政课程与课程思政的渠道融合,可以更好地发挥出中华优秀传统伦理文化在思想课程与学科专业课程中的作用,实现中华优秀传统伦理文化的文化育人功能。

第二节　中华优秀传统伦理文化融入高校思政课的教师期待

2019年3月,为了进一步巩固马克思主义在高校意识形态领域的指导地位,加强新时代高校思政课建设,习近平总书记主持召开了学校思想政治理论课教师座谈会。在座谈会上,习近平总书记强调指出:"教师承载着传播知识、传播思想、传播真理,塑造灵魂、塑造生命、塑造新人的时代重任。思政课教师,要给学生心灵埋下真善美的种子,引导学生扣好人生第一粒扣子。"[1] 无论从教师教学的内容、教师教学的方式还是教师自身话语和行为的影响力上看,思政课教师都会对思政课的教学实现产生重要作用,同时也是青年大学生树立正确世界观、人生观、价值观的重要引路人。因此,充分将中华优秀传统伦理文化融入思政课,推动思政课的建设发展,一定要从教师层面入手,以思政课教师"六个要"为遵循加强自身修养,立足于"八个相统一"坚持教学创新,以充分实现中华优秀传统伦理文化融入思政课的重要价值。

---

[1] 习近平:《思政课是落实立德树人根本任务的关键课程》,《求是》2020年第17期。

一 以思政课教师"六个要"为遵循,主动修身修为

习近平总书记指出:"办好思想政治理论课关键在教师,关键在发挥教师的积极性、主动性、创造性。"① 无论思政课进行何种形式的教学创新,都离不开思政课教师自身教学素养和教学能力的提升,可以说,思政课教师是实现高校思政课立德树人目标的核心和关键。正是基于此,将中华优秀传统伦理文化融入思政课,实现思政课教学方式的创新,一定要站在思政课教师的视域,以思政课教师"六个要"为遵循,实现好传道、授业、解惑。

(一) 思政课教师是办好思政课的关键

党和国家历来十分重视高校思政课教师,对其价值和地位予以了充分肯定,《新时代高等学校思想政治理论课教师队伍建设规定》指出,思政课教师"是高等学校教师队伍中承担开展马克思主义理论教育、用习近平新时代中国特色社会主义思想铸魂育人的中坚力量"。将"中坚力量"作为思政课教师的定位,充分说明了高校思政课教师的重要性。

从高校立德树人的教育目标看,高校思政课教师肩负着培养新时代青年大学生成为堪当民族复兴大任的时代新人的重要任务,"教师是人类灵魂的工程师,是人类文明的传承者,承载着传播知识、传播思想、传播真理,塑造灵魂、塑造生命、塑造新人的时代重任"②。青少年阶段是人生的"拔节孕穗期",最需要精心引导和栽培,思政课教师因其所讲授课程的价值定位,使其在教书育人上既是学生思想信念的引路人,同时也是学生行为道德规范的影响者,是学生人文素质养成的推动者,对大学生形成正确的世界观、人生观、价值观十分重要,而思政课教师本身的思想政治状况和人文道德素质对青年大学生的一言一行同样能够产生很大的影响,具有很强的示范性。正是由于此,思政课教师要坚持在加强自身修养方面下足功夫,既要具备坚实的政治信仰、深厚的理论功底,也要具有科学的思维

---

① 习近平:《思政课是落实立德树人根本任务的关键课程》,《求是》2020年第17期。
② 《习近平在全国教育大会上强调 坚持中国特色社会主义教育发展道路 培养德智体美劳全面发展的社会主义建设者和接班人》,《人民日报》2018年9月11日。

和宽广的视野，同时还要注重人格素养的修为，使自身能够集政治性、思想性、学术性、专业性于一身，在思政课的教学中绵绵用力、久久为功，实现对青年大学生沟通心灵、启智润心、激扬斗志的教育作用，做好培根铸魂。

从实现思政课课堂教学实效性看，思政课教师作为教育活动的主导，是教育活动中的实施者、组织者和影响者。思政课作为一个教学系统，由教师、学生、教学内容和教学方式共同组成，其中，教师在整个教学系统中处于主导地位，起着进行知识讲授、引领学生学习、落实教学内容、开展教学活动等多方面作用，是保障每一个教学环节落地落实的核心和关键。换言之，在思政课教学过程中，思政课教师具有强大的导向性和话语性，是从根本上决定思政课教学效果的重要一环。正因为此，思政课教师应从身份定位出发，充分认识到思政课教师在整个教学过程中的重要性，根据党和国家确立的教育目标和教育任务，遵循立德树人的理念，不断提高自己的能力和素养，深耕教学的深度、高度和广度，以完成思政课传播知识、传播思想、传播真理的课堂使命，更好地培育时代新人。

（二）思政课教师要加强自身建设

对于思政课教师所应具备的基本素养，习近平总书记提出了"六个要"的根本遵循，即思政课教师"政治要强、情怀要深、思维要新、视野要广、自律要严、人格要正"[①]。这之后，2019年8月14日，中共中央办公厅、国务院办公厅印发了《关于深化新时代学校思想政治理论课改革创新的若干意见》，要求各地区各部门结合实际认真贯彻落实，并提出建设一支政治强、情怀深、思维新、视野广、自律严、人格正的思政课教师队伍，切实提高思政课教师综合素质。"经师易求，人师难得"，思政课教师承载着传播知识、传播思想、传播真理，塑造灵魂、塑造生命、塑造新人的时代重任。"一位优秀的大学教师，一定要具有学术修炼基础上的高深的思想、稳定的价值观念、坚定不移的人生信念，只有具备这些素质才能

---

① 习近平：《思政课是落实立德树人根本任务的关键课程》，《求是》2020年第17期。

使学生感到教师的可敬、可信、可爱。"① 为此，对于新时代的思政课教师而言，加强自身建设是必不可少的必修课，而将中华优秀传统伦理文化融入思政课同样需要思政课教师砥砺品性，增强教学素养。

第一，政治要强。政治强是对思政课教师的根本要求，思政课是讲政治的，要通过思政课的讲授，解决学生理想信念的问题。在思政课的课堂一定要让有信仰的人讲信仰，怀揣对马克思主义的坚定信仰、对社会主义和共产主义的信念是思政课教师必备的基本素养，思政课教师"只有自己信仰坚定，对所讲内容高度认同，做学习和实践马克思主义的典范，才能讲得有底气，讲深讲透，才能有效引导学生真学、真懂、真信、真用"②。为此，思政课教师一定首先要政治立场坚定，主动加强政治敏锐性和政治鉴别力，自觉用新时代中国特色社会主义思想武装头脑，从政治高度观察问题，用政治视野分析问题，以政治清醒回应问题，在大是大非面前保持政治定力。要善于用中华优秀传统伦理文化中的思想精华，主动加强政治修养的修为，转化为培养学生坚定政治信念的思想底气。

第二，情怀要深。情怀是一种真性情，最能够打动人、感动人，教师在课堂上展现的情怀往往能够影响学生的一生，成为学生做人做事的引路明灯。在育人情怀上，一方面，思政课教师要有国家情怀，心系国之大者，始终关心国家和民族的发展，善于从伟大实践中汲取思想养分，在党和国家发展的历史长河中，讲好中国故事，弘扬好中国精神，彰显出中国价值和中国力量。思政课教师要善于将思政课的理论知识与世情、国情、党情、民情相融合，从现实经济、政治、文化、社会、生态文明、党的建设等发展中讲好思政课。另一方面，思政课教师要有传道情怀，教师的重要职责是传道、授业、解惑，其中传道传的是如何教育青年大学生树立正确的世界观、人生观和价值观，思政课教师要对自己的教育事业心怀崇高感，对自己所从事的马克思主义理论教育事业投入真情实感，对思政课教育教学有执着追求。要善于汲取中华优秀传统伦理文化中关于育人育德的

---

① 程美东：《让真理和思想的光辉照亮思想政治理论课课堂——基于2017年教育部思想政治理论课大听课的一点思考》，《思想教育研究》2017年第7期。
② 习近平：《思政课是落实立德树人根本任务的关键课程》，《求是》2020年第17期。

思想内涵，主动转化为育人情怀，厚植爱国情、育人情，以真心、真情、真爱关心和关怀青年学生，了解学生所思、所想、所惑，以人格魅力引导学生，以躬身笃行教导学生，以高贵灵魂感染学生，从而把对家国的爱、对教育的爱、对学生的爱融为一体，以情感人，让思政课成为一门有温度的课。

第三，思维要新。从某种意义上说，思政课教师"给予学生的不应该只是一些抽象的概念，而应该是观察认识当代世界、当代中国的立场、观点、方法"①。在教育课堂上，思政课教师不仅要将自身的理论政治素养扎实、扎牢，同时还要加强自身的思维素养，要求思政课教师具有辩证唯物主义和历史唯物主义的思维方式，无论是在生活中还是在课堂上，都能够善用创新思维、辩证思维、历史思维、底线思维去认识问题、分析问题和解决问题，能够积极运用矛盾分析方法抓住关键、找准重点、阐明规律，帮助青年大学生正确认识和把握我国发展中的重大理论和实践问题，从而以一种思维的引导给学生留下深刻的学习体验。特别是在教学中，思政课教师要坚决摒弃"一刀切"的思维惯式，避免出现一味地赞扬或一味地批判，而是要做好对现实问题的辩证分析，即"在教学中可以讨论问题，更要讲清楚成绩；可以批评不良社会现象，更要引导学生正面思考；可以讲社会主义建设的复杂性和艰巨性，更要引导学生对社会主义前景充满信心"②。同时，还要善于用辩证思维分析和运用中华优秀传统伦理文化在思政课教学中的育人价值，既要说清中华传统文化中的糟粕，同时还要积极弘扬中华传统文化中的思想精华，充分发挥中华优秀传统伦理文化的育人因子，进而以思想的魅力给学生留下真善美的种子，更好地完成传播知识、传播思想、传播真理的时代任务。

第四，视野要广。首先，思政课教师一定要具有宏大的知识视野，唯有如此才能站位高远，才能观照现实。相比于其他课程，思政课教学涉及马克思主义哲学、政治经济学、科学社会主义，涉及经济、政治、文化、社会、生态文明和党的建设，涉及改革发展稳定、内政外交国防、治党治

---

① 习近平：《思政课是落实立德树人根本任务的关键课程》，《求是》2020年第17期。
② 习近平：《思政课是落实立德树人根本任务的关键课程》，《求是》2020年第17期。

国治军,涉及党史、国史、改革开放史、社会主义发展史,涉及世界史、国际共运史,涉及世情、国情、党情、民情,等等,这给思政课教师的理论知识提出了更高的要求,除了要具有马克思主义理论功底之外,还要广泛涉猎其他哲学社会科学以及自然科学的知识,从而以充沛的知识储备游刃有余、深入浅出地做好课堂教学。其次,思政课教师要具有宽广的国际视野。思想是时代之问,在思政课的课堂上,青年学生最为关注时代课题,经常会把国外大事同国内现实联系起来,进而产生一些思想疑惑,思政课要准确、积极地回应学生的思想疑惑,就必然要求思政课教师具有宽广的国际视野,善于将思政课放在世界百年未有之大变局、中华民族伟大复兴的战略全局中,引导学生全面客观地认识当代中国、看待外部世界,在批判鉴别中明辨是非。最后,思政课教师要具有深厚的历史视野。"思政课教师的历史视野中,要有5000多年中华文明史,要有500多年世界社会主义史,要有中国人民近代以来170多年斗争史,要有中国共产党近100年的奋斗史,要有中华人民共和国70年的发展史,要有改革开放40多年的实践史,要有新时代中国特色社会主义取得的历史性成就、发生的历史性变革"[①],通过不断拓展自身的历史视野,更好地教育青年大学生以史为鉴、以史明志,增强历史自觉和历史自信,激发起实现中华民族伟大复兴中国梦的信心和动力。将中华优秀传统伦理文化融入思政课的教学,更要求思政课教师不断加深自身知识文化的积淀,并具有宽广的国际视野和深邃的历史视野,要善于将中华优秀传统伦理文化的思想价值立足于国际视域,进行中华优秀传统伦理文化的创造性转化和创新性发展,彰显中华优秀传统伦理文化的现代意义,同时以传统观照现实,将中华优秀传统伦理文化的思想魅力以历史视域予以呈现,串联起历史、现在与将来,充分实现中华优秀传统伦理文化在思政课的教学价值。

第五,自律要严。思想没有真空地带,思政课教师唯有严于律己,才能身正为范。自律既是对思政课教师的思想要求,也是行为要求,在思想上,思政课教师掌握着课堂的主导权和话语权,一定要从思想上站位端正,自觉弘扬主旋律,积极传递正能量,把守思想关。特别是对于事关政

---

① 习近平:《思政课是落实立德树人根本任务的关键课程》,《求是》2020年第17期。

治的大问题,不但不怕讲,而且要敢于讲,要坚持从正确的政治方向出发,积极并善于引导学生加强对于党和国家的政治认同,坚定理想信念,全面客观地看问题。在行为上,教师的一言一行对学生影响深远,作为思政课教师,要坚持自身言行的主动修为,于细微之处做到课上课下、校内校外、网上网下一致,遵守纪律,不碰红线,以教师自身的正气、学识和行为来打动学生、吸引学生。特别是将中华优秀传统伦理文化融入思政课的教学,对教师有着更强的自律要求,中华优秀传统伦理文化本身蕴含着丰富的修身治世的道德规范,思政课教师在传达中华优秀传统伦理文化的思想精神时,要做到洁身自律,将传授的知识与自身的行为高度一致,做学生可信、可敬、可靠的好老师。

第六,人格要正。亲其师,才能信其道。汉代董仲舒曾指出:"是故善为师者,既美其道,有慎其行。齐时蚤晚,任多少。"[1] 意在说明,善为人师者,无论时间早晚、任务多少,既要懂得完善师道,又要不忘谨言慎行。人格修养是每一位思政课教师的必修课,思政课教师有了堂堂正正的人格,就可以用高尚的人格吸引学生、感染学生、赢得学生,做学生的"筑梦人"、"引路人"、"系扣人"和"大先生"。在学生眼里,教师是"吐辞为经、举足为法",一言一行给学生以极大影响,在课堂教学中有很强的示范效应。正因为此,思政课教师一定要在师德师风方面加强修为,严格要求自己,既做学问之师,又做品德之师。要有扎实的学识魅力,加强对马克思列宁主义经典著作的研读、马克思主义中国化理论成果的学习、文史哲政知识的积累,用真理的力量感召学生,以深厚的理论功底赢得学生;要有高尚的道德境界,不断完善师道,谨言慎行,注重语言风格的修为,使学生能够从教师的话语中感受到教师的人格和学识。中华优秀传统伦理文化中蕴含着丰富的人格修炼的基因密码,思政课教师将中华优秀传统伦理文化融入思政课教学,要善于从中华优秀传统伦理文化中汲取思想养分,培养自觉修身修为的主动意识,坚持"吾日三省吾身""诚意正心""知行合一",立德修身,潜心治学,不断提升德行和品格维度,真正把为学、为事、为人统一起来,做到以德立身、以德立学、以德施教,

---

[1] 《春秋繁露·玉杯》。

当好学生成长的引路人。

百年大计，教育为本。教师是立教之本、兴教之源，思政课教师一定要从习近平总书记所提出的思政课教师"六个要"的标准出发，加强自身建设，提升自身素质，特别是充分发挥好中华优秀传统伦理文化融入思政课教学的教学价值，更要求思政课教师善于从中华优秀传统伦理文化中汲取思想养分，砥砺品格，加强修为，既精于"授业""解惑"，更以"传道"为责任和使命，做学生心目中的"大先生"，以实现"经师"和"人师"的统一。

二 以教学创新为主旨，丰富课堂维度，实现永续发展

习近平总书记指出："我们办中国特色社会主义教育，就是要理直气壮开好思政课，用新时代中国特色社会主义思想铸魂育人，引导学生增强中国特色社会主义道路自信、理论自信、制度自信、文化自信，厚植爱国主义情怀，把爱国情、强国志、报国行自觉融入坚持和发展中国特色社会主义事业、建设社会主义现代化强国、实现中华民族伟大复兴的奋斗之中。"[1] 理直气壮开好思政课，思政课教师是核心，是关键，是生力军，将中华优秀传统伦理文化融入思政课，充分实现其助力提升思政课教学效果的思想价值和文化意义，更需要思政课教师立足于教育使命，坚持以教学创新为主旨，不断丰富课堂维度，从而实现永续发展。

（一）坚持教学创新，深化课堂教学改革

"思政课教师应当深化教学改革创新。按照政治性和学理性相统一、价值性和知识性相统一、建设性和批判性相统一、理论性和实践性相统一、统一性和多样性相统一、主导性和主体性相统一、灌输性和启发性相统一、显性教育和隐性教育相统一的要求，增强思政课的思想性、理论性和亲和力、针对性，全面提高思政课质量和水平。"[2] "八个相统一"是新时代高校思政课改革创新的重要遵循，旨在将思政课课堂作为教育的主战

---

[1] 习近平：《思政课是落实立德树人根本任务的关键课程》，《求是》2020年第17期。
[2] 教育部：《新时代高等学校思想政治理论课教师队伍建设规定》，2020年1月16日。

场,推动思政课课堂教学实现内涵式发展,进而实现高质量的"课堂革命"。思政课的"课堂革命"既是一场心灵的革命、观念的革命、行为的革命,同时也是一场深刻的课堂技术革命。如何更好地将中华优秀传统伦理思想融入高校思政课的教学中发挥出中华优秀传统伦理文化的育人功能,无疑需要思政课教师在教学中一如既往地坚持教学创新,打造课堂教学的"新革命"。

第一,在教学主旨上,坚持贯彻政治性和学理性相统一、价值性和知识性相统一。

一方面,做好思政课的教学创新应坚持政治性和学理性相统一的主旨,以政治性引导学理性,以学理性厚植政治性。教育部印发的《新时代高校思想政治理论课教学工作基本要求》中明确提出:"思想政治理论课承担着对大学生进行系统的马克思主义理论教育的任务,是巩固马克思主义在高校意识形态领域指导地位、坚持社会主义办学方向的重要阵地,是全面贯彻党的教育方针、落实立德树人根本任务的主干渠道和核心课程,是加强和改进高校思想政治工作、实现高等教育内涵式发展的灵魂课程。"思政课具有引导大学生正确认识马克思主义的理论本质,深化对马克思主义历史必然性和科学真理性认识以及理解其理论意义和现实意义,坚定马克思主义的信仰,树立科学的世界观、人生观和价值观的重要作用。同时,思政课在向大学生宣传和解读党的路线、方针、政策,拥护社会主义制度方面也起着积极的正向作用,这便要求思政课教师教学时,要善于以透彻的学理分析回应学生,以彻底的思想理论说服学生,用真理的强大力量引导学生,实现政治性和学理性的统一。特别是将中华优秀传统伦理文化融入思政课教学,应时刻谨记将政治性和学理性放在头等重要的位置上,坚持用中华优秀传统伦理文化来回应和彰显马克思主义的思想魅力和思想深度,用中华优秀传统伦理文化来深刻解读中国政治制度的合理性和优越性,培植好青年大学生的政治认同和政治信仰。坚持贯彻政治性和学理性相统一,政治引导是思政课的基本功能,思政课教师切记不可用学理性来弱化思政课的政治性,习近平总书记明确指出,"在大中小学的不同学段,无论是通过讲故事、讲历史还是讲理论的方式讲思政课,都要体现思政课的政治引导功能"①。即是说，政治性是高校思政课的根本属性，思政课必须坚持好正确的政治导向，这是根本，是红线。

另一方面，做好思政课的教学创新应坚持价值性与知识性相统一的主旨，寓价值观引导于知识传授之中。知识是思想产生的基础，要用先进的思想意识塑造人、鼓舞人，就要先用先进的理论知识教育人、武装人。面对新时代新形势，将中华优秀传统伦理文化融入思政课，目的在于更加广泛地汲取中华优秀传统伦理文化中的丰富内涵，并与马克思主义理论知识相结合，创新教育内容，拓展知识视域，不断提升思政课的整体水平，以造就知识充沛、素质全面的时代新人。但同时，思政课不能单纯地成为知识传授的课堂，还要重在塑造青年学生的价值观，加强价值观教育，要善于用中华优秀传统伦理文化中的道德之目、修身之方、伦理之维引导学生树立正确的世界观、人生观、价值观，在学生心里埋下真善美的种子，帮助学生扣好人生的第一粒扣子，从而由真知、真懂到真信、真行。

第二，在教学环节上，坚持贯彻统一性和多样性相统一、灌输性和启发性相统一、主体性和主导性相统一。

推动思政课的教学创新，一是在教学目标的实现上，坚持好统一性和多样性的统一。将中华优秀传统伦理文化融入思政课并不是要求教师完全抛开教学内容的要求进行自我发挥，也不是教条式地按照教学内容的设置照本宣科，而是要以教材为依据，在确保教学规范性、科学性、权威性的基础上，基于学生差异性和多样化的个性需求，因地制宜、因时制宜、因材施教，思政课教师要充分发挥自身的主观能动性，按照学生的个性需求和专业差异，结合学生求知的实际情况，在透彻理解教材教学内容的基础上，充分挖掘中华优秀传统伦理文化所具有的特色教学资源，进行精细加工和精准转化，并灵活运用到思政课的教学中，形成有力的教学支撑，从而使教学内容变得充实而又具有文化思想底蕴。

二是在课堂讲授过程中，要坚持做好灌输性和启发性相统一。让学生接受思政课的教学内容，离不开必要的灌输，特别是将中华优秀传统伦理文化融入思政课，教学内容的灌输讲授是必须的，但这不等于搞填鸭式的

---

① 习近平：《思政课是落实立德树人根本任务的关键课程》，《求是》2020年第17期。

"硬灌输"。大学阶段是青年成长的关键期，青年学生已经具有相对成熟的认知和判断力，在课堂讲授中一味地"硬灌输"，不仅不会达到良好的教学效果，反而会激起学生的反感。这就需要思政课教师注重启发式教学，要在课程内容上引入中华优秀传统伦理文化的"活水"，善于运用中华优秀传统伦理文化的内容来"启智""增德"，以教学方式的创新去引导学生发现问题、分析问题、思考问题。同时，在教学方式的运用上，要坚持做好主导性与主体性相统一。将中华优秀传统伦理文化融入思政课，教师可以结合中华优秀传统伦理文化的内容精心设计教学，坚持以教师为主导、以学生为主体。教师的主导性体现在教学中的引导和思想凝练，引导学生多读中华优秀传统伦理文化的典籍，多思中华优秀传统伦理文化教学案例的用意，感知中华优秀传统伦理文化的思想魅力；学生的主体性体现在思政课教学中，通过教师精心设计鼓励学生运用小组研学、情景展示、课题研讨、课堂辩论等方式积极主动地参与教与学的互动，充分激发学生学习的自主性、能动性和创造性，不断加强对中华优秀传统伦理文化的知识理解和运用，从而有效地引导学生全过程地参与到课程学习中，使学生"动起来"，青春活力和创新能力被激活出来，以改变过去传统思政课教师唱独角戏的教学局面，使学生更好地体验到学习的成就感和荣誉感。

第三，在教学实现上，坚持贯彻建设性和批判性相统一、理论性和实践性相统一、显性教育和隐性教育相统一。

首先，推动思政课的教学创新坚持建设性和批判性是重要原则，这突出体现在思政课的意识形态功能之中。建设性侧重于思政课对主流意识形态教育所具有的"立"的功能，而批判性则侧重于思政课对意识形态中错误思潮"破"的功能。与其他课程不同，思政课的教学一定要加强意识形态教育的针对性，这种针对性体现在通过思政课的教学，使青年大学生正确认识马克思主义的理论本质，深化对马克思主义历史必然性和科学真理性的认识以及理解其理论意义和现实意义，从而坚定马克思主义的信仰。同时，"思政课要在传播马克思主义立场、观点、方法的基础上用好批判的武器，直面各种错误观点和思潮，旗帜鲜明进行剖析和批判"[1]。如今，

---

[1] 习近平：《思政课是落实立德树人根本任务的关键课程》，《求是》2020年第17期。

面对世情、国情、党情发生深刻变化的现实环境,思想范围内的交流交融交锋不断,由于青年大学生思想意识相对薄弱,思想单一且较为活跃和开放,较易受不良社会思潮的影响和侵蚀,进而会对马克思主义思想产生怀疑,消解对中国特色社会主义制度、道路的信心,从而使主流意识形态教育面临巨大挑战。特别是在思想文化领域,文化虚无主义的观点甚嚣尘上,不断出现对中华优秀传统文化否定的声音,面对此种思想局面,思政课教师应主动积极地将中华优秀传统伦理文化融入思政课的教学中,在政治性、思想性方面做足功课、下足功夫,敢于亮剑,通过科学的分析和批判,引导学生对错误的文化虚无主义思想进行辨析和甄别,不断过滤净化,解决学生关于传统文化虚无主义的思想困惑,从而强化对错误社会思潮的思想辨析。

其次,将中华优秀传统伦理文化融入思政课的教学,还应做好理论性和实践性相统一。思政课的课程性质凸显了其理论性,思政课教师要用好课堂教学这个主渠道,将课堂教学创新作为自己持之以恒的奋斗目标,坚持将对思政课的理论性解读作为重要的教学任务,彰显思政课的深度和厚度,特别是要用好中华优秀传统伦理文化,将之作为解读思政课知识理论内容的有力法宝。同时,思政课教师还要重视思政课的实践性,将思政课的小课堂同社会的大课堂充分结合起来。如今,随着党和国家对中华优秀传统文化的愈发重视,在各地相继创新性地挖掘出了多姿多彩的地域文化资源,思政课教师要善于运用这些文化资源的育人价值,带领学生走出课堂,用亲身实践感受中华优秀传统文化的思想魅力,从而更好地树立文化自信,提高思政课"以文化人""以文育人"的效果。

最后,推动思政课的创新,将中华优秀传统伦理文化融入思政课,要理直气壮开好思政课,实现显性教育和隐性教育相统一。实现高校立德树人的育人功能,思政课是关键课程,将中华优秀传统伦理文化融入其中,确立明确的教育目标、开展有序的教学计划,有助于规范且高效地发挥思政课的显性教育功能,形成惊涛拍岸的声势。但同时,随着时代的发展进步以及青年大学生知识诉求的转变,单纯的显性教育已不足以满足青年大学生的需求,要善于通过多渠道的探索,积极发挥隐性教育的功能,采取含蓄、潜移默化的方式将中华优秀传统伦理文化融入一定的教育活动和教育环境之中，使青年大学生不断感知中华优秀传统伦理文化的思想魅力，促动自身的心灵，于不知不觉中内化于心、外化于行，使文化育人更持久、更深刻，充分显现出润物无声的效果。概言之，将中华优秀传统伦理文化融入高校思政课，要将显性的课堂教育与隐性的教育统一起来，形成优势互补，实现多渠道融合的育人目标。

总之，将中华优秀传统伦理文化融入思政课实现教学创新，深化课堂教学改革，要在"八个相统一"下打好组合拳，落实到能够使思政课更有亲和力和感染力、更有针对性和实效性上来，实现知、情、意、行的统一。

（二）提升教学能力，实现永续发展

毋庸置疑，更好地实现中华优秀传统伦理文化融入高校思政课的教学创新，思政课教师一定要坚持加强基本教学素养的修为，推动自身教学能力的提升，实现永续发展。

将中华优秀传统伦理文化融入高校思政课提升其育人实效，关键在于充分发挥教师的积极性、主动性、创造性。从根本上说，教师是将中华优秀传统伦理文化融入思政课教学的"总设计师"，思政课教师的基本教学素养如何将从根本上决定课堂教学目标实现的效果以及学生获得感的程度。正是基于此，更好地推动中华优秀传统伦理文化融入思政课教学，需要思政课教师不断加强自身教学素养的修炼。

一是教学理论功底的积累。思政课教师要坚持将学习作为终身的追求，不仅要加强马克思列宁主义经典著作的研读和马克思主义中国化理论成果的学习，最为重要的是还要注重传统文化知识的积累，不断提升中华优秀传统文化素养，提高运用中华优秀传统伦理文化的思想资源进行课堂教学的能力，将马克思主义理论知识与中华优秀传统伦理文化的思想融会贯通，纵横比较，推动马克思主义基本原理与中华优秀传统伦理文化相结合，从而用深厚的思想理论功底折服广大青年学生，让学生学有所得、学有所用。党的十八大以来，党和国家高度重视对高校教师中华优秀传统文化素养的培育，2017年、2018年，党中央、国务院先后印发《关于实施中华优秀传统文化传承发展工程的意见》和《关于全面深化新时代教师队伍建设改革的意见》，均明确了在传承与发展中华优秀传统文化的过程中教育者所肩负的重要使命，提出加强中华优秀传统文化教育、提升教师思想政治教育的具体要求。此外，2018年教育部制定的《新时代高校教师职业行为十项准则》，其中也提出传播中华优秀传统文化的要求。之后，2019年，教育部等七部门研究制定了《关于加强和改进新时代师德师风建设的意见》，明确强调教师应当积极弘扬中华优秀传统文化，涵养提升师德师风。这些均从侧面表明，传承中华优秀传统文化，并运用中华优秀传统文化提高自身人文素养、进行文化育人、开展教学活动，已成为新时代高校思政课教师完成教书育人任务的必然要求。将中华优秀传统伦理文化融入高校思政课的教学，高校思政课教师应主动为之，形成学习中华优秀传统伦理文化的高度自觉，积极提升自身传统文化的理论和能力素养，熟练掌握中华优秀传统伦理文化的历史脉络与核心内涵，不断在思政课的教学领域中深刻阐释中华优秀传统伦理文化内涵。同时，思政课教师要深刻认识和理解中华优秀传统伦理文化所蕴含的思想精华，善于运用辩证唯物主义和历史唯物主义的观点深入剖析中华优秀传统伦理文化的哲学意涵，发挥积极性、主动性、创造性，将中华优秀传统伦理文化同思政课的教学内容相衔接，在传承的同时加入创新。此外，思政课教师要善于将中华优秀传统伦理文化中蕴含的思想理念、教学方法、资源素材等，灵活运用于课堂教学活动中，不断提升思政课的亲和力、获得感和实效性。①

二是教学语言风格的修为。语言是教学内容的生动载体，"课堂语言应具有感染力，生动活泼而不是刻板生硬，引人入胜而不是索然寡味，这样才能更大程度上引起大学生对思政课教师言说的理论内容的注意力，才有可能使理论内容入耳入脑入心"②。中华优秀传统伦理文化的思想内容与当代文化表达有一定的差异，在表述上会出现晦涩难懂的现象，这恰恰需要思政课教师在语言风格上多多修为，运用或幽默风趣、或气势磅礴、或浅唱低吟的语言风格把课程语言转化为教学语言，加强语言的准确性和逻辑性，提升语言的趣味性和感染力，以不断增强课堂吸引力，从而使青年

---

① 参见秦冰馥《中华优秀传统文化融入高校思想政治教育研究》，博士学位论文，东北师范大学，2021。
② 冯刚主编《改革开放以来高校思想政治教育发展史》，人民出版社，2018，第104页。

大学生更好地理解和认同中华优秀传统伦理文化的深厚内涵。

三是教学技能的提升。教学技能是教、研一体的体现，如何更好地将中华优秀传统伦理文化融入思政课，实现好教材体系向教学体系的转化，需要教师以适恰的教学技能用活中华优秀传统伦理文化的教育素材，增强感染力。多数情况下一项好的教学技能往往会给教学加分增色，大大提高思政课价值实现的效果。应该明确的是，教学技能的提升是一个循序渐进积累的过程，需要思政课教师在平时多注重交流，虚心向他人请教，加强学习，以充分适合将中华优秀传统伦理文化融入思政教学的特殊性输入探索出一条具有自身风格的教学技能，成为"招牌"式教学。一方面，思政课教师要坚持在学习中、在实践中、在理论研究中增强对教学内容和学生思想求知的反馈，以教学内容与求知反馈的融合，探索教学技能创新的方式。思政课教师要对课程的教学内容了然于心，知晓可以运用中华优秀传统伦理文化开展教学的理论知识点，对中华优秀传统伦理文化教学案例的内容、蕴含的问题，对可以引发学生产生共鸣和思考的教学热点以及教学重点难点有清晰的把握和透彻的理解。同时及时熟悉学生对于中华优秀传统伦理文化的认知情况，允许和容纳学生所提出的不同意见，认真倾听学生的学习疑问，了解学生的求知诉求，在此基础上，不断探索出适合的教学技能将中华优秀传统伦理文化融入思政课教学中，实现育人目标。另一方面，思政课教师要坚持从中华优秀传统伦理文化的特色思想内容入手，打造"契合式"教学。教学技能的提升不能闭门造车，而在于不断拓宽教学视域，以服务好思政课教学为主要目标，更好地将中华优秀传统伦理文化融入思政课需要思政课教师坚持从中华优秀传统伦理文化的内容特殊性入手，遵循以文化人、以文育人的特点，以一种"契合"的思路积极探索有效的教学技能。在具体做法上，思政课教师要按照有利于提高学生发现、分析和解决问题的能力，有利于加强学生创新精神和实践能力的要求，打破传统单一的灌输式教学方法，采取案例式、启发式、问题式、专题式等多种灵活多样的教学方法，充分将中华优秀传统伦理文化融入思政课教学中，以活跃教学气氛，启发学生思考，增强教学效果。要结合课堂教学的内容和目标，挖掘和利用课程本身的内容、国内外社会热点事件、日常思想政治教育中的典型案例与重大传统节日和节庆活动等，援引中华优秀传统伦理文化的内容、理念，通过课堂讨论、头脑风暴、自学展示、主题研讨、学术交流、知识辩论等形式，直击中华优秀传统伦理文化融入思政课教学背后的深刻理论，引导青年大学生利用中华优秀传统伦理文化的思想理念分析现实问题，寻找破解现实问题的古代智慧，进而直面现实，透过现象看本质，揭示出中华优秀传统伦理文化在新时代的重要意义和价值，进一步增强思政课堂的文化魅力与思想活力，使教学课堂变得更有参与度、趣味性，更有意义和价值。

2018年教育部印发的《新时代高校思想政治理论课教学工作基本要求》指出，要"坚持增强获得感，促进思政课教学有虚有实、有棱有角、有情有义、有滋有味"，"鼓励思政教师结合教学实际、针对学生思想和认知特点，积极探索行之有效的教学方法，自觉强化党的理论创新成果的学理阐释"，努力实现思政课教学"配方"先进、"工艺"精湛、"包装"时尚。"课堂教学方法创新要坚持以学生为主体，以教师为主导，加强生师互动，注重调动学生积极性主动性。"[1] 此后2019年，教育部《普通高等学校思想政治理论课教师队伍培养规划（2019~2023年）》《"新时代高校思想政治理论课创优行动"工作方案》以及中共中央办公厅、国务院办公厅《关于深化新时代学校思想政治理论课改革创新的若干意见》等，都在不同层面就如何更好地提升思政课教师的教学水平提出了相应要求。可以说，坚持思政课教师教学不断创新是推动高校思政课实现永续发展的关键之举，更是将中华优秀传统伦理文化更好地融入高校思政课教学的教学之需。高校思政课教师一定要立足教学实际，设计具体、切实、可操作的教学环节，以优质高效的教学技能不断推进中华优秀传统伦理文化融入高校思政课，更好地提升高校思政课的文化底蕴与思想感染力。

---

[1] 《教育部关于印发〈新时代高校思想政治理论课教学工作基本要求〉的通知》，《中华人民共和国教育部公报》2018年5月15日。

参考文献

一 中文著作

［1］中共中央马克思恩格斯列宁斯大林著作编译局编译《马克思恩格斯选集》（第1~4卷），人民出版社，1995。

［2］中共中央马克思恩格斯列宁斯大林著作编译局编译《列宁选集》（第1~4卷），人民出版社，1995。

［3］毛泽东：《毛泽东选集》（第1~4卷），人民出版社，1991。

［4］毛泽东：《毛泽东文集》（第7卷），人民出版社，1999。

［5］毛泽东：《毛泽东文集》（第8卷），人民出版社，1999。

［6］邓小平：《邓小平文选》（第1~3卷），人民出版社，1994。

［7］江泽民：《江泽民文选》（第3卷），人民出版社，2006。

［8］胡锦涛：《坚定不移沿着中国特色社会主义道路前进 为全面建成小康社会而奋斗——在中国共产党第十八次全国代表大会上的报告》，人民出版社，2012。

［9］《习近平著作选读》（第1~2卷），人民出版社，2023。

［10］习近平：《习近平谈治国理政》（第一卷），外文出版社，2018。

［11］习近平：《习近平谈治国理政》（第二卷），外文出版社，2017。

［12］习近平：《习近平谈治国理政》（第三卷），外文出版社，2020。

［13］习近平：《习近平谈治国理政》（第四卷），外文出版社，2022。

［14］习近平：《之江新语》，浙江出版联合集团、浙江人民出版社，2007。

［15］习近平：《在哲学社会科学工作座谈会上的讲话》，人民出版社，2016。

［16］习近平：《决胜全面建成小康社会 夺取新时代中国特色社会主义伟大胜利——在中国共产党第十九次全国代表大会上的报告》，人民出版社，2017。

［17］习近平：《高举中国特色社会主义伟大旗帜 为全面建设社会主义现代化国家而团结奋斗——在中国共产党第二十次全国代表大会上的报告》，人民出版社，2022。

［18］习近平：《在庆祝中国共产党成立95周年大会上的讲话》，人民出版社，2016。

［19］中共中央文献研究室编《习近平关于实现中华民族伟大复兴的中国梦论述摘编》，中央文献出版社，2013。

［20］中共中央宣传部理论局编《中国特色社会主义学习读本》，学习出版社，2013。

［21］中共中央文献研究室编《习近平关于全面深化改革论述摘编》，中央文献出版社，2014。

［22］《习近平党校十九讲》，中共中央党校出版社，2015。

［23］中共中央宣传部编《习近平总书记系列重要讲话读本》，学习出版社、人民出版社，2016。

［24］中共中央文献研究室编《十七大以来重要文献选编》（上），中央文献出版社，2009。

［25］中共中央文献研究室编《十七大以来重要文献选编》（中），中央文献出版社，2011。

［26］中共中央文献研究室编《十七大以来重要文献选编》（下），中央文献出版社，2013。

［27］中共中央党史和文献研究院编《十八大以来重要文献选编》（上），中央文献出版社，2014。

［28］中共中央党史和文献研究院编《十八大以来重要文献选编》（中），中央文献出版社，2016。

［29］中共中央党史和文献研究院编《十八大以来重要文献选编》（下），中央文献出版社，2018。

［30］《中华人民共和国学校思想政治理论课重要文献选编》，人民出

版社，2022。

［31］中共中央党史和文献研究院编《十九大以来重要文献选编》（上），中央文献出版社，2019。

［32］中共中央党史和文献研究院编《十九大以来重要文献选编》（中），中央文献出版社，2021。

［33］中共中央宣传部编《习近平新时代中国特色社会主义思想三十讲》，学习出版社，2018。

［34］中共中央宣传部编《习近平新时代中国特色社会主义思想学习纲要》，学习出版社、人民出版社，2019。

［35］中共中央文献研究室编《习近平关于协调推进"四个全面"战略布局论述摘编》，中央文献出版社，2015。

［36］中共中央文献研究室编《习近平关于全面从严治党论述摘编》，中央文献出版社，2016。

［37］中共中央文献研究室编《习近平关于社会主义社会建设论述摘编》，中央文献出版社，2017。

［38］中共中央文献研究室编《习近平关于社会主义生态文明建设论述摘编》，中央文献出版社，2017。

［39］中共中央文献研究室编《习近平关于文化建设论述摘编》，中央文献出版社，2017。

［40］《中共中央关于坚持和完善中国特色社会主义制度 推进国家治理体系和治理能力现代化若干重大问题的决定》，人民出版社，2019。

［41］人民日报评论部编著《习近平用典》，人民日报出版社，2015。

［42］《中共中央关于深化文化体制改革推动社会主义文化大发展大繁荣若干重大问题的决定》，人民出版社，2011。

［43］教育部社会科学司组编《普通高校思想政治理论课文献选编（1949~2006）》，中国人民大学出版社，2007。

［44］教育部社会科学司组编《普通高校思想政治理论课文献选编（1949~2008）》，中国人民大学出版社，2008。

［45］《社会主义核心价值观培训教材》编写组编《社会主义核心价值观培训教材》，新华出版社，2014。

[46]《培育和践行社会主义核心价值观》编委会编《培育和践行社会主义核心价值观》，人民出版社，2014。

[47] 冯刚主编《改革开放以来高校思想政治教育发展史》，人民出版社，2018。

[48] 全国思想政治工作科学专业委员会编《中国思想政治工作年鉴（1997）》，中共中央党校出版社，1998。

[49] 杨伯峻编著《春秋左传》（修订本），中华书局，1990。

[50]《大学中庸译注》，王文锦译注，中华书局，2019。

[51] 董仲舒：《春秋繁露》，张世亮、钟肇鹏、周桂钿译注，中华书局，2012。

[52]《韩非子集解》，王先慎撰、钟哲点校，中华书局，2013。

[53]《老子今注今译》，陈鼓应注译，商务出版社，2016。

[54]《礼记译解》，王文锦注解，中华书局，2013。

[55]《论语译注》，杨伯峻译注，中华书局，2017。

[56]《孟子译注》，杨伯峻译注，中华书局，2018。

[57]《尚书校释译论》（1~4册），顾颉刚、刘起釪译，中华书局，2018。

[58]《诗经译注》，周振甫译注，中华书局，2010。

[59] 吴哲楣主编《十三经》，国际文化出版公司，1993。

[60] 司马迁：《史记》，中华书局，1962。

[61]《荀子》，杨倞注、耿芸标校，上海古籍出版社，2014。

[62] 张载：《张子正蒙》，王夫之注、汤勤福导读，上海古籍出版社，2020。

[63]《周易译注》（新修订本），黄寿祺、张善文撰，上海古籍出版社，2018。

[64] 朱熹：《四书章句集注》，中华书局，1983。

[65]《庄子浅注》，曹础基注，中华书局，2007。

[66]《李大钊全集（修订本）》（第1卷），人民出版社，2013。

[67] 陈先达：《文化自信中的传统与当代》，北京师范大学出版社，2017。

[68] 陈先达：《马克思主义和中国传统文化》，人民出版社，2015。

[69] 郑永廷：《思想政治教育学原理》，高等教育出版社，2018。

[70] 郑永廷：《社会主义意识形态研究》，中山大学出版社，2001。

[71] 郑永廷等：《社会主义意识形态发展研究》，人民出版社，2002。

[72] 王玄武：《比较德育学》，武汉大学出版社，2003。

[73] 石云霞：《高校思想政治教育理论课程建设史研究》，武汉大学出版社，2006。

[74] 顾海良、沈壮海：《高校思想政治理论课程建设研究》，经济科学出版社，2009。

[75] 顾海良、佘双好：《高校思想政治理论课程教学改革研究》，武汉大学出版社，2006。

[76] 张雷声、郑吉伟、李玉峰：《新中国思想理论教育史》，高等教育出版社，2005。

[77] 骆郁廷：《高校思想政治理论课程论》，武汉大学出版社，2006。

[78] 骆郁廷：《高校思想政治理论课程评价新探》，中国社会科学出版社，2011。

[79] 戴钢书：《高校思想政治理论课实践教学论》，中国人民大学出版社，2015。

[80] 李卫东：《高校思想政治理论课导学》，江西人民出版社，2013。

[81] 忻平、吴德勤：《高校思想政治理论课改革发展研究》，上海大学出版社，2015。

[82] 顾钰民：《马克思主义理论学科建设研究》，复旦大学出版社，2009。

[83] 顾钰民：《马克思主义理论学科建设和思想政治理论课教学研究》，中国人民大学出版社，2016。

[84] 刘社欣：《思想政治教育合力研究》，人民出版社，2013。

[85] 王仕民：《思想政治教育心理学概论》，中山大学出版社，2015。

[86] 陈万柏、张耀灿：《思想政治教育学原理》，高等教育出版社，2015。

[87] 许启贤：《中国共产党思想政治教育史》，中国人民大学出版社，2004。

[88] 高奇：《新中国教育历程》，河北教育出版社，1996。

[89] 黄小平、汪云：《职业教育资源整合研究》，甘肃教育出版社，2010。

[90] 米如群：《高校德育工程论》，南京师范大学出版社，2006。

[91] 何贻纶、陈永森、俞歌春：《思想政治理论课改革与教学——提高本科教学质量的探讨》，社会科学文献出版社，2008。

[92] 艾四林：《思想政治理论课新体系与教师队伍建设研究》，清华大学出版社，2008。

[93] 何云峰、苏令银：《高校思想政治理论课教学与学科发展研究》，黄山书社，2009。

[94] 苏振芳：《思想道德教育比较研究》，社会科学文献出版社，2011。

[95] 何理：《思想政治理论课话语体系生成和发展研究》，人民出版社，2015。

[96] 李卫东：《高校思想政治理论课导学》，江西人民出版社，2013。

[97] 潘云良：《案例教学的理论与实践》，中共中央党校出版社，2018。

[98] 冯培：《新媒介时代高校思想政治理论课创新体系研究》，旅游教育出版社，2013。

[99] 王仕民：《新时代高校思想政治理论课教学方法研究》，暨南大学出版社，2021。

[100] 熊启珍、高伟丽主编《高校思想政治理论课热点·重点·难点问题解析》，华中科技大学出版社，2013。

[101] 胡涵锦：《高校思想政治理论课教师队伍建设与发展》，上海交通大学出版社，2013。

[102] 崔建霞等：《新时代高校思想政治理论课案例教学指南》，人民出版社，2018。

[103] 张耀灿等：《高校思想政治理论课教育教学质量监测体系研究》，经济科学出版社，2014。

[104] 张耀灿等：《思想政治教育学前沿》，人民出版社，2006。

[105] 张耀灿、郑永廷等：《现代思想政治教育学》，人民出版

社，2001。

[106] 张耀灿主编《中国共产党思想政治教育史论》，高等教育出版社，2006。

[107] 张澍军：《德育哲学引论》，中国社会科学出版社，2008。

[108] 张澍军：《高校学生思想政治教育载体研究》，北京出版社，1999。

[109] 李松林、李会先：《新时期高校思想政治理论课教学体系研究》，首都师范大学出版社，2014。

[110] 郭纯平：《我国思想政治教育理论课实践教学研究》，世界图书出版广东有限公司，2014。

[111] 顾友仁：《中国传统文化与思想政治教育的创新》，安徽大学出版社，2011。

[112] 靳义亭：《传统文化融入高校思想政治教育研究》，中国社会科学出版社，2016。

[113] 李申申等：《传承的使命：中华优秀文化传统教育问题研究》，人民出版社，2011。

[114] 邓球柏：《中国传统文化与思想政治教育》，首都师范大学出版社，1999。

[115] 段妍：《比较视域下当代大学生核心价值观培育研究》，人民出版社，2016。

[116] 王爱玲：《中国网络媒介的主流意识形态建设研究》，人民出版社，2014。

[117] 吴雁南等：《中国近代社会思潮》（第2卷），湖南教育出版社，1998。

[118] 李忠军：《意识形态安全与大学生政治价值观研究》，东北师范大学出版社，2008。

[119] 沈壮海等：《文化何以自信》，中国人民大学出版社，2020。

[120] 樊浩：《中国大众意识形态报告》，中国社会科学出版社，2012。

[121] 胡惠林：《中国国家文化安全论》，上海人民出版社，2005。

[122] 郭明飞：《网络发展与我国意识形态安全》，中国社会科学出版

社，2009。

[123] 任志锋：《当代中国社会主义意识形态主导性研究》，中国书籍出版社，2015。

[124] 杨建义：《大学生文化认同与价值引领》，社会科学文献出版社，2016。

[125] 杨晓慧：《当代大学生成长规律研究》，人民出版社，2010。

[126] 杨晓慧：《社会主义核心价值体系融入大学生思想政治教育全过程的基本问题研究》，人民出版社，2011。

[127] 徐永春：《中国传统文化与思想政治教育》，光明日报出版社，2016。

[128] 秦宣：《分化与整合：社会转型时期的思想政治教育研究》，中国人民大学出版社，2017。

[129] 徐崇温：《当代外国主要思潮流派的社会主义观》，中共中央党校出版社，2007。

[130] 杨鑫铨：《思想政治教育人性指向》，光明日报出版社，2017。

[131] 郑金洲：《教育文化学》，人民教育出版社，2000，

[132] 李正国：《国家形象构建》，中国传媒大学出版社，2006。

[133] 孙乃龙：《社会意识形态危机与规避》，中国社会科学出版社，2013。

[134] 聂立清：《我国当代主流意识形态认同研究》，人民出版社，2010。

[135] 石云霞：《十六大以来意识形态建设研究》，武汉大学出版社，2012。

[136] 韩震、章伟文等：《中国的价值观》，中国社会科学出版社，2016。

[137] 韩震：《社会主义核心价值体系研究》，人民出版社，2007。

[138] 袁贵仁：《价值观的理论与实践——价值观若干问题的思考》，北京师范大学出版社，2013。

[139] 关海宽：《改革开放以来我国社会主义意识形态建设研究：经验·问题与路径选择》，中国社会科学出版社，2012。

［140］石本惠:《党的先进性建设与执政党的意识形态建构》,上海人民出版社,2010。

［141］张云莲:《冷战后国际社会的意识形态冲突》,光明日报出版社,2013。

［142］朱继东:《新时期领导干部意识形态能力建设》,人民出版社,2014。

［143］李辽宁:《当代中国思想政治教育意识形态功能研究》,武汉大学出社,2006。

［144］郑淑媛:《先秦儒家的精神修养》,人民出版社,2006。

［145］郑晓江等:《传统道德与当代中国》,安徽教育出版社,1998。

［146］中华文明史编纂工作委员会编《中华文明史》,河北教育出版社,1989~1994。

［147］朱伯崑:《先秦伦理学概论》,北京大学出版社,1984。

［148］朱贻庭:《儒家文化与现代人的精神生活——与孔子对话》,上海辞书出版社,2010。

［149］朱贻庭:《中国传统伦理思想史》,华东师范大学出版社,2003。

［150］杨国荣:《善的历程——儒家价值体系研究》,上海人民出版社,2006。

［151］杨建祥:《儒家官德论》,江西人民出版社,2007。

［152］杨希枚:《先秦文化史论集》,中国社会科学出版社,1995。

［153］衣俊卿:《文化哲学十五讲》,北京大学出版社,2004。

［154］庞朴:《中国传统文化与现代化断想》(庞朴文集第三卷),山东大学出版社,2005。

［155］庞朴:《中国文化的人文精神》(庞朴文集第三卷),山东大学出版社,2005。

［156］余英时:《士与中国文化》,上海人民出版社,1987。

［157］余秋雨:《中国文化课》,中国青年出版社,2019。

［158］俞可平:《治理与善治》,社会科学文献出版社,2000。

［159］楼宇烈:《中国的品格》,海南出版公司,2011。

［160］楼宇烈:《中国文化的根本精神》,中华书局,2016。

[161] 张岱年、方克立主编《中国文化概论》，北京师范大学出版社，1994。

[162] 张岱年：《中国文化发展的道路——论文化的综合与创新》，中华书局，1992。

[163] 方克立：《现代新儒学与中国现代化》，天津人民出版社，1997。

[164] 张灏：《梁启超与中国思想的过渡（1890~1907）》，江苏人民出版社，1993。

[165] 张怀承：《天人之变——中国传统伦理道德的近代转型》，湖南教育出版社，1998。

[166] 张继军：《先秦道德生活研究》，人民出版社，2011。

[167] 张锡勤、柴文华：《中国伦理道德变迁史稿》，人民出版社，2008。

[168] 张锡勤：《中国传统道德举要》，黑龙江教育出版社，1996。

[169] 张祥浩：《中国古代道德修养论》，南京大学出版社，1993。

[170] 梁启超：《先秦政治思想史》，东方出版社，1996。

[171] 梁启超：《新民说》，中州古籍出版社，1998。

[172] 梁启超：《梁启超全集》，北京出版社，1999。

[173] 梁韦弦：《中国传统伦理思想研究》，黑龙江人民出版社，2008。

[174] 刘蔚华、赵宗正主编《中国儒家学术思想史》，山东教育出版社，1996。

[175] 刘蔚华：《儒家道德的重建》，齐鲁书社，2001。

[176] 刘翔：《中国传统价值观论释学》，上海三联书店，1996。

[177] 刘玉生、杜振汉：《德性人生——个人生活伦理引论》，厦门大学出版社，2009。

[178] 黄俊杰：《传统中华文化与现代价值的激荡》，社会科学文献出版社，2002。

[179] 卢国龙：《道教哲学》，华夏出版社，1997。

[180] 陆扬、王毅：《文化研究导论》，复旦大学出版社，2012。

[181] 罗国杰：《传统伦理与现代社会》，中国人民大学出版社，2012。

[182] 罗国杰：《中国传统道德》，中国人民大学出版社，1995。

[183] 罗国杰主编《中国伦理思想史》，中国人民大学出版社，2008。

［184］马永庆：《中国传统道德概论》，山东大学出版社，2006。

［185］钱穆：《文化学大义》，九州出版社，2012。

［186］钱穆：《中国文化精神》，九州出版社，2012。

［187］秦树理：《公民道德导论》，郑州大学出版社，2008。

［188］任大川：《道德困境与超越——精神、秩序及私欲》，江西人民出版社，2011。

［189］沈善洪、王凤贤：《中国伦理思想史》，人民出版社，2005。

［190］斯维至：《中国古代社会文化论稿》，允晨出版公司，1997。

［191］苏秉琦：《中国文明起源新探》，商务印书馆，1997。

［192］汤一介主编《中国儒学史》，北京大学出版社，2011。

［193］张岂之：《中华人文精神》，人民出版社，2011。

［194］张岂之：《中华优秀传统文化的核心理念》，江苏人民出版社，2016。

［195］唐凯麟等：《中华传统美德十二讲》，学习出版社，2009。

［196］唐凯麟：《伦理大思路——当代中国道德和伦理学的理论审视》，湖南人民出版社，2000。

［197］唐凯麟：《走向近代的先声——中国早期启蒙伦理思想研究》，湖南教育出版社，1993。

［198］李宗桂：《当代中国文化探讨》，花城出版社，2011。

［199］李宗桂：《中国优秀传统文化的现代价值》，人民出版社，2020。

［200］汪晖：《文化与公共性》，生活·读书·新知三联书店，1998。

［201］王小锡：《中国伦理学60年》，上海人民出版社，2009。

［202］王泽应：《现代新儒家伦理思想研究》，湖南师范大学出版社，1997。

［203］韦政通：《伦理思想的突破》，中国人民大学出版社，2005。

［204］韦政通：《中国文化概论》，岳麓书社，2003。

［205］韦政通：《中国文化与现代生活》，中国人民大学出版社，2005。

［206］夏勇：《文明的治理——法治与中国政治文化变迁》，社会科学文献出版社，2012。

［207］夏兴有、郭凤海、颜旭等主编《中国道路的文化基因》，广西

人民出版社，2017。

[208] 肖群忠：《伦理与传统》，人民出版社，2006。

[209] 肖群忠、王苏、杨建强：《中华传统美德的时代价值》，人民出版社，2020。

[210] 张江：《建设新时代社会主义文化强国》，中国社会科学出版社，2019。

[211] 徐秦法：《社会治理中的信仰价值研究》，光明日报出版社，2012。

[212] 徐儒宗：《人和论——儒家人伦思想研究》，人民出版社，2006。

[213] 徐向东：《全球正义》，浙江大学出版社，2011。

[214] 许建良：《先秦儒家道德论》，东南大学出版社，2010。

[215] 江万秀、李春秋：《中国德育思想史》，湖南教育出版社，1992。

[216] 焦国成：《公民道德论》，人民出版社，2004。

[217] 焦国成：《中国伦理学通论》（上册），山西教育出版社，1997。

[218] 景枫等：《中国治理文化研究》，中国社会科学出版社，2012。

[219] 李彬：《走出道德困境——社会转型的道德生活研究》，湖南师范大学出版社，2011。

[220] 李承贵：《德性源流——中国传统道德转型研究》，江西教育出版社，2004。

[221] 李建华：《多元文化时代的价值引领》，人民出版社，2012。

[222] 李建华：《当代中国伦理文化构建》，中南大学出版社，2011。

[223] 李树有：《中国儒家伦理思想发展史》，江苏古籍出版社，1992。

[224] 李学勤主编《中国古代文明与国家形成研究》，云南人民出版社，1997。

[225] 李亦园：《文化与修养》，九州出版社，2013。

[226] 李泽厚：《伦理学纲要》，人民日报出版社，2010。

[227] 李泽厚：《中国现代思想史论》，生活·读书·新知三联书店，2008。

[228] 顾红亮：《儒家生活世界》，上海人民出版社，2008。

[229] 郭广银、杨明：《当代中国道德建设》，江苏人民出版社，2000。

[230] 郭洪纪：《儒家伦理与中国文化转型》，青海人民出版社，1996。

[231] 韩震：《社会主义核心价值体系研究》，人民出版社，2007。

[232] 何怀宏：《世袭社会及其解体——中国历史上的春秋时代》，生活·读书·新知三联书店，1996。

[233] 黄钊：《中国道德文化》，湖北人民出版社，2000。

[234] 黄钊：《中国古代德育思想史论》，中国社会科学出版社，2011。

[235] 黄凯锋：《安妥今生——信仰生活的价值观研究》，上海社会科学院出版社，2016。

[236] 黄书光：《中国社会教化的传统与变革》，山东教育出版社，2005。

[237] 郭建宁主编《社会主义核心价值观基本内容释义》，人民出版社，2014。

[238] 樊浩：《中国伦理精神的历史建构》，江苏人民出版社，1992。

[239] 樊浩：《中国伦理精神的现代建构》，江苏人民出版社，1997。

[240] 冯俊、龚群：《东西方公民道德研究》，中国人民大学出版社，2011。

[241] 高福进、闫成：《社会风尚与道德领域突出问题专项治理研究：基于文化视角的透析》，上海人民出版社，2014。

[242] 徐晓跃：《什么是中华传统美德》，江苏人民出版社，2018。

[243] 朱晓虹、鲍铭烨、张应杭：《传统伦理文化的现代性研究》，浙江大学出版社，2019。

[244] 高国希：《走出伦理困境——麦金太尔道德哲学与马克思主义伦理学研究》，上海社会科学院出版社，1996。

[245] 葛晨虹：《中国社会道德发展研究报告》，中国人民大学出版社，2013。

[246] 葛兆光：《古代中国文化讲义》，复旦大学出版社，2015。

[247] 龚群：《当代中国社会伦理生活》，四川人民出版社，1998。

[248] 龚爱林：《变革中的道德：当前我国伦理道德发展的变化问题及对策研究》，湖南教育出版社，2000。

[249] 梁漱溟：《中国文化要义》，上海人民出版社，2005。

[250] 廖申白：《交往生活的公共性转变》，北京师范大学出版社，2007。

[251] 刘智峰：《道德中国：当代中国道德伦理的深重忧思》，中国社会科学出版社，1999。

[252] 孙美堂：《文化价值论》，云南人民出版社，2005。

[253] 田秀云：《社会道德与个体道德》，人民出版社，2004。

[254] 王美凤：《先秦儒家伦理思想概要》，陕西师范大学出版社，2010。

[255] 王明生主编《社会主义核心价值观》，江苏人民出版社，2015。

[256] 钟永圣：《传承与复兴——社会主义核心价值观的中华传统文化解读》，中国青年出版社，2015。

[257] 朱康有：《中华优秀传统文化与马克思主义》，重庆出版社，2019。

[258] 王文东：《礼仪与德行——元典时代中华民族信仰和伦理的核心观念》，天津人民出版社，2013。

[259] 韦政通：《伦理思想的突破》，中国人民大学出版社，2005。

[260] 韦政通：《中国文化概论》，岳麓书社，2003。

[261] 韦政通：《中国文化与现代生活》，中国人民大学出版社，2005。

[262] 肖群忠：《伦理与传统》，人民出版社，2006。

[263] 肖群忠：《中国道德智慧十五讲》，北京大学出版社，2008。

[264] 徐秦法：《社会治理中的信仰价值研究》，光明日报出版社，2012。

[265] 吴枫主编《中华思想宝库》，吉林人民出版社，1990。

[266] 巴新生：《西周伦理形态研究》，天津古籍出版社，1997。

[267] 蔡德麟、景海峰：《全球化时代的儒家伦理》，清华大学出版社，2007。

[268] 《蔡元培全集》（第1卷），浙江教育出版社，1997。

[269] 柴文华、杨辉:《中国现代道德伦理研究》,社会科学文献出版社,2011。

[270] 柴文华:《再铸民族魂——中国伦理文化的诠释和重建》,黑龙江教育出版社,1997。

[271] 陈谷嘉:《儒家伦理哲学》,人民出版社,1996。

[272] 陈来:《古代思想文化的世界——春秋时代的宗教、伦理与社会思想》,生活·读书·新知三联书店,2002。

[273] 陈来:《古代宗教与伦理:儒家思想的根源》,生活·读书·新知三联书店,1996。

[274] 陈来:《传统与现代》,生活·读书·新知三联书店,2009。

[275] 陈来:《中华文明的核心价值:国学流变与传统价值观》,生活·读书·新知三联书店,2015。

[276] 陈瑛:《中国传统伦理与社会主义先进文化》,中国社会科学出版社,2012。

[277] 陈瑛:《中国古代道德生活史》,中国社会科学出版社,2012。

[278] 陈瑛:《中国伦理思想史》,湖南教育出版社,2004。

[279] 程凯华:《中国传统美德》,长江文艺出版社,2002。

[280] 邓安庆:《启蒙伦理与现代社会的公序良俗》,人民出版社,2014。

[281] 陈序经:《东西文化观》,中国人民大学出版社,2004。

[282] 陈序经:《中国文化的出路》,中国人民大学出版社,2004。

[283] 费孝通:《文化与文化自觉》,群言出版社,2016。

[284] 费孝通:《中国文化的重建》,华东师范大学出版社,2014。

[285]《郭沫若全集·文学编》(第10卷),人民文学出版社,1985。

[286]《孙中山全集》(第2卷),中华书局,1981~1986。

二 外国著作、译注

[1] 〔美〕塞缪尔·亨廷顿、劳伦斯·哈里森主编《文化的重要作用——价值观如何影响人类进步》,程克雄译,新华出版社,2002。

[2] 〔美〕雅克·蒂洛、基思·克拉斯曼:《伦理学与生活》,程立显、刘建译,世界图书出版公司,2008。

[3]〔苏〕科恩:《自我论:个人与个人自我意识》,佟景韩译,生活·读书·新知三联书店,1987。

[4]〔英〕菲利普·史密斯:《文化理论导论》,张鲲译,商务印书馆,2008。

[5]〔英〕罗素:《中国问题》,秦悦译,学林出版社,1996。

[6]〔英〕马林诺夫斯基:《文化论》,费孝通等译,中国民间文艺出版社,1987。

[7]〔英〕乔治·摩尔:《伦理学原理》,长河译,上海人民出版社,2005。

[8]〔美〕阿拉斯戴尔·麦金太尔:《追寻美德》,宋继杰译,译林出版社,2003。

[9]〔美〕阿历克斯·英格尔斯:《人的现代化》,殷陆君译,四川人民出版社,1985。

[10]〔美〕菲利普·巴格比夏克:《文化:历史的投影》,李天纲、陈江岚译,上海人民出版社,1987。

[11]〔美〕克利福德·格尔茨:《文化的解释》,韩莉译,上海人民出版社,1999。

[12]〔美〕雷切尔斯:《道德的理由》,杨宗元译,中国人民大学出版社,2009。

[13]〔美〕露丝·本尼迪克特:《文化模式》,张燕、傅铿译,浙江人民出版社,1987。

[14]〔美〕麦特·里德里:《美德的起源》,刘珩译,中央编译出版社,2004。

[15]〔美〕欧文·戈夫曼:《日常生活中的自我呈现》,刘珩译,北京大学出版社,2008。

[16]〔英〕怀特海:《教育的目的》,徐汝舟译,生活·读书·新知三联书店,2002。

[17]〔韩〕金日坤:《儒教文化圈的伦理秩序与经济:儒教文化与现代化》,刑东田等译,中国人民大学出版社,1991。

[18]〔德〕卡尔·雅斯贝尔斯:《历史的起源与目标》,魏楚雄、俞

新天译，华夏出版社，1989。

［19］〔德〕卡尔·雅斯贝尔斯：《什么是教育》，邹进译，生活·读书·新知三联书店，1991。

［20］〔英〕科林伍德：《历史的观念》，张文杰、何兆武译，商务印书馆，1998。

［21］〔英〕孔飞力：《中国现代国家的起源》，陈兼、陈之宏译，生活·读书·新知三联书店，2013。

［22］〔德〕兰德曼：《哲学人类学》，阎嘉译，贵州出版社，1990。

［23］〔美〕列文森：《儒教中国及其现代命运》，郑大华等译，中国社会科学出版社，2000。

［24］〔美〕罗兹曼主编《中国的现代化》，上海人民出版社，1989。

［25］〔德〕马克斯·韦伯：《新教伦理与资本主义精神》，马奇炎、陈婧译，北京大学出版社，2012。

［26］〔德〕马克斯·韦伯：《儒教与道教》，商务印书馆，1995。

［27］〔英〕泰勒：《原始文化》，蔡江侬译，广西师范大学出版社，1988。

［28］〔法〕汪德迈：《新汉文化圈》，陈彦译，江西人民出版社，1993。

［29］〔德〕文德尔班：《哲学史教程》，罗达仁译，商务印书馆，1993。

［30］〔美〕爱德华·希尔斯：《论传统》，傅铿、吕乐译，上海人民出版社，2009。

［31］〔日〕桑原骘藏：《中国人的文弱与保守》，载何兆武、柳卸林主编《中国印象——外国名人论中国文化》，中国人民大学出版社，2011。

［32］〔美〕爱德华·麦克诺尔·伯恩斯、菲利普·李·拉尔夫：《世界文明史（第1卷）》，商务印书馆，1987。

［33］〔美〕史蒂芬·B. 斯密什：《耶鲁大学公开课：政治哲学》，贺晴川译，北京联合出版公司，2015。

三　学术期刊、报刊、论文

［1］《中共中央国务院发出〈关于进一步加强和改进大学生思想政治教育的意见〉》，《光明日报》2001年10月14日。

［2］胡锦涛：《始终坚持先进文化的前进方向 大力发展文化事业和文化产业》，《中国教育报》2003年8月13日。

［3］胡锦涛：《在庆祝清华大学建校100周年大会上的讲话》，《人民日报》2011年4月25日。

［4］《习近平在中央党校建校80周年庆祝大会暨2013年春季学期开学典礼上的讲话》，《人民日报》2013年3月1日。

［5］习近平：《在欧美同学会成立100周年庆祝大会上的讲话》，《人民日报》2013年10月22日。

［6］《习近平在山东考察时强调 认真贯彻党的十八届三中全会精神 汇聚起全面深化改革的强大正能量》，《人民日报》2013年11月29日。

［7］《习近平在中共中央政治局第十二次集体学习时强调 建设社会主义文化强国 着力提高国家文化软实力》，《人民日报》2014年1月1日。

［8］《习近平：完善和发展中国特色社会主义制度 推进国家治理体系和治理能力现代化》，《人民日报》2014年2月18日。

［9］《习近平在中共中央政治局第十三次集体学习时强调 把培育和弘扬社会主义核心价值观作为凝魂聚气强基固本的基础工程》，《人民日报》2014年2月26日。

［10］习近平：《在德国科尔伯基金会的演讲》，《人民日报》2014年3月30日。

［11］习近平：《在联合国教科文组织总部的演讲》，《人民日报》2014年3月28日。

［12］习近平：《做党和人民满意的好老师——同北京师范大学师生代表座谈时的讲话》，《人民日报》2014年9月10日。

［13］习近平：《在纪念孔子诞辰2565周年国际学术研讨会暨国际儒学联合会第五届会员大会开幕会上的讲话》，《人民日报》2014年9月24日。

［14］习近平：《牢记历史经验历史教训历史警示 为国家治理能力现代化提供有益借鉴》，《人民日报》2014年10月14日。

［15］习近平：《在文艺工作座谈会上的讲话》，《人民日报》2014年10月15日。

[16]《习近平在庆祝澳门回归祖国 15 周年大会暨澳门特别行政区第四届政府就职典礼上的讲话》,《人民日报》2014 年 12 月 21 日。

[17]《关于进一步加强和改进新形势下高校宣传思想工作的意见》,《中国青年报》2015 年 1 月 20 日。

[18] 习近平:《在联合国教科文组织第九届青年论坛开幕式上的贺词》,《人民日报》2015 年 10 月 27 日。

[19] 习近平:《在省部级主要领导干部学习贯彻党的十八届五中全会精神专题研讨班上的讲话》,《人民日报》2016 年 1 月 18 日。

[20] 胡显章:《清华大学校训:自强不息 厚德载物》,《人民政协报》2016 年 3 月 31 日。

[21] 习近平:《在中国文联十大、中国作协九大开幕式上的讲话》,《人民日报》2016 年 12 月 1 日。

[22] 习近平:《在哲学社会科学工作座谈会上的讲话》,《人民日报》2016 年 5 月 19 日。

[23]《习近平在全国高校思想政治工作会议上强调 把思想政治工作贯穿教育教学全过程 开创我国高等教育事业发展新局面》,《人民日报》2016 年 12 月 9 日。

[24]《关于教育,这是习近平的最新思考》,《光明日报》2017 年 1 月 3 日。

[25]《高校思政课要打好质量攻坚战》,《光明日报》2017 年 4 月 21 日。

[26] 习近平:《携手建设更加美好的世界——在中国共产党与世界政党高层对话会上的主旨讲话》,《光明日报》2017 年 12 月 1 日。

[27] 习近平:《在北京大学师生座谈会上的讲话》,《人民日报》2018 年 5 月 3 日。

[28] 习近平:《在纪念马克思诞辰 200 周年大会上的讲话》,《人民日报》2018 年 5 月 5 日。

[29] 习近平:《坚持中国特色社会主义教育发展道路 培养德智体美劳全面发展的社会主义建设者和接班人》,《人民日报》2018 年 9 月 11 日。

[30] 王志东:《中华优秀传统文化是当代中国最深厚的文化软实力》,

《光明日报》2019年1月16日。

[31] 习近平：《深化文明交流互鉴 共建亚洲命运共同体——在亚洲文明对话大会开幕式上的主旨演讲》，《人民日报》2019年5月16日。

[32] 中共中央办公厅、国务院办公厅：《关于深化新时代学校思想政治理论课改革创新的若干意见》，《人民日报》2019年8月15日。

[33] 习近平：《在党的十九届四中全会第二次全体会议上的讲话》，《人民日报》2019年10月31日。

[34] 光明日报评论员：《坚持和完善繁荣发展社会主义先进文化的制度——七论学习贯彻党的十九届四中全会精神》，《光明日报》2019年11月7日。

[35] 习近平：《在"不忘初心、牢记使命"主题教育总结大会上的讲话》，《人民日报》2020年1月9日。

[36] 于凯：《中华优秀传统文化融入思政课的理论逻辑》，《求知》2020年9月23日。

[37] 杜尚泽：《"'大思政课'我们要善用之"》，《人民日报》2021年3月7日。

[38] 习近平：《在庆祝中国共产党成立100周年大会上的讲话》，《人民日报》2021年7月2日。

[39] 陈曙光：《中华优秀传统文化是涵养文化自信的沃土》，《求是》2017年第4期。

[40] 习近平：《辩证唯物主义是中国共产党人的世界观和方法论》，《求是》2019年第1期。

[41] 习近平：《在第十三届全国人民代表大会第一次会议上的讲话》，《求是》2020年第10期。

[42] 习近平：《思政课是落实立德树人根本任务的关键课程》，《求是》2020年第17期。

[43] 顾友仁：《中国共产党之传统文化观的历史建构》，《福建论坛》（人文社会科学版）2011年第7期。

[44] 项福库：《论思政课案例教学中案例选择应遵循的原则》，《教育探索》2012年第1期。

［45］刘立夫：《论中国传统的公德精神》,《道德与文明》2013 年第 6 期。

［46］杨瑞森：《关于正确对待和评价中国传统文化的两个认识问题》,《思想理论教育导刊》2015 年第 5 期。

［47］张利明：《立德树人与中华优秀传统文化关系述论》,《社会科学研究》2016 年第 6 期。

［48］高德毅、宗爱东：《课程思政：有效发挥课堂育人主渠道作用的必然选择》,《思想理论教育导刊》2017 年第 1 期。

［49］程美东：《让真理和思想的光辉照亮思想政治理论课课堂——基于 2017 年教育部思想政治理论课大听课的一点思考》,《思想教育研究》2017 年第 7 期。

［50］《我们为什么要坚持和发展马克思主义——访中国人民大学马克思主义学院教授秦宣》,《马克思主义研究》2017 年第 7 期。

［51］宇文利：《努力掌握并用好思想政治理论课教学的科学规律》,《思想理论教育导刊》2017 年第 9 期。

［52］王泽应：《中国和平主义伦理论纲》,《求索》2018 年第 3 期。

［53］赵庆寺：《现代信息技术与高校思政课深度融合的异化及其超越》,《学习论坛》2018 年第 5 期。

［54］沈江平：《思想政治理论课要重视在马克思主义指导下融入中华优秀传统文化》,《思想理论教育导刊》2020 年第 1 期。

［55］安丽梅：《思想政治理论课运用中华优秀传统文化资源的逻辑理路探析》,《思想理论教育导刊》2020 年第 2 期。

［56］梅景辉：《"文化意识"与"话语权力"——马克思主义意识形态理论研究》,《世界哲学》2021 年第 3 期。

［57］秦冰馥：《中华优秀传统文化融入高校思想政治教育研究》,博士学位论文,东北师范大学,2021。

［58］沈湘平：《坚持把马克思主义基本原理同中华优秀传统文化相结合》,《中国高校社会科学》2021 年第 5 期。

［59］王琨、王玉鹏：《论中华民族的和平基因》,《重庆社会科学》2022 年第 2 期。

后 记

从 2004 年到 2011 年，我在东南大学伦理学专业从事中国伦理的研究和学习，这 7 年的学习研究让我对中华优秀传统伦理文化产生了浓厚兴趣并形成了系统的理解和认知，特别是在博士阶段，我开始将自身的研究视域和研究兴趣转向为结合中国哲学的思想对中华优秀传统伦理文化进行系统思考，并取得了一定的研究成果，这为后来我在高校从事思政课教学提供了坚实的支撑。进入高校成为思政课教师后，我积极致力于思政课的教学思考，特别是在陆续获得了省市级、校级多个教学比赛的奖项之后，越发对思政课的教学创新产生出浓厚兴趣，并不断尝试将中华优秀传统伦理文化与思政课教学相融合，探索适合于新时代高校思政课创新发展的教学模式。

在多年的教学实践中，我深深地感到，实现高校立德树人的教育目标，推动新时代高校思政课高质量发展，必须要充分挖掘并善于运用好中华优秀传统伦理文化的教学资源，将其融入高校思政课的教学中。实践证明，这一教学尝试取得了很好的教学效果，不仅使青年大学生了解、认识了中华优秀传统伦理文化的博大精深及其现代意义，激发起青年大学生对中华优秀传统伦理文化的亲和感和自豪感，形成对中华优秀传统伦理文化的认同；同时也有效增强了新时代青年大学生的文化自信，使青年大学生从中华优秀传统伦理文化丰富的道德遗产中汲取到很多有益的养料，丰富了大学生的精神生活，拓展了大学生的文化视野，提升了大学生的精神境界，推动了思政课"以文化人""以文育人"教育目标的实现。在经历了多年教学实践和教学反复论证后，这本《中华优秀传统伦理文化融入高校思政课教学创新研究》的研究成果最终得以呈现出来。

本书的写作思路整体在于立足于推动高校思政课创新性发展的现实诉

后　记

求，将中华优秀传统文化的传承发展浓缩在中华优秀传统伦理文化的视域中，详细分析了中华优秀传统伦理文化融入高校思政课的内涵和时代价值、可行性和必要性、基本原则和基本要义，以及进行了中华优秀传统伦理文化融入高校思政课的教学案例探索和教学模式实践创新。全书首先对中华优秀传统伦理文化的内涵和价值取向做出阐释，进而总结出其所具有的重要时代价值。其次从思政课创新发展之需及文化育人的时代诉求出发，进行了中华优秀传统伦理文化融入高校思政课的可行性和必要性研究，对中华优秀传统伦理文化融入高校思政课所应坚持的基本原则、遵循的主要思路和核心要义进行了思考，并在"社会主义核心价值观培育""以文化人与以文育人""以德治国与中国之治""和谐社会发展与建构人类命运共同体"四个方面形成了较为广泛的案例探索。最后充分凝练出教学内容、教学方式、教学环境、教学评价以及思政课程与课程思政渠道融合的"五维协同联动"教学创新模式并从教师视域进行了深入阐发，力求实现中华优秀传统伦理文化融入高校思政课的高阶课堂，推动高校思想政治教育内涵式发展，巩固思政课立德树人主渠道的教育目标。同时，也希望通过这样的写作思路使读者能够从理论与实践的交相辉映中感受到将中华优秀传统伦理文化融入高校思政课的方方面面。

作为一名高校思政课教师，自己的成长与发展离不开华北电力大学马克思主义学院领导的帮助与厚爱，本书能够出版离不开华北电力大学马克思主义学院的大力支持与协助，在此表示深深的感谢！同时，也衷心感谢社会科学文献出版社的支持以及编辑同志的辛勤付出！

本书在现有研究成果的基础上，进行了多次修改和完善，借鉴了诸多专家的建议，以期给同人和读者呈现出完美之作，但因自身水平有限，书中难免仍存有诸多不足之处，恳请专家、同人和读者多多批评指正。同时，本书在写作过程中参阅、借鉴了大量学者的研究成果，在此表示深深的感谢，如有疏漏，还望海涵。

吴宁宁
2022 年秋于北京

图书在版编目（CIP）数据

中华优秀传统伦理文化融入高校思政课教学创新研究/吴宁宁著. -- 北京：社会科学文献出版社，2023.6
ISBN 978-7-5228-2060-6

Ⅰ.①中… Ⅱ.①吴… Ⅲ.①中华文化-关系-高等学校-思想政治教育-研究-中国 Ⅳ.①K203②G641

中国国家版本馆 CIP 数据核字（2023）第 121143 号

中华优秀传统伦理文化融入高校思政课教学创新研究

著　　者／吴宁宁

出 版 人／王利民
组稿编辑／任文武
责任编辑／刘如东
责任印制／王京美

出　　版／社会科学文献出版社·城市和绿色发展分社（010）59367143
　　　　　地址：北京市北三环中路甲29号院华龙大厦　邮编：100029
　　　　　网址：www.ssap.com.cn

发　　行／社会科学文献出版社（010）59367028

印　　装／三河市东方印刷有限公司

规　　格／开本：787mm×1092mm 1/16
　　　　　印张：17.5　字数：278千字

版　　次／2023年6月第1版　2023年6月第1次印刷

书　　号／ISBN 978-7-5228-2060-6

定　　价／98.00元

读者服务电话：4008918866

版权所有 翻印必究